천관율의 줌아웃

천관율의
줌아웃

천관율 지음

암울하고 위대했던
2012~2017

미지북스

보수의 몰락과 촛불체제의 탄생

I.

2016년 11월 12일 아침이었다. 역사가 모든 길을 열어둔 날이었다. 시대가 바로 지금 움직이고 있다는 감각을 그렇게 몸으로 느껴본 적은 처음이었다.

박근혜 대통령은 민주주의와 헌법이 어떻게 작동하는지 모르는 지도자였다. 정부는 권위주의로 대책 없이 퇴행했다. 그해 4월 총선은 이 퇴행에 제동을 건 공화국의 중대한 승리였다. 하지만 대통령은 그 사실조차 이해하지 못했다. 통치는 더 망가졌다. 그 길 끝에 최순실 국정 농단 사태가 터져나왔다. 대통령의 국정 수행 지지도는 눈을 의심하게 만드는 수치, 5%였다. 그날 오후 광화문광장에는 한국 대중 집회 역사에 남을 100만 시위대가 몰릴 것이었다. 대통령은 끝났다. 그런데 그 사실을 대통령이 몰랐다.

이 치명적 간극이 아찔한 불확실성을 만들어냈다. 대통령은 이미 무너졌으나 헌법적 정통성과 여당의 국회 의석이 아직 건재했다. 시민을 상대로 군을 투입할 권한도 원론적으로는 갖고 있었다. 불확실하기로 따지면 광장도 만만치 않았다. 무슨 일이 일어날까? 청와대로 돌격? 우발적 폭력 사태? 제풀에 꺾이고 소멸? 혁명적 국면으로 진입? 아니면 아예 상상 밖의 무언가? 대통령과 광장, 두 불확실성의 상호작용이 역사를 쓰게 될 것이었다. 지금 우리가 알고 있는 실제 역사 말고, 다른 가능성이 그때는 아주 많았다.

하야도 2선 후퇴도 혁명도 당장은 그럴듯하지 않았다. 여러 선택지 중에 특히 그럴듯하지 않은 것으로는 탄핵이 있었다. 당시 새누리당에서 최소 28표를 떼어내야 탄핵이 가능했다. 새누리당 비박계 의원들은 대통령을 지키겠다고 똘똘 뭉친 상태는 아니었지만 그렇다고 탄핵 동맹에 가담하지도 않았다. 그들은 그저 숨죽이며 상황 전개를 지켜보고 있었다. 균열의 징후는 아직 보이지 않았다.

출구가 보이지 않는 긴 교착상태가 우리를 기다렸다. 여기에 이 시기 최대의 불확실성이 도사렸다. 분노의 수준이 대단히 높은, 당장 하야를 원하는, 100만 단위의 항의 시위가, 권위를 인정받은 지도부 없이, 광장으로 나온다. 광장은 인내도 전략도 요구하기 어려운 조건들만 잔뜩 안고 있었다. 그런데 긴 교착상태를 버텨내야 이기는 싸움이었다. 인내와 전략이 절실히 필요했다. 이건 도무지 어울리지 않는 조합처럼 보였다.

11월 12일은 그런 날이었다. 나는 기대와 흥분과 불안과 공포가 뒤섞여 신경이 곤두서 있었다. 광장의 불확실성이 위험한 경로로 흘러갈까봐 초조했다. 열망 넘치는 집회, 대통령의 딴청, 광장의 분노 폭발, 비폭력 집회로는 안 된다는 실력 행사파의 주도권 장악, 보수파와 중도파의 이탈, 집회 규모는 축소되고 내용은 급진화하는 연쇄반응, 물리적 충돌, 제도권의 발 빼기, 광장의 고립…. 내가 막내 기자 시절이던 2008년의 광장이 갔던 경로다. 그 실패의 경로는 내게 오랫동안 각인되어 있었다. 헌정 체제와 민주주의가 걸린 싸움이 다시 그 길로 가서는 안 될 일이었다. 내가 그 경로에 얼마나 영향을 끼칠 수 있는지는 상관없었다. 할 수 있는 일은 해야 했다.

내가 가장 익숙하게 다루는 도구는 글이다. 오늘의 100만 집회가 어떤 의미가 있는지, 이후에 대통령이 할 선택은 어떤 것이 있는지, 그 선택에 실망해서는 안 되는 이유가 무엇인지, 그럼에도 집회가 계속된다면 어떤 가능성이 열리는지, 갖고 있던 작업 가설을 쏟아내듯 써내려갔다. 개인 페이스북 계정에 글을 올리고 현장으로 갔다. 거의 그대로 가져와본다. 그 어떤 미래도 확실하지 않던 2016년 11월 12일로 돌아가 읽어주시면 좋겠다.

11.12 취재 작업가설 메모

대통령은 퇴진하지 않습니다.

우리 대통령이 만약 새누리당의 미래나 보수의 부활 가능성을 고려하는 리더였다면, 사즉생의 선택이 나올 수도 있습니다. 지금 반전 카드로 대통령 퇴진만 한 걸 떠올리기는 쉽지 않습니다.

하지만 우리 대통령은 매우 사사로운 분입니다. 성실한 사익 추구형이었던 전임자와는 또 다르게, 이분은 공적 영역과 사적 영역의 구분 자체가 안 됩니다(전임자의 공사 구분 감각은 탁월했지요. 그게 있어야 공에서 사로의 자원 이동이 매끄럽습니다).

이것은 일찍이 우리가 본 적 없는 사사로움입니다. 공적 영역도 전부 가족 자산으로 보기 때문에, 일견 매우 공적이라는 착시를 일으키면서 실제로는 아예 퍼블릭이 증발하는 아주 독특한 사사로움입니다. 그런 분에게 공적 헌신을 기대하기는 어렵습니다.

대통령은 2선 후퇴를 하지 않습니다.

사사로운 대통령에게 현재 남은 유일한 목표는 패밀리 비즈니스입니다. 자신이 감옥에 갈 가능성을 최대한 낮출 것, 핵심 인물들을 가장 가벼운 혐의로 처리할 것, 가능하다면 가산을 보존할 것. 당의 부활과 보수의 미래보다 이쪽의 우선순위가 단연 높습니다.

이 목표를 이루려면 검찰 권력을 놓을 수 없습니다. 야당의 2선 후퇴 요구는 거칠게 요약해서 법무부 장관 - 검찰총장 내놓으라는 말입니다. 이 요구를 받아주면 패밀리 비즈니스도 파산합니다. 고로 우리 대통령에게 퇴진과 2선 후퇴는 사실상 같은 말입니다. 2선 후퇴안이 퇴진보다 온건한 타협안처럼 보이지만, 대통령이 보기에는 그게 그겁니다.

교착됩니다.

다른 정치 리더였다면 존재하였을 정치적 타협의 공간이 사라집니다. 사사로운 리더는 공적 책임감에 구속되지 않고 지켜야 할 것이 패밀리 비즈니스 외에는 없으므로, 공격하는 쪽에서도 합의점을 잡아내기 어렵습니다. 원하는 게 딱 하나 있는데, 그걸 보장해줄 방법은 별로 없습니다.

우리 대통령은 공화국의 헌정적 정통성을 유지하고 있습니다. 쿠데타 수장이 아닙니다. 지지 기반 회복 포기하고, 통치 내팽개치고, 방문 걸어 잠그고 버티기로 들어가면 끌어낼 방법은 없습니다. 그리고 그럴 수 있는 분입니다.

다른 외부 변수가 없다면, 대통령의 사사로움은 상황을 현상태로 교착시킬 겁니다. 거리와 의회의 압박은 높게 유지되지만 대통령은 더 물러설 곳이 없고, 초헌법적 방법으로 헌정적 정통성을 강제 폐기할 상황은 분명히 아닙니다.

대통령은 변수가 아닙니다. 변수는 그 옆입니다.

대통령의 사사로움으로부터 출발한 이상의 검토가 옳다면, 집회에 몇 명이 모이든 간에 그게 대통령의 비용 편익 계산을 바꿀 수는 없습니다. 집회가 압박할 수 있는 것은 리더의 공적 책임성인데 이분은 그게 원래 없습니다. 대통령의 목표인 패밀리 비즈니스는 집회로 압박할 수 없습니다. 따라서 집회는 우리 대통령의 판단을 바꾸기 어렵습니다.

하지만 대통령 권력의 외부 기반들은 좀 다릅니다. 이들은 대통령과 운명을 함께할 이유도, 대통령의 패밀리 비즈니스를 몸 바쳐 수호할 이유도 없습니다. 현재 대통령의 손에 남아 있는 권력 기반은 수사기관과 새누리당 둘입니다. 대통령이 가고도 계속 살아가야 할 이들입니다. 이들에게는 집회의 사이즈가 압박으로 작동합니다.

수사기관 내에서 언론 제보 등이 나와서 여론을 더 흔들거나, 다음 선거를 치러야 하는 새누리당이 압력을 견디지 못하고 파열음을 내거나 하는 것은 있을 수 있는 일입니다. 이 경우 대통령의 비용 편익 계산은 바뀝니다. 대통령보다는 이분들이 지켜야 할 것이 많습니다. 교착상태를 돌파할 미묘한 가능성이 있다면, 아마도 이 경로일지 모릅니다.

현상 변경을 먼저 하는 쪽이 집니다.

교착이 상황의 본질입니다. 서로 최선을 다했을 때 지금 자리에서 서로 꼼짝도 못하는 상태입니다. 이럴 때는 현상 변경을 하는 쪽이 아니라 상대에게 시키는 쪽이 이깁니다. 이 판의 속성은 '상대의 본진을 침투하는 쪽이 이기는' 싸움이 아니라 '먼저 허물어지는 쪽이 지는' 싸움입니다. 버티는 싸움이므로 교착이 오래갈 가능성이 있습니다. 적어도 오늘 집회 이후 곧바로 천지가 개벽할 거라는 식의 예측은 지나치게 기대가 섞여 있습니다.

정치인과 수사기관이 집회를 판단의 근거로 삼는 것은 그것이 다음 선거에서 작동할 민심을 미리 보여주는 단서이기 때문입니다. 그들은 몇 명이나 거리에 나왔는가, 조직되지 않은 일반인의 비율이 얼마나 되는가, 이거 둘만 봅니다. 집회 대오가 어디까지 가서 구호를 외쳤는지, 청와대까지 얼마나 접근했는지를 볼 이유는 없습니다. 더 나아가 공격성이 걷잡을 수 없어진다면 집회 쪽에서 현상 변경을 시도한 것이므로 오히려 반길 가능성이 높습니다.

모이기만 한다고 뭐가 바뀔까?

트럼프가 당선되자마자 미국에서 증오범죄가 폭발하고 있습니다. 문화의 압력에 눌려 지내던 혐오의 에너지가 중요한 깨달음을 얻은 겁니다. 아, 우리가 다수파구나. 나만 그런 줄 알았는데, 이 나라의 절반은 나와 같구나. 다른 인종과 종교와 성 정체성을 마음껏 혐오하고픈 사람들이 이제 서로가 있다는 사실을 알게 되었습니다. "니가 있다는 걸 내가 알아. 그리고 내가 널 알게 되었다는 걸 너도 알지." 이렇게 '공유 지식'으로 연결된 사람들은 훨씬 더 강하고 대담해집니다.

나와 동의하는 쟤가 있다는 걸, 쟤가 꽤 많다는 걸 이제 내가 알고, 내가 그걸 알고 자신감이 생겼다는 걸 쟤가 알고, 쟤가 그걸 알고 고조되었다는 걸 또 내가 알고…. 내가 아는 것만으로는 충분하지 않고, 그 사실이 꼬리에 꼬리를 물어야 공유 지식이 생깁니다. 매우 어렵습니다. 100만 명이 똑같은 TV를 보고 똑같은 뉴스를 본다고 공유 지식이 생기는 게 아닙니다. 나는 봤지만 나머지 99만 9,999명이 저걸 봤는지, 보고 나와 비슷한 생각을 했는지, 알 도리가 없습니다.

100만 명짜리 집회는 그걸 가능하게 합니다. 집회는 공유 지식을 생산하는 탁월한 공장입니다. 그 자리에 동시에 와 있는 순간, 참여자들은 복잡한 과정 없이 꼬리에 꼬리를 무는 공유 지식을 단박에 생산해냅니다. 그게 사람들이 거실의 60인치 TV를 버려두고 광장 스크린으로 축구를 보는 이유고, 이 초연결 사회에서도 온라인 집회에 만족하지 않고 굳이 같은 물리적 공간에 서 있으려 하는 이유입니다.

경찰을 향해 휘두르는 쇠파이프를 두려워하는 권력은 없습니다. 사람들이 서로를 확인하고 연결되는 것이야말로 권력의 간담을 서늘하게 만듭니다. 이제 권력은 현상 변경의 압박을 강하게 받게 됩니다. "모인다고 뭐가 바뀌느냐"는 질문에 대한 답이 이것입니다.

이상이 오늘 현장에서 제가 취재하면서 갖고 있을 작업 가설입니다. 〈시사IN〉 거리편집국은 청계광장에 있습니다. 2008년 촛불집회 때 있던 그 자리입니다. 그때 저는 막내 기자였습니다. 제가 그때와 다른 뭔가를 볼 눈이 생겼을지 어떨지 궁금합니다. 이제 현장으로 갑니다.

II.

100만 시위대가 몰린 현장에서는 통신이 먹통이 된다. 나는 내가 올린 글의 반향을 한동안 알지 못했다. 시위대 한가운데 차린 〈시사IN〉 거리편집국에서, 여러 단톡방에 글이 돌아다니고 있다는 얘기를 지인들에게 전해 듣고 묻히지는 않았구나 짐작했다. 나중에 보니 좋아요 8,000개, 공유 3,000개가 넘는 히트를 쳤다. 한동안은 만나는 사람마다 이 글을 봤다는 인사를 받고 다녔다. 2017년 3월 이후로는, 결국 이 글대로 역사가 흘러갔다는 덕담도 몇 번 들었다.

기분은 좋았다. 하지만 사실이 아니다. 교착을 유지하는 것이 승리의 열쇠라고는 생각했다. 하지만 나는 전혀 예상하지 못했다. 광장이 11월 12일 이후로도 4주 동안이나 고도의 집중력으로 교착을 유지해내리라고, 급진화하지도 소멸하지도 않고 제자리에 버틸 수 있다고, 그래서 박근혜 집권 블록이 먼저 무너지도록 만들 수 있다고 예상하지 못했다. 지도부도 없는 100만 군중의 전략적 행동 통일이라니, 무슨 터무니없는 기대를. 그런데 우리 동료 시민들은 그 터무니없는 일을 해냈다.

예상하지 못한 일은 또 있다. 나는 입법부가 200표를 넘기는 탄핵 동맹을 만들 수 있다고 거의 기대하지 않았다. 새누리당이 광장의 압박에 허물어질 수 있다고는 예상했지만, 그것이 탄핵 동맹으로 이어질 것인가는 또 다른 문제였다. 광장의 주권자들은 놀라운 방식으로 입법부를 작동시켰고, 입법부는 예상을 뛰어넘는 능력을 발휘해 주권자의 명령에 반응했다. 그 결과가 우리가 아는 실제 역사다.

그러니까 2016년 11월 12일에 내가 썼던 글은 주권자의 능력과 입법부의 능력을 과소평가한 오류의 기록이다. 국정 농단의 핵심 사실이 얼추 밝혀지고 주권자의 분노는 극에 달했으며 100만 집회가 예정된 11월 12일까지도, 상황은 전혀 확정적인 것이 아니었다. 이때까지도 우리는 정말로 거대하고 결정적인 분기점 위에 서 있었다.

Ⅲ.

이 책은, 우리가 지나온 그 거대한 분기점에 대한 이야기다.

가정해보자. 만약 총선에서 새누리당이 이겼다면? 만약 촛불 집회가 격해지면서 중산층이 이탈했다면? 만약 대통령이 새누리당 장악력을 유지하여 탄핵안이 부결됐다면? 만약 대통령이 2선 후퇴와 거국내각 구성을 받아들였다면? 만약, 만약, 만약…. 결과가 나온 후에 돌이켜보면, 2016년의 우리가 권위주의로의 퇴행을 막아낼 길은 아주 좁았다. 그리고 우리 동료 시민들은 그 좁은 길을 정확히 찾아냈다. 2016년의 대분기를 복기하다보면 모든 장면이 경이로워서, 기자로 살면서 이만한 역사를 다시 기록할 수 있을까 싶다.

거대한 분기점을 설명하려면 폭이 넓은 질문이 필요하다. 시민은 어떻게 그 좁은 길을 찾아내었나? 한국 보수는 왜 권위주의로 미끄러졌나? 이것은 박근혜라는 기괴한 지도자의 일탈인가, 한국 보수 전체의 속성인가? 진보는 한동안 왜 속수무책이었나? 그리고 어떻게 힘을 되찾았나? 2016년 대분기 이후 유권자 지형은 진보 우위로 재편되었나? 이제 냉전적이고 권위적인 전통 보수가 다시 다수파로 돌아올 길은 막혔는가? 만약 그렇다면, 보수의 미래는 어디에 있을까?

이 질문들에 답하기 위해 나는 주간지 〈시사IN〉에 여러 기사를 써왔다. 그중에서도 우리 시대를 압축해 보여주는 27편을 모아 책으로 엮었다. 기사는 2009년부터 2018년 사이에 작성되었지만, 책이 집중하는 시기는 2012~2017년 5년, 가장 암울하고 가장 위대했던 그 5년이다.

책은 4부로 구성했다. 1부는 '촛불체제'가 탄생하는 결정적 순간을 다뤘다. 촛불체제는 학문적으로 정립된 말은 아니다. 아직은 저널리즘의 상황 묘사에 가깝다. 그래서 이 책이 어떤 의미로 이 말을 쓰는지 부연이 좀 필요하다. 체제라는 말은 보통 자본주의나 사회주의처럼 한 사회의 근본 작동 원리에 쓰는 표현이다. 정치학자들은 그보다는 얕은 단계에서, 정치 지형의 구조적인 변동이 있을 때도 이 표현을 쓴다. '1987년 체제'는 1987년 민주화와 개헌 이후를 묘사할 때 자주 등장한다. 미국에서는 프랭클린 루스벨트 이후 일어난 유권자 지형의 대격변을 '뉴딜체제'라고 부른다.

나는 '촛불혁명'은 정확한 표현이 아니라고 생각한다. 2016년 겨울의 동료 시민들은 혁명적 체제 변동을 시도하지 않았다. 이 싸움은 체제를 바꾸는 것이 아니라 복원하는 것이었는데, 주권자들은 체제가 명령에 따를 것이라는 자신감으로 헌정을 제자리에 돌려놓으라고 요구했다. 혁명적 수단도 거들떠보지 않았다. 광장의 무기는 횃불과 단두대가 아니라 입법부와 헌법이었다.

혁명이 아니었기 때문에 더더욱, 승리는 거의 초현실적인 성취였다. 통치자와 주권자가 정면충돌할 때, 체제가 통치자를 내치고 주권자에 복무했다. 이 당연해 보이는 한 문장은 지구에서 극소수 국가만이 도달한 경지이자, 이전까지 한국 현대사가 증명한 적 없었던 명제다. 우리는 힘으로 체제를 때려눕히는 경험에서 다시 결정적인 한 걸음을 나아갔다.

그럼으로써, 혁명이 아니었음에도 우리는 그전과 어딘가 다른 세상에서 살게 되었다. 몇몇 보수주의자가 믿고 싶어하는 것처럼 사회주의나 전체주의로 체제가 바뀌지는 않았다. 즉 깊은 단계의 체제 변동은 없었다. 하지만 촛불 이후 유권자 지형과 정당 지형은 엄청난 충격을 받고 크게 흔들렸다. 이것이 장기적 구조 변동으로 이어질까? 아직은 아무도 모른다. 나는 적어도 가능성은 크다고 생각한다. 그렇다면 이것은 얕은 단계의 체제 변동이 된다. 이 책에서는 촛불체제라는 말을 이런 맥락으로 쓴다.

2부는 촛불체제 탄생의 결정적 계기를 제공한 한국 보수의 몰락을 다룬다. 박근혜라는 개인 차원의 원인, 보수 정치 세력 차원의 원인, 거기에 한국 사회의 누적된 모순이라는 구조 차원의 원인이 뒤섞여 있는 문제다. 이 중첩된 모순은 촛불 이후라고 일소되었을 리 없다.

개인 차원에서, 박근혜가 사사롭고 공적 자의식이 없다는 것은 비밀이 아니었다. 2012년 대선 당시에 알려져 있는 사실만으로도 그녀의 사사로움을 입증하기는 아주 쉬웠다. 그런데도 한국의 보수는 대단히 사사로운 리더가 대통령까지 되는 과정을 손 놓고 바라보거나 적극 협조했다. 세력 차원에서, 한국의 보수파는 국가관과 책임성이 결여되어 있었다. 보수라는 이름에서 가장 먼저 기대하는 가치를 가장 먼저 내팽개쳤다. 정상회의록 공개 파동으로 시작한 박근혜 정부는, 세월호 참사를 거쳐 역사교과서 국정화 시도에 이르기까지, 보수의 가치와 정면 대결하는 보수 정부였다.

2007년 정권을 놓친 이후 한국 진보파가 지나온 긴 터널이 3부의 주제다. 보수의 거침없는 퇴행은 진보의 좌충우돌과 갈지자걸음의 도움을 분명 받았다. 터널 속에서 진보가 어떤 발버둥을 쳤고 어떤 함정에 빠졌는지를 복기했다. 이 복기는 진보가 정권을 잡고 다수파가 된 지금 더 중요하다. 야당일 때 했던 반성과 성찰을 여당이 되어서 잊어버리는 사례는 너무 많다. 그러다가 무슨 일이 벌어지는지 알려면 지금 한국 보수의 풍경을 보면 된다. 이런 복기로부터 보수는 재건의 선례를 배울 수 있고, 진보는 같은 함정에 빠지는 실수를 피할 수 있다.

2012년 불어닥친 안철수 현상은 한때 터널 속의 빛처럼 보였던 적도 있지만 지금 돌이켜 보면 함정에 더 가까워 보인다. 이 함정이 왜 빛처럼 보였는지를 짚어보는 것도 무척 중요하다. 안철수 현상은 정치인 안철수보다 훨씬 의미심장한 것이었다. 주인공만 바꿔 다시 돌아올 가능성도 얼마든지 있다.

4부는 책 전체에서 가장 독특하다. 2014년에 일간베스트 저장소(일베)를 분석한 기사를 쓴 이후로 온라인 공간의 담론 지형을 꾸준히 탐색해왔다. 여성 혐오, 세월호 유가족 혐오, 여자 아이스하키 단일팀 불공정 논란까지, 한국 사회를 뒤흔든 폭발력 있는 담론들을 추적한다. 보수의 재건을 고민하는 지도자와 기획자라면 4부에서 중요한 힌트를 얻을 수 있다고 생각한다. 또한 한국 사회의 진보를 고민하는 이들이라면, 4부를 통해 주어진 과제를 더 분명히 인식할 수 있으리라 기대한다.

4부는 취재 기법으로도 독특하다. 온라인 공간이라는 취재 대상의 특성 때문에 여러 데이터 저널리즘 기법을 사용했다. 문장을 수집해 담론 지도를 그리는 담론 네트워크 분석은 이제 한국 언론에서도 익숙한 장르다. 하지만 내가 이 기법을 처음 시도했던 2011년에는 아주 낯선 시도였고, 한국어 기사를 참고한 기억은 없다. 이 기법을 한국 언론에서 내가 처음 시도했는지는 확실하지 않지만, 담론 지도 기사의 포맷을 정립하는 데 기여했다고는 말할 수 있다.

IV.

기사는 책과 다르다. 신문 기사는 하루만 살아남으면 목표 달성이다. 주간지 기사는 그보다는 호흡이 길지만, 그래봤자 한 주만 살아남으면 성공이다. 기사를 묶어 책으로 낸다는 건 그래서 무모한 시도다. 5년 전 기사를 지금 읽어달라고 들이미는 꼴이다. 이 황당한 시도를 제안해준 미지북스에 고마운 마음과 더불어, 이래도 괜찮은 걸까 하는 의심을 지금도 하고 있다.

좋은 기자란 누구보다 줌인zoom-in을 잘하는 기자다. 피사체, 그러니까 취재 대상을 더 가까이 잡아당겨서 독자에게 더 상세히 보여줄수록 훌륭한 기자다. 그래서 좋은 기자들은 디테일이 특히 강하다. 나는 그런 기자는 못 된다.

그래서 내가 택한 전략은 줌아웃zoom-out이다. 취재 대상을 최대한 멀리서 최대한 다른 시야로 보여주려 노력한다. 줌아웃이 잘된 기사는 마치 드론으로 찍은 영상 같아서, 피사체의 디테일은 흐릿한 대신 그게 어떤 구조와 맥락에 있는지 더 잘 보여준다.

구조와 맥락은 사건과 디테일보다 느리게 변한다. 특히 중요하고 뿌리 깊은 구조일수록 더 느리게 변한다. 느린 문제를 다루려면 느린 저널리즘이 필요하다. 다행히 내가 속한 매체는 한국에서 보기 드물게 느린 저널리즘에 관대하다. 줌아웃에 성공했다면, 5년 전 기사라도 여전히 당대의 글이 될 수 있다고 생각했다. 책을 준비하면서 기사 원문을 일부 다듬었지만, 기본 주제와 접근법은 모두 원문 그대로다.

줌아웃을 시도할 때 늘 경계하는 것이 하나 있다. 줌아웃은 사안에 접근할 렌즈, 그러니까 관점을 선택하는 접근법이다. 자연히 기자의 관점이 기사에 들어간다. 그래서 때로 당파적 글쓰기와 잘 구별되지 않는다. 그러나 진영 논리는 느린 저널리즘의 가장 큰 적이다. 우리 편에게 유리한가 아닌가가 유일한 질문이 될 때, 복잡한 사건을 다루는 방식은 초라할 정도로 단순해진다. 이것은 줌아웃이 아니다. 구조와 맥락을 증발시키는 가장 빠른 방법이다.

책에 실린 27편은 모두 최선을 다해 줌아웃을 시도한 결과물이다. 책으로 묶인 기사들을 다시 읽으면서, 이 책이 다루는 시기가 얼마나 경이로운 분기점이었는지 새삼 느낀다. 우리는 이제 민주정의 주권자가 된다는 게 얼마나 두근거리는 경험인지를 알아버렸다. 우리가 이 놀라운 2016년 겨울 이전으로 돌아갈 방법은 없다.

차례

1부

촛불체제의
탄생

촛불은 대통령 박근혜를 끌어내리고 싶어했다.
하지만 헌정 중단과 격변이 아니라,
박근혜 전 대통령이 망쳐놓은 헌정을 복원하기를 원했다.
촛불의 목표가 복잡한 상상력과 논란을 요구하는
체제 변혁이 아니라 체제 복원이었음을 단적으로 보여준다.

광장의 촛불,
6월항쟁을 완결시키다

주권자가 입법부를 시켜 통치자에게 해고 통지를 보냈다. 단호한 탄핵 여론과 광장의 고강도 압박으로 주권자의 뜻을 확인한 국회는, 12월 9일 재적 인원 300명 중 234명의 찬성으로 박근혜 대통령 탄핵안을 가결했다. 가결 정족수 200명을 넉넉하게 넘겼다. 박 대통령은 헌법재판소의 탄핵 심판이 나올 때까지 직무가 정지되었다. 헌재 재판관 9인 중 6인 이상이 찬성하면 대통령 탄핵이 확정된다.

익숙한 이분법이 무너졌다. '광장의 시민과 선출된 국회' '직접민주주의 대 대의민주주의'라는 이분법으로는 12월 9일의 결과물을 설명할 수 없었다. 대통령의 1차 대국민 사과(10월 25일)부터 따져 격동의 7주 동안 실제로 벌어진 일은 이 이분법을 홀쩍 뛰어넘는다. 광장의 시민은 입법부를 집요하게 동원해 행정부 수반에게 책임을 묻는 데 성공했다. 이것은 대의제에 대한 직접민주주의의 승리일까? 그보다는 대의제를 놀랍도록 훌륭히 다루어낸 주권자의 승리였다. 2016년 겨울, 한국 민주주의는 1987년 여름의 광장으로부터 또 한 단계 도약했다.

1987년 여름의 광장은 대통령 직선제를 쟁취했다. 직선 대통령은 민주주의의 최종 해결책으로 보였으나 곧 난제를 던져주었다. 일단 선출한 대통령이 더 이상 민주적 책임성에 구속받지 않을 때, 주권자는 그를 견제할 방법을 알지 못했다. 오랜 왕정과 군부독재의 경험 직후에 등장한 직선 대통령은 '선출된 왕'과 잘 구분되지 않았다. 선거제도는 민주화되었으되 사회의 구동 원리가 민주적으로 재편되려면 통치자와 주권자 모두 적응이 필요했다.

'막 나가는 통치자'를 견제하는 헌정적 원리는 크게 두 축으로 구성된다. 첫째, 수직적 견제의 원리다. 시민이 직접 통치자를 끌어내리려 시도하는 저항권이 대표적이다. 발동된다면 비상 상황이다. 둘째, 수평적 견제의 원리다. 민주적 정통성의 또 다른 원천인 입법부를 통한 견제가 이에 해당한다. 평시에 원활히 작동해야 할 견제 원리이지만, 1987년 이후 입법부가 이를 제대로 구현했다고 보는 여론은 소수다.

2016년 겨울의 광장은 '수직'과 '수평'의 기로에 서 있었다.

'수직'은 위험했다. 저항권은 체제 변동까지 감수하는 고비용의 선택이었고, 헌정 체제 자체를 다른 것으로 대체해야 한다는 요구는 거의 없었다. '수평'은 못 미더웠다. 광장에 선 주권자들은 대통령 퇴진이라는 고도의 선택을 해낼 만큼 유능한 입법부를 경험한 적이 없었다.

11월 한 달 동안 광장이 보여준 선택은 그래서 상상을 뛰어넘는 것이었다. 지도부 없는 100만 인파가 토론한 적도 없이 고도의 합의와 규율을 유지했다. '수직'은 분명히 기각됐다. 비폭력에 대한 광장의 합의는 너무나 단호해서 경찰 차벽에 붙인 꽃무늬 스티커마저 도로 떼어줄 정도였다. 강경파 집회 참석자들은 "경찰과 〈조선일보〉한테 칭찬받는 시위"라고 야유하기도 했다.

광장이 정치를 발견하다

광장의 주류가 채택한 비폭력 노선은 차라리 단호한 전략 기조였다. '수직'을 우선 제쳐둔 상황에서, '수평'이 작동하기를 그저 손 놓고 기다리기에 입법부는 미덥지 않았다. 그러니 남은 경로는 입법부가 제대로 움직이도록 끊임없이 압박하는 것이었다. 광장은 정확히 그 방향으로 집중했다. 압박의 성공 가능성은 집회의 규모, 구성의 다양성, 결집의 지속성에 달려 있었다. 이 요소들이 끝까지 유지되어야만 입법부를 움직일 전망이 있었다. 새누리당에서 최소한 28표를 떼어내야 한다는 불가능에 가까운 목표를 향해, 광장은 이렇다 할 리더도 없이 집중력을 유지했다. 결국 62표 이상을 집권당에서 가져오는 대승을 이뤄냈다.

폭력은 집회의 규모와 다양성과 지속성 모두를 위협할 위험 요소였으므로 제어당했다. 100만 명 단위 집회가 매주 도심을 가득 채우면서도 물리적 충돌 한 건 벌어지지 않는 집회 양상을 외신은 놀라워하며 보도했다. 강경파 집회 참석자들은 광장 주류의 태도가 오히려 다양성을 억누르는 폭력이라고 불만을 터뜨리기도 했는데, 묘하게 본질을 꿰뚫는 지적이었다. 광장에서 비폭력 노선은 단호하게, 어떤 의미로는 폭력적으로 관철되었다. 이것은 '착한 게 좋다'는 식의, '보수 언론에 잘 보이자'는 길들여진 태도와는 거리가 한참 멀었다. '수직'을 기각하고 '수평'을 압박한다는 전략 기조를 확고히 하고, 그와 어긋난 강경파를 사실상 힘으로 제압해버렸다.

명시적으로 합의한 바 없지만 이것은 광장의 정치적인 결단이었다. 광장에 선 주권자들은 지독히 이기고 싶어했고, 이길 수 있는 수단이 무엇인지를 집요하게 탐색했으며, 그 과정에서 입법부라는 주권자의 수단을 결정적으로 재발견했다. 폭력이 배제된 것은 이 결정적 수단을 작동시키기 위해서였다.

광장의 압박에 반응해 탄핵을 향해 가던 입법부는, 11월 29일 대통령 3차 담화 이후 잠시 대오가 흐트러졌다. 새누리당 비박계가 탄핵 대신 대통령이 제안한 '합의에 의한 사퇴'로 회군하면서 탄핵 전망이 불투명해졌다. 그리고 12월 3일 토요일에 6차 촛불집회가 열렸다.

이날 광장이 보여준 압박의 밀도는 역사에 기록될 만했다. 주최 측 추산 전국 232만 명이라는 규모도 초유의 사건이었지만, "우리는 타협할 권리를 입법부에 준 적이 없다"는 주권자의 분노는 입법부에 거대한 공포를 심어주었다. 폭발 직전의 기운이 넘실거렸던 6차 집회의 분위기는, 만일 탄핵안이 부결될 경우 한편에 치워두었던 저항권 행사가 선택지로 부활할 것이라고 강하게 암시했다. 6차 집회 이후 국회에서는 "탄핵이 부결되는 날에는 촛불이 국회를 태워버릴 것이다"라는 말을 들을 수 있었다. 새누리당 비박계는 곧바로 반응해 탄핵 대오로 복귀했다. 국회의 탄핵 찬성표 234표는 재적 인원의 78%다. 같은 날 발표된 한국갤럽 정례 여론조사의 탄핵 찬성 의견 81%와 큰 차이가 없다. 우여곡절은 있으나 입법부는 결국 주권자의 의사에 구속받았다.

이렇게 해서 2016년 겨울의 광장은 정치를 발견했다. '광장'과 '제도권 정치'라는 익숙한 이분법은 하나로 통합됐다. 2016년 이전에 광장이 열릴 때면 그곳은 반反정치, 탈脫정치의 에너지로 끓어올랐고, 광장과 정치는 거의 언제나 양자택일의 문제로 간주되었다. 박상훈 정치발전소 학교장은 정치를 혐오하고

● 2016년 12월 3일 서울 광화문광장에서 열린 박근혜 대통령 퇴진을 요구하는 6차 촛불집회.

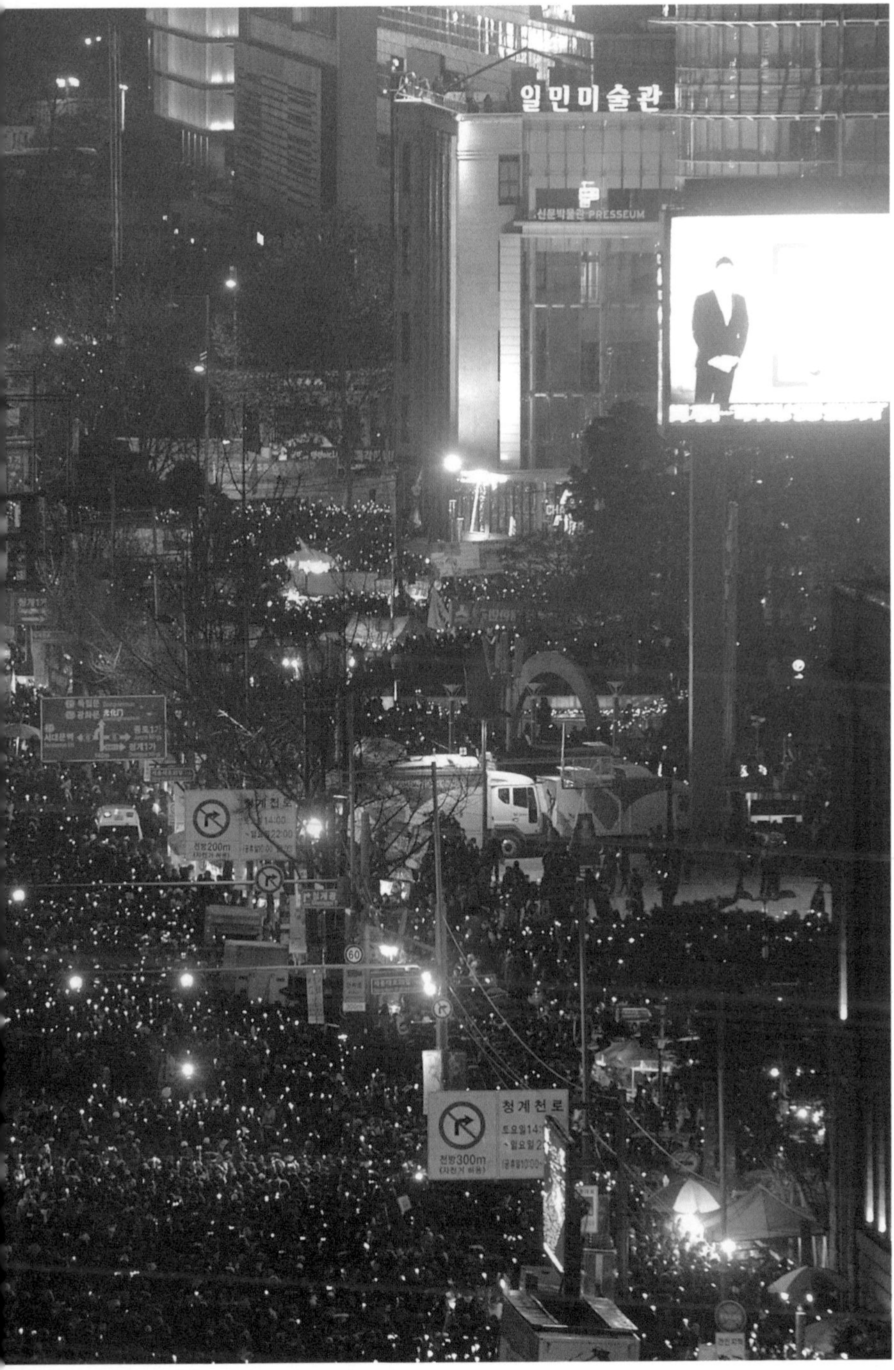

© 시사IN 이명익

직접행동을 찬양하는 광장의 정서에 끊임없이 비판 목소리를 내왔다. 그는 이번에 중요한 변화를 봤다. "이 광장은 반정치로 달려나가는 대신 민주주의가 제공하는 권력의 수단을 놀랍도록 능숙하게 사용해서, 결국 더 효율적으로 시민 권력을 행사했다. 입법부가 혐오의 대상이 아니라 주권자의 도구라는 인식이 폭넓게 공유되었고, 실제로도 입법부를 뜻대로 작동시키는 데 성공했다. 탈정치 담론이 주력이었던 2008년의 촛불과 비교하면 차이는 명백하다. 2016년의 광장에서 민주주의에 반드시 필요한 주체, '정치적 시민'이 탄생했다. 이건 연구자들이 꼭 책을 써야 할 사건이다."

2016년 겨울의 광장이 재발견한 무기는 입법부만이 아니었다. 헌법 역시 주권자의 도구 상자에 추가됐다. 광장 최고의 연사로 떠오른 방송인 김제동은 무대 발언 대부분을 헌법 소개에 할애했다. "권력을 국민이 아니라 최순실로부터 나오게 했으므로 헌법 제1조 1항 위반" "사사로이 다른 사람에게 권력을 줬다면 헌법 제2조 위반" "정치와 종교를 분리하지 않았으니 헌법 제20조 2항 위반" 등 그의 발언은 헌법 조항을 넘나들었다. 헌재가 탄핵 사유로 받아들일 만큼 전문적이지는 않았지만, 주권자가 헌법을 도구로 가져왔음을 보여주기에 충분했다.

광장의 주권자들은 헌정 체제가 망가졌다고 느꼈고, 헌정을 복원하길 원했다. 이것은 체제 변동 시도가 아니었다. 체제에 대한 자신감, 체제가 주권자의 명령에 복무할 것이라는 믿음, 그러지 않을 경우 저항권을 발동할 수 있다는 위협으로 이루어진 패키지였다. 헌정을 복원하자는 요구를 내거는 순간, 헌법은 자연스럽게 주권자의 무기가 된다. 헌법 제1조 "대한민국은 민주공화국이다. 대한민국의 주권은 국민에게 있고, 모든 권력은 국민으로부터 나온다"는 2008년의 광장에서도 중요한 슬로건이었다. 하지만 2016년의 광장은 국민의 최종 권력을 선언하는 데서 한 발짝 더 나아가, 헌법에 통치자가 어떻게 미달하는지를 구체적으로 적시하며 그 책임을 물을 경로를 찾아냈다.

주권자가 시민 권력의 도구를 다루는 방식에 적응하고 있다. 이만큼 기존 엘리트에게 나쁜 소식은 흔치 않다. 엘리트 블록은 광장과 입법부의 갈라치기에 발 빠르게 나섰다. 탄핵 가결 전에 나온 12월 9일 자 〈조선일보〉 사설은 "탄핵 이후 절차는 헌재에 맡기고 여야는 국정을 수습하라"며, 이제 더 이상 집회 여론에 휘둘리지 말라고 주문했다. 황교안 국무총리는 대통령 권한대행이 된 직후 발표한 대국민 담화에서 "이제는 거리의 목소리가 국가 위기를 극복하는 동력으로 승화되도록 간곡히 당부드립니다"라고 했다. 광장의 정치는 영원할 수 없고, 언젠가 일상으로 복귀해야 한다는 것은 사실이다. 하지만 헌정 체제가 충분히 복원되었다는 주권자의 판단이 나오기 전에 박근혜 정부와 보수 언론이 먼저 나섰다는 것은 의미심장하다.

촛불로 완결된 6월항쟁

입법부와 헌법은 이른바 '87년 체제'의 도구 상자 안에 언제나 들어 있던 무기였다. 이를 사용하기 위해 헌법이 바뀔 필요는 없었다. 하지만 1987년 이후에도 주권자들은 이 무기들을 사용하기보다는 대체로 외면했다. 입법부 구성이 터무니없이 불리하거나 선거 일정이 지나치게 멀어서 제대로 사용하기 어려울 때도 있었지만(2008년의 광장이 둘 모두에 해당한다), 그렇다 해도 광장에서 정치는 잠재적 도구가 아니라 문제의 근원으로 취급받았다. '87년의 도구 상자'는 온전히 활용된 적이 사실상 없었다. 박상훈 정치발전소 학교장은 "87년 체제가 수명을 다했다는 평가는 너무 쉽게 상식으로 간주되는 경향이 있다. 어쩌면 우리는 지금 30년 만에 '6월항쟁'을 마무리하는 중일지도 모른다"고 말했다. 이 관점으로 보면, 한국 사회에는 "다음 헌법을 어떻게 만드는가?"보다는 "더 잘 작동하는, 우리 삶에 더 좋은 민주주의를 어떻게 만드는가?"가 더 시급한 질문이 된다.

이제 한국 사회는 '탄핵 이후'와 '광장 이후'를 디자인하는, 지금껏 가보지 않은 길로 들어섰다. 2004년 노무현 대통령 탄핵 때는, 탄핵 직후로 예정되어 있던 총선이 모든 논란을 해소할 일종의 최종 심판으로 버티고 있었다. 하지만 2016년 탄핵 이후의 한국 사회는 길을 스스로 만들어내야 한다. 정당성을 상실한 대통령에게 해고 통지를 보내는 데까지는 놀라운 합의가 유지되었다. 하지만 가보지 않은 길을 만드는 과정까지 그 수준의 합의가 유지될 가능성은 낮다.

무엇이 더 잘 작동하는 민주주의일까. 더 좋은 민주주의는 어떻게 만들 수 있을까. 공통의 목표는 일단 성취했고, 이제는 저마다 답이 다를 질문을 받아들었다. 혼란과 시련, 그에 따른 정치 혐오가 어느 정도는 필연으로 대기하고 있다. 2016년 겨울의 광장은 정치에 맞서서 승리한 경험이라기보다는, 정치를 도구로 쓰는 데 성공하여 승리한 경험이었다. 이 경험이 예고된 시련을 헤쳐나갈 길을 보여줄 수 있을까. 인상적인 승리를 거둔 주권자들이 다음 도전 과제를 받았다.

〈2016년 12월〉

●

이렇게 해서 2016년 겨울의 광장은 정치를 발견했다.
이 문장은 우리가 해낸 일에 대한 평가절하가 아니다.
오히려 우리가 얼마나 '이기는 좁은 길'을
정확하게 개척해왔는지를 압축하는 상찬이다.

탄핵안가결,
그 막전막후

광장의 촛불집회가 의회의 대통령 탄핵안 의결로 이어지는 일련의 과정은 한국 현대사에도 손에 꼽힐 드라마였다. 촛불 1주년을 맞이해 우상호 의원을 만났다. 그는 박근혜 게이트가 불거지기 시작한 지난해 8월께부터 12월 9일 국회의 박근혜 대통령 탄핵 소추안 가결까지, 숨 가쁘게 달려갔던 시절의 더불어민주당 원내대표였다.

이 인터뷰는 탄핵 드라마의 한 주인공이 내놓은 '주관적 재구성'이다. 정치적 편향이나 자신에 유리한 해석이 섞였을 수 있다. 그래도 가감 없이 기록했다. 탄핵을 주도한 여러 주인공의 주관이 기록으로 축적될수록, 우리는 일련의 과정을 더 입체적으로 이해하게 될 것이다. 그렇다면 탄핵 과정을 주도했던 제1야당의 원내대표만큼 깊은 몰입과 강한 주관을 보여줄, 기록의 축적을 시작해줄 적임자도 없다.

탄핵으로 가는 길은 언제부터 시작되었나?

2016년 4월 총선에서 우리가 이기고, 7월쯤부터 최순실 관련 제보들이 들어왔다. 8월 중순에 비공개로 최순실 TF를 꾸렸다. 조응천·손혜원·도종환 의원 등이 멤버였다. 각자 제보받은 걸 모아서 전체 그림을 그렸다. 그러면서 김재수 농림축산식품부 장관 해임 건의안 전선을 쳤다. 국정감사 전에 여야 대치를 확 끌어올릴 목적으로 던진 카드다. 그때 박지원 국민의당 원내대표는 "김재수를 왜 이렇게까지 하는 거야?" 묻기도 했다. 야권 공조 와중에도 최순실 건만은 우리가 공유를 안 했으니까, 나는 "그런 게 있어요"라고 얼버무렸다.

당시 새누리당 이정현 대표가 국감을 파행으로 끌고 갔다.

비공개 TF의 활약으로 매일같이 1면에 최순실이 등장했다. 청와대가 확 긴장했다. '국감 파행시켜라'라는 오더가 와서 이정현 대표는 단식하고, 정진석 원내대표는 국회의장과 싸우고 그랬다. 우리가 의도를 알잖나. 단독 국감을 밀어붙였다.

정세균 국회의장에게는 미리 보고했다. 우리의 다음 스텝을 알기 때문에 의장이 버텨주었다. 단독 국감에서 황당한 사건이 계속 나왔다. 결국 청와대가 새누리당을 다시 국회에 들어가라고 시킨다. 아주 우왕좌왕했다. 그게 3주일쯤 굴러가면서 상황이 최고조에 올랐을 때 JTBC의 태블릿 PC 보도가 나왔다.

그때부터 탄핵을 준비했나?

촛불집회가 시작되면서 당의 노선을 정할 필요가 있었다. 전략을 총 3단계로 짰다. 1단계, 대통령 2선 후퇴를 요구한다. 바로 탄핵으로 내달릴 수는 없었다. 진보-보수 진영 대결로 가면 '50 대 50' 싸움이다. 결국 탄핵 소추안을 통과시키려면 새누리당에서 40석이 넘어와야 하는데, 처음부터 진영 대결이었으면 비박계가 오겠나. 진영 대결 인상을 주지 않도록 대선 주자인 문재인 전 대표 측에도 물러서 있는 게 좋겠다고 전했고, 당시 문 전 대표 쪽도 납득했다. 보수도 우리 주장에 동조할 절충안으로 접근하는 게 핵심 기조였다.

10월부터 새누리당 비박계에 공을 들였나?

아니다. 그때는 계속 청와대를 만났다. 대통령이 직접 약속하는 2선 후퇴라면 우리도 받는다고 했다. 그러자 대통령이 국회에 와서 "국회 추천 총리가 내각을 통할하도록 하겠다"는 하나 마나 한 말을 했다(11월 8일). 정진석 원내대표를 만나서 "이런 말로는 절대 안 되니 전권을 넘긴다는 확실한 말을 해야 한다"고 했다. 청와대가 그게 그 뜻이라고 한다고 했다. 말이 되나(웃음). 이건 결국 탄핵으로 간다는 생각에 그 시점부터 비박계를 접촉했다.

당시 비박계의 기류는 어땠나?

바로 탄핵으로 가는 것은 부담스러워했다. 자진 사퇴를 권유해보겠다고 하더라. 좋다, 그러면 우리는 탄핵 얘기는 안 하고 "하야하라"로 간다고 했다. 이게 우리 입장에서는 2단계였다. 일단 비박계가 움직일 공간을 열어줬다. 이 국면에서 새누리당 원로들이 내놓은 안이 '4월 사퇴, 6월 대선'이다. 이건 정치 일정이 명확하고 예측 가능해지는 장점이 있다. 이 안을 대통령이 받으면 우리도 받는다고 비박계에 전했다. 촛불 민심에 욕을 먹더라도 설득할 각오였다.

박근혜 정부 청와대는 타협 가능한 장면을 전부 놓치면서 상황을 최악으로 끌고 갔다.

만약 사태 초기에 2선 퇴진 요구를 받아들였다면, 첫째 야

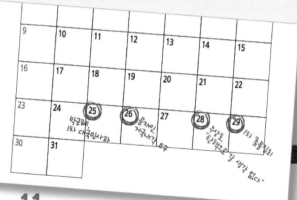

9	10	11	12	13	14	15
16	17	18	19	20	21	22
23	24	**25** 박근혜 1차 대국민사과	**26** 윤재인, 거국내각 요구	27	**28**	**29** 1차 촛불집회 "우상은 탄핵으로 길 살가 없다"
30	31					

11

Sun	Mon	Tue	Wed	Thu	Fri	Sat
30	31	1	2	3	**4** 2차 대국민사과	**5** 2차 촛불집회
6	7	**8** 박근혜 "국회추천 총리 내각 통할"	9	10	11	**12** 3차 100만여 촛불집회
13	14	**15** 새누리 비박계, 비상시국회의 결성	16	17	18	19
20	**21** 국민의당 탄핵 당론 채택	22	**23** 민주당 탄핵 당론 채택	24	25	26
27	28	**29** 박근혜 "퇴진시기를 국회가 정해달라"	30	1	2	3
4	5					

12

Sun	Mon	Tue	Wed	Thu	Fri	Sat
27	28	29	30	1 탄핵안 상정 불발	**2**	**3** 6차 232만여 촛불집회
4	5	6	7	8	**9** 국회 탄핵소추안 가결	10
11	12	13	14	15	16	17
18	19	20	21	22	23	24

권이 분열된다. 둘째, 제도권은 거국내각을 꾸릴 수밖에 없는데, 그러면 촛불과 야당이 분열된다. 촛불이 과격해질 것이고, 중도층과 보수층이 이탈할 것이다. 촛불이 고립될 때쯤 대통령이 자기 지지 세력을 결집해서 되치기를 노릴 수도 있다고 봤다. 그러면 우리가 불리했을 거다. 특히 온건하게 가는 전략을 세웠던 우상호는 굉장히 불리해진다. 박근혜라면 그런 승부수도 던질 수 있을 거라 생각했는데 안 하더라. 알고 봤더니 마지막까지 이탈 표가 25명 선이라서 탄핵 소추안 국회 통과가 어렵다는 엉터리 보고를 받고 있었다. 국회에서 벌어지는 일인데도 새누리당보다 국정원이나 우병우 라인의 보고서를 더 신뢰했던 것 같다.

결국 조기 퇴진안도 없던 일이 되었다.

그다음은 3단계, 탄핵 당론 확정이었다. 거기서부터 12월 9일(탄핵 소추안 상정일)까지는 다른 길은 없고, 다만 새누리당 이탈 표가 얼마나 되느냐의 숫자 싸움이었다.

11월 29일 박 대통령이 "퇴진 시점을 국회가 정해달라"고 공을 넘겼다. 비박계가 흔들렸나?

꽤 흔들렸다. 하루에도 몇 명씩 나갔다 들어왔다 나갔다 들어왔다…. 우리가 매일 표를 세어보는데 아무리 해도 안정적인 숫자가 안 나왔다. 비박계 모임이 40명에서 25명까지 왔다 갔다 하는데, 피가 바짝바짝 말랐다. 그 고비에서 촛불집회가 아주 큰 힘이 되었다.

당시 광장에서는 비박계가 결국 막판에 탄핵 반대로 돌아서리라는 걱정이 많았다.

촛불 시민들도 정작 촛불이 정치권에 어느 정도나 압박이 되는지 실감하지 못했다. 시민들 상상 이상이었다. 헌정 중단이 올 수 있고, 유혈 사태나 엄청난 국가 위기가 올 수 있다는 생각이 들면 새누리당 의원도 당연히 고민을 한다. 또 하나, 일단 탄핵 소추안에 찬성한 새누리당 의원들은 우리보다 더 열심히 탄핵 운동을 한다. 탄핵 소추안이 부결되는 날에는 박 대통령이 반드시 보복할 테니, 이 사람들은 돌아서려야 돌아설 수가 없었다.

마지막 일주일의 격동을 짚어보자. 비박계가 12월 7일까지 대통령에게 4월 조기 퇴진을 선언하라는 최후통첩을 하고 야 3당에 기다려달라고 했다. 그때 야 3당이 12월 2일 탄핵 소추안 상정을 시도했다가 불발됐다. 만약 12월 2일에 상정했으면 가결됐을까?

그때 우리 계산으로는 진짜 한두 표 차이였다. 12월 2일 상정으로 가자고 정한 건 원내대표 협의가 아니라 당 대표

협의에서였다. 추미애 대표는 국민을 하루라도 더 기다리게 해서는 안 된다고 2일을 강하게 얘기했다. 국민의당은 박지원 원내대표가 비상대책위원장도 겸하고 있어서 대표 협의에도 나갔는데, 박 대표 판단은 비박계가 12월 7일까지 기다려달라는데 2일이면 위험하다는 거였고.

한두 표 차이였다면 박지원 대표 얘기가 맞는 말 아닌가?

박지원 대표가 추 대표랑 싸우고 화가 나서 나한테 전화를 했다. "야, 너도 알잖아. 2일로 하면 비박계 못 들어오잖아." 틀린 말이 아니지 사실(웃음). 표를 세는 처지에서 12월 2일은 아슬아슬했다. 다만 박 대표는 광장의 여론도 고려했어야 하는데 그걸 하지 않고 '너무 현실적인 판단'을 한 거지.

그런데도 추 대표는 12월 2일 강행을 주장했다.

12월 2일 상정안이 나오면서 비박계 분위기가 나빠졌다. "우리 표 필요 없냐. 왜 이렇게 궁지로 모느냐." 내가 던진 물밑 메시지는 이랬다. "말은 저렇게 해도 어차피 12월 2일 상정은 못한다. 결국 12월 9일로 간다." 일단 올리고, 표에 확신이 없으면 미루면 되니까. 밖에서 나온 말처럼 국민의당이 탄핵 소추안 통과를 훼방 놓으려 한 건 아니었고, 그날 대표들 사이에 언쟁이 좀 심했다. 꼼꼼하게 전략을 세우는 자리도 아니었고. 12월 2일이냐 9일이냐는 전략적 견해차라기보다, 누가 탄핵을 주도하는 세력인지를 놓고 벌인 두 분의 주도권 다툼이었다. 그 결과로 박지원 대표가 욕을 좀 과하게 먹었다.

박지원 대표는 "탄핵 국면을 개헌 국면으로 바꾸려는 것 아니냐"는 비난에 시달렸다.

그것도 과잉 해석이었다. 박지원 대표가 개헌에 관심이 있지만, 그렇다고 민심을 모르는 분이 아니다. 물론 박근혜 청와대가 개헌 카드로 야권을 흔들려고 시도한 건 맞다. 민주당 안에서도 어차피 탄핵이 안 될 거라면 개헌을 받고 타협하자는 중진 의원들이 있었다. 하지만 그게 대세를 바꿀 가능성은 없었다.

최후의 순간에 박 대통령이 '4월 퇴진안'을 받았다면 어떻게 됐을까?

우선 절대 받을 리가 없다는 확신이 있었다. 탄핵이 되지 않을 거라고 대통령이 오판하고 있었으니까. 만에 하나 받는다고 해도 탄핵 소추안은 상정할 생각이었다. 거기서 부결된다 해도 조기 퇴진은 확보한 상황이니까.

12월 2일 상정이 불발되고 12월 3일 촛불집회에 232만 명이 나왔다.

그날은 참…. (달변가인 우 의원은 이 대목에서 몇 초간 말을 잇지 못했다.) 너무 감사해서 큰절을 하고 싶더라. 비박계를 한 명 한 명 끌어내는 일이 원내 작업만으로는 너무 어려웠다. 청와대, 국정원, 여당 지도부가 전방위로 작업을 하던 중이었다. 누구누구 표 확보했다고 청와대에 계속 보고가 올라가고. 그럴 때 그 촛불은 결정타였다. 그날 이후로 표 계산에 여유가 생겼다.

우상호 원내대표를 향한 촛불의 감정도 좋지는 않았다.

문자 메시지 폭탄도 어마어마하게 받았다. 그런데 그건 또 묘하게 도움이 됐다. 정진석 원내대표나 비박계가 나랑 있을 때 문자 폭탄 한탄을 하면 "그거 나도 받았어" 이러면서 막 보여주고. 그러면 또 이게 동질감이 생긴다. '우리 기다리느라 얘도 고생하네' 뭐 이런(웃음). 인터넷 기사의 댓글은 뭐 당연히 험악했다.

서운했나?

전혀. 내가 광장에 서 있어도 그렇게 말했을 거다. 1987년 6월항쟁 때 나도 민추협(민주화추진협의회) 같은 제도권 정치인들에게 불만이 많았다. 광장은 빠르게 끓고, 제도권은 느리다. 하지만 둘은 같이 가야 한다. 제도권이 손을 빼면 투쟁은 결국 무위로 돌아간다. 6월항쟁 경험이 큰 도움이 됐다. 만약 광장의 정서를 잘 모르는 원내대표였다면 오히려 그 에너지에 놀라서 같은 속도로 강경·선명 노선으로 달렸을지 모른다. 그랬으면 그 개인은 영웅이 되겠지만 새누리당 분열은 일어나지 않았을 수 있다.

탄핵 소추안 의결 당일은 어땠나?

아침 회의에서 최종 상황 보고를 했다. "222표에서 226표 사이입니다." 220표 아래로 내려갈 일은 없었다. 234표가 나오는 걸 보고, 이건 민심의 압박을 못 이긴 새누리당 의원이 추가로 더 나왔구나 싶더라. 주변부 친박계까지도 일부 넘어와야 나오는 숫자였다. 표 계산으로는 여유가 있었는데도, 혹시 부결되면 어떡하지 그 중압감은 말도 못할 정도였다. 일어나서 세월호 가족에게 손을 흔들고 나오는데 다리가 휘청휘청했다.

표는 어떻게 세는 건가?
새누리당 의원들이 와서 자기 의사를 밝히진 않을 텐데.

영업 비밀인데(웃음). 첫째, 직접이든 간접이든 언론에 뜻을 공개하는 분들은 거의 확실하다. 이분들은 '동그라미'에

서 절대 안 흔들린다. 둘째, 비박계에서 탄핵 소추안에 적
극적인 사람들한테 개별로 접촉해서 묻는다. 당신 말고 또
누구냐. 그렇게 추가로 '동그라미'를 찾는다. 비박계 탄핵
파들은 탄핵에 실패하면 자기들은 죽는다고 생각해서 우
리보다 더 열심히 만나고 다녔다. 그들을 통해서 내가 파
악할 수 없는 명단을 확보한다. 그런데 이름은 절대 얘기
안 해준다. "두 표 더 왔어." 여기까지만 말해준다. 그러면
또 우리는 우리 정보에 있는 사람들을 떠본다. "수도권 재
선이랑 충남, 맞지?" 셋째, 거의 맞겠다 싶은 의원은 직접
접촉해서 확인한다. 그러면 비밀로 해달라면서 확인해준
다. 또 동그라미. 그런 식으로 조그만 정보 조각이라도 긁
어모아서 쭉 얼개를 맞춰간다. 국회의원 표 세기가 얼마나
어렵냐면, 자기 당 의원들끼리 하는 원내대표 선거에서 자
기 찍어줄 표도 항상 틀리게 센다(웃음).

1987년 6월항쟁과 2016년 촛불집회는 어떻게 달랐나?

그때는 20대고 워낙 경황이 없었다. 한열이(이한열 열사)가
병원에 있어서 울면서 다닌 기억밖에 안 난다. 이번에는
목표를 세우고 전략을 쭉 짜서, 그 전략대로 와서 성과를
냈다. 그때는 죽을 수도 있다는 심정이었다. 항상 광주가
떠오르니까, 목숨을 걸고 절실하게 뛰어다녔던 싸움이고.

이번에는 정치 생명을 걸고 욕 먹어가면서도 전략을 들고 조여 들어간 싸움이었다.

1987년 6·29 선언 때와는 다른 기분이었을 것 같다.

그때는 우리가 이겼다는 생각을 안 했다. 게다가 결국 그 해 대선은 졌으니까. 탄핵을 성공시키고 정권 교체까지 완성한 순간, 30년 만에 6월항쟁이라는 미완의 승리에 종지부를 찍는 느낌이 들었다. 운명이라는 게 참, 학생운동 때는 6월항쟁의 한가운데 있었고, 국회의원이 되어서는 박근혜 대통령 탄핵을 주도하는 자리에 있었다. 한국 현대사에서 두 개의 큰 정변을 온몸으로 겪었다. 이게 내 운명인가 싶었다.

〈2017년 11월〉

●

광장은 빠르게 끓고, 제도권은 느리다. 둘은 같이 가야 한다.

'정치를 발견한 광장'의 명령에

정치가 응답한 방식.

우리는 이미
촛불체제를 살고 있다

우리는 이미 '촛불체제'를 살고 있는지 모른다. 2016년 가을과 겨울을 달궜던 촛불집회는 박근혜 대통령 탄핵을 이루어냈다. 이것만으로도 불가능해 보이던 과업이었지만, 촛불은 그보다도 멀리 나아갔다. 촛불집회 이후 한국 정치는 근본적인 재구성의 징후를 보이고 있다. 오래 묵고 철옹성 같던 정치의 문법이 이제는 더 이상 견고해 보이지 않는다. 촛불이 한국 정치의 근본적인 재구성까지 도달한다면, 우리 시대는 '촛불체제'로 불려야 할 수도 있다.

2016년 박근혜 탄핵 촛불집회의 풍경은 2008년 미국산 쇠고기 반대 촛불집회와 달랐다. 토요일 오후면 밀물처럼 몰려왔던 2016년 촛불 인파는 대중교통이 다니는 시간에 썰물처럼 빠져

나갔다. 일요일에는 공식 집회가 없었고, 주중에는 조용히 국회 상황을 주목했다. 2008년 촛불은 그렇지 않았다. 2008년 집회는 아침 해가 뜰 때까지 광화문광장 일대에서 농성을 벌이다가 강제해산당하기 일쑤였고, 주중에도 규모가 줄어들지언정 집회의 흐름이 끊기지는 않았다.

이 차이는 보기보다 의미심장하다. 2008년 촛불은 분노가 누적되면서 증폭되는 전형적인 시위의 궤적을 따라갔다. 반면 2016년 촛불은 마치 100만 명이 하나의 전략 기조를 공유라도 한 듯이 칠 때 동시에 치고, 빠질 때 함께 빠졌다. 분노만으로 설명하기 어려운 고도의 집중력이 유지됐다. 집회가 이어지던 기간 중에 만난 한 새누리당(현 자유한국당) 의원이 이런 말을 들려준 적이 있다.

"집회가 있는 토요일보다 고요한 주중이 더 무섭다. 주중에 우리가 실수라도 했다가는 얼마만큼 폭발이 있을지 상상하면 등골이 서늘하다."

광장이 들썩거리기 시작한 2016년 10월 말의 시점에서 보면, 촛불이 '흩어지지도 증폭하지도 않는' 고도의 집중력을 12월까지 유지하리라고 기대하는 것은 터무니없어 보였다. 그런데 2016년 촛불은 그 터무니없는 일을 해냈다. 광장의 대오가 흩어졌다면, "퇴진 시점을 국회가 정해달라"는 박근혜 전 대통령의 막판 흔들기(11월 29일)에 국회가 후퇴했을 수 있다. 광장의 대오가 분노의 증폭으로 급진화했다면, 중도층과 보수층이 이탈하면서 촛불이 고립되었을 수 있다. 어느 쪽이든 입법부의 탄핵 동맹은 유지되기 어려웠다.

이 놀라운 집중력은 분명하고 알기 쉬운 목표가 널리 공유되었던 덕이 컸다. 촛불은 대통령 박근혜를 끌어내리고 싶어했다. 하지만 헌정 중단과 격변이 아니라, 박근혜 전 대통령이 망쳐놓은 헌정을 복원하기를 원했다. 대표 구호는 "이게 나라냐!"였다. 촛불의 목표가 복잡한 상상력과 논란을 요구하는 체제 변혁이 아니라 체제 복원이었음을 단적으로 보여준다.

복원되어야 할 체제란, 국가권력이 특정 세력의 하수인이 되지 않는 체제, 통치자가 위임받은 권한을 법에 따라 사용하는 체제, 권한을 잘못 휘두르면 통치자라도 처벌받는 체제, 정치 성향이 다르다는 이유로 차별과 핍박을 받지 않는 체제 등을 뜻했다. 무엇 하나 '혁명적'인 것이 없었다. 광장에서 사회경제적 혁신 요구는 크지 않았다. 주된 요구는 교과서에 등장하는 헌정 체제와 다원적 민주주의 원리를 복원하라는 것이었다.

이는 2016년 촛불이 박근혜식 통치를 '체제 밖의 어떤 것'으로 결론 내렸다는 의미다. 박근혜식 통치는 우리 체제가 용인해줄 한계선을 넘었다고 광장은 선언했다. 이 대목에서 결정적인 질문이 등장한다. '체제의 용인선을 넘어버린 통치'는 박근혜 정부 청와대 특유의 예외적 일탈인가, 혹은 한국 보수의 본질이 극적으로 드러난 것인가?

답이 전자라면, 2016년 촛불은 박근혜 정부 청와대를 조기 퇴진시킨 것으로 역할을 다했다고 볼 수 있다. 하지만 후자라면, 2016년 촛불은 자유한국당 등 한국 보수 정치 세력까지도 '체제 밖'이라고 선언하면서 이후의 한국 정치에도 장기적인 영향을 끼치게 될 것이다. 어느 쪽일까?

답을 내리려면 한국 보수 특유의 세계관과 역사관으로부터 실마리를 찾아야 한다. 보수를 대표하는 이론가인 고 김일영 교수(정치학)나 이영훈 교수(경제학) 등이 보여주는 한국 현대사 해석에는 공통점이 있다. 한국이 '예외적인 성공'을 거둔 국가라는 인식이다.

성공 중에서도 핵심은 '올바른 경로'를 설정했다는 점이다. 2차 대전 종전 직후에 공산주의는 신흥 국가에 매력 있는 대안이었다. 당대에 초기 경로를 잘 설정하는 것은 국가의 운명에 무엇보다 중요했다. 이들은 이승만 정권이 미국 중심의 자유 진영으로 경로를 잡은 것이 결정적 분기점이었다고 본다.

한국이 예외적인 성공을 거둔 국가라는 인식, 자유 진영과 자본주의라는 올바른 체제를 선택했다는 자부심이 보수 세계관의 뿌리를 이룬다. 이 세계관을 증명하려면 체제 경쟁의 승리가 필요했다. 북한을 주적으로 하는 대결주의는 한국 보수의 근본 정서로 자리 잡는다.

총력전 정부의 전시 사령관, 대통령

한국 보수는 국가 자체를 북한과의 대결을 집행하는 총동원 기구로 간주했다. 이 구도에서는 북한과의 대결을 규율하는 국가보안법이, 자유와 다원주의와 법치를 말하는 헌법보다 실질적인 상위법이 된다. 반공국가는 '적'을 대상으로 국가권력을 휘둘러도 된다고 정당화해준다. 적은 북한만이 아니다. 남한 내에서도 북한과 내통하거나, 북한을 우호적으로 보거나, 북한의 주장에 동조하는 세력은 마찬가지로 적이다. 국가권력은 이들 내부의 적을 공격하는 데 쓸 수 있다.

박근혜 정부 청와대를 상징하는 김기춘 당시 비서실장은 2014년 1월 4일 수석비서관들에게 이렇게 말했다(특검 공소장). "모두가 불퇴전의 각오로 투지를 갖고 좌파 세력과 싸워나가야 한다." 2013년 12월 18일에는 이런 말도 했다. "반국가 · 반체제 단체에 대한 영향력 없는 대책이 문제다. 문화계 권력을 좌파가 잡고 있다. 영화 〈변호인〉과 〈천안함 프로젝트〉가 그렇다. 하나하나 잡아나가자."

국가권력을 내부의 적을 향해 휘두르라는 지시를 꺼리기는커녕 사명감을 갖고 내린다. 이들에게는 〈변호인〉과 같은 상업영화도 '국가 밖의 존재'였다.

역사 교과서 국정화는 여러모로 박근혜 정부를 상징할 만한 장면이다. 2015년 말의 역사 교과서 국정화 파동은 중도층과 보수층 사이에서 박근혜 정부에 대한 의구심을 확산시켰다. 자유주의라는 올바른 경로를 선택하여 승리한 역사를 가르쳐야 한다는 한국 보수 특유의 신념이 넘쳐흐른 나머지, 교육 현장의 자유를 희생하면서까지 이를 관철하려 했다. 교과서 파동은 한국 보수가 말하는 자유가 다원주의적 자유가 아니라는 사실을 폭로했다. 이때의 자유란 공산 진영에 맞선 자유 진영을 뜻하는 그 '자유'였다. 한국의 보수에게 자유란 근본적으로 진영론의 언어라는 사실이 확인됐다.

이제 질문에 답할 수 있게 되었다. 박근혜 정부 청와대는 일종의 '총력전 정부'였다. 휴전선 이북과 이남 모두에 널려 있는 '국가의 적'을 공격하려 권력을 거리낌 없이 사용하는 정부로 스스로를 상상했다. 이런 총력전 정부에서 대통령은 비상 대권을 가진 전시 사령관으로 간주된다. 이것은 박근혜라는 기묘한 정치인의 일탈이 아니다. 차라리 반공국가라는 한국 보수의 본령에서 곧바로 도출되는 태도다. 이명박 정부에서도 내부의 적에 대한 공격은 감행되었다. 이런 면에서 김기춘 전 비서실장이나 박 전 대통령은 돌연변이라기보다는 한국 보수의 적통에 더 가깝다. 박 전 대통령은 그저 유난히 노골적이고 유난히 조심성이 없었다.

한국 보수는 이 대결주의를 기반으로 다수파의 지위를 누려왔다. 보수가 주도했던 발전 국가가 먹고사는 문제에 유능하고, 북한이 목전의 위협으로 실제로 작동하기도 했다. 그렇기에 1987년 민주화 이후로도 한국 보수는 다수파 지위를 잃지 않았다.

이 맥락에서, 2016년 촛불은 진정으로 중대한 사건이 된다. 2016년 촛불은 이 총력전 정부와 전시 사령관 대통령이라는 한국 보수의 통치 원리를 처음으로 전면 기각했다. 1987년 민주화에서 결정적인 한 발을 더 내디뎠다. 다원적 민주주의 원칙을 복원하라는 명령은, 대결주의 통치 원리를 사실상 '체제 밖'으로 낙인찍는 것이었다. 정부 수립 이후 사실상 단 한 번도 다수파의 지위를 놓지 않았던 세력이 돌연 오른쪽 끝에서 주변화되었다.

새누리당 본류를 계승하는 자유한국당은 107석을 보유한 제1야당이다. 하지만 정당 지지율은 지금도 10% 안팎에서 횡보하고 있다. 내년 지방선거 전망은 극히 어둡다. 바른정당과의 통합 기획이 옛 보수 영토를 복원해줄까. 이것도 간단하지는 않다. 노무현 정부 이후 실망하고 이탈한 지지층은 비교적 빠른 시간에 복원되었다. 노무현 전 대통령의 죽음이라는 충격적인 계기도 있었지만, 근본적으로 노무현 정부는 '체제 밖'으로 낙인찍힌 적이 없었다. 하지만 지금 자유한국당은 '체제 밖 통치'의 뒷배였다.

'적폐 청산'과 '협치'라는 이중의 요구

이제 유권자들이 자유한국당 지지로 돌아가려면 단순히 우클릭을 하는 것이 아니라 '체제 밖'에 있다는 부담스러운 경계선을 뛰어넘어야 한다. 손을 내밀기조차 어렵다. 그 부담을 덜어주려면, 자유한국당이 헌정 체제와 다원적 민주주의 체제를 존중할 것이라는 강하고 구속력 있는 신호를 보내야 한다. 지지층이 빠르게 복원되리라는 보수 일각의 기대는 이 결정적 차이를 간과하는 경향이 있다.

2016년 촛불의 성격을 이렇게 이해한다면, 문재인 정부가 받는 이중적이고 심지어 모순되어 보이는 요구도 납득할 수 있다. 문재인 정부는 '적폐 청산'과 '협치'라는 이중의 요구를 받는다고 흔히 간주된다. 2016년 촛불의 의미도 이 둘에서 찾는 논평이 많다. 적폐 청산을 지지하는 강성 지지층은 협치를 강조하는 이들에게 노골적으로 적대감을 드러내기도 한다.

이 이분법은 딜레마일까. 꼭 그렇지는 않다. 다시 '체제 복원'이라는 2016년 촛불의 키워드가 답을 찾는 데 도움이 된다. 체제를 복원하려면, 헌정 체제와 민주주의 원리를 어기며 통치했던 세력을 단죄할 필요가 있다. 문재인 정부는 이것을 적폐 청산이라 부른다. 동시에 협치는 다원적 민주주의 원리에 내재한 요구다. 다원적 가치를 조화·타협시킬 책임이 민주정의 통치자에게 있으므로, 서로 다른 가치를 대변하는 세력 간의 협치는 체제가 다시 작동한다는 증거다.

2016년 촛불이 명령하는 체제의 복원이란 '체제 밖에 대한 단죄'와 '다시 제대로 작동하는 체제'를 한 쌍으로 한다. 적폐 청산과 협치는 체제가 복원되었다는 증거로서 둘 다 필수다. 문재인 정부가 적폐 청산과 협치를 동시에 요구받는 것은 모순이라고 보기 어렵다. 그보다는 체제를 복원하라는 2016년 촛불의 명령을 서로 다른 표현으로 받는 중이다.

이 맥락에서 보면, 적폐 청산이라는 말은 '체제 밖'에 대한 단죄에서 멈추도록 섬세하게 제한되어야 한다. 적폐란 근본적으로 적대의 언어이므로, '체제 안'에까지 적용했다가는 다원적 민주주의 원리를 해치게 된다. 노동조합, 전문가 그룹, 국정 농단에 직접 책임이 없는 야당, 심지어 여당 내 비주류 그룹 등, 체제 밖에 있다고 보기 어려운 단순한 반대파들을 정부는 언제나 만나게 된다. 이런 체제 내의 반대파들에게까지 적폐 딱지를 붙이다보면, 그때는 정부가 오히려 다원적 민주주의 원리를 훼손하는 주체가 된다.

반면교사가 바로 옆에 있다. 이명박·박근혜 정부를 거치면서 보수 정부는 북한에 대한 대결주의를 부풀렸다. 박근혜 정부에서 '종북'으로 지목된 대상은 천주교 정의구현사제단, 민주당 전체, 문재인 의원, 박근혜 대통령 반대 집회를 연 프랑스 교민 등이 있었다. 종북의 의미는 너무나 확장되어서 제 무게를 견디지 못할 지경이었다.

적대의 언어는 터무니없이 자가 증식하는 경향이 있다. 민주노총은 문재인 대통령의 식사 초대를 거절한 후 정부의 강성 지지자들로부터 적폐로 낙인찍혔다. 적폐 청산은 '체제 밖'에 대한 단죄에서 멈추도록 섬세하게 제한되어야 한다는 원칙은 언제나 아슬아슬하다.

문재인 정부가 적폐 청산을 섬세하게 제한해서 휘둘러야 할 이유는 또 있다. 섬세하지 않은 전방위 적대는 반대파의 결집을 부른다. 이는 2016년 촛불이 '체제 밖'으로 낙인찍어 주변화한 보수 본류가 다시 주축 정당으로 부활할 가능성을 높인다. 자유한국당의 보수 재통합 기획은 한때 전망이 없어 보였으나, 적폐 청산 공세를 빌미로 조금씩 힘을 얻어가고 있다. 보수 본류가 주축 정당으로 부활한다는 것은 2016년 촛불이 던진 체제 변동 가능성이 다시 낮아진다는 의미다.

2016년 촛불은 압도적인 지지층을 보유한 문재인 정부와, 헌정사상 가장 주변화된 보수 야당이라는 정치 지형의 격변을 남겼다. 촛불은 체제의 안과 밖 경계선을 그었다. 변화가 구조적일 가능성이 있다. 물론 경계선이 절대적이지는 않으므로, 한 세대를 넘게 버텨온 진보·보수 양강 구도로 회귀할 가능성도 열려 있다.

광장의 주권자들은 놀라운 집중력으로 여기까지 판을 깔아주었다. 어느 경로를 탈지는 정치 지도자들 손에 달려 있다. 가장 중요한 플레이어는 물론 문재인 대통령이다.

〈2017년 11월〉

●

우리는 이미 '촛불체제'를 살고 있는지 모른다.

이 책에 실린 여러 기사들은

결국 이 기사에 도달하기 위한

긴 과정이었는지 모른다.

2부

보수는
어디로?

회의록 공개로 확인된 것은
'노무현의 NLL 포기 선언'이 아니었다.
진정으로 폭로된 것은,
분파 이익과 공익의 갈림길에서 분파 이익을 우선하고,
국가기구마저도 분파 이익의 도구로 사용하는,
어느 모로 보아도 '보수'라는 말이 어울리지 않는,
한국 보수 블록의 맨 얼굴이었다.

40년간 반복돼온
박근혜의 용인술

늘 문제는 사람이다. 대통령은 결국 사람을 쓰는 것으로 권력을 행사하는 자리이고, 쓴 사람이 사고를 안 쳐야 안정된 통치를 할 수 있는 자리다. '사람을 쓰는 능력'은 대선 주자를 검증할 때 가장 주의 깊게 보아야 하는 대목이다.

새누리당 박근혜 후보는 1974년 육영수 여사 피살 이후 사실상 퍼스트레이디 역할을 수행했다. 이때부터 따져 40년 가까이 이런저런 조직에서 주로 리더로만 살아왔다. '왕가'의 적통다운 삶의 궤적이다. 유권자는 그녀의 사람 쓰는 능력을 확인해볼 수 있는 '40년 치 샘플'을 갖고 있는 셈이다.

사람 쓰는 리더십에 주목하는 것은 박 후보의 과거사를 평가하는 새로운 관점이다. 1970년대 청와대에서 최태민 목사와의 말 많은 관계부터, 영남대·육영재단·정수장학회 등 3대 재단 의혹에 이르기까지, '박근혜의 40년'은 주로 의혹과 진상 규명 차원에서 논의되어온 경향이 있다.

"진상을 밝혀라""이미 문제없는 것으로 결론 났다"는 공방이 대상만 바꿔서 반복됐을 뿐 유권자에게 의미 있는 정보를 주지는 못했다. 박 후보는 과거사 이슈가 등장할 때마다 "서로 다른 두 개의 해석이 있으니 역사의 판단에 맡겨야 한다"는 특유의 대응 논리를 제시했는데, 명백한 사실관계를 확인하기 힘들다는 과거사 이슈의 속성상 이런 방어도 제법 먹힌다.

여기서는 박근혜의 지난 40년을 '사람 쓰는 리더십 검증'이라는 관점으로 재조명하려고 한다. 이 관점에서 보면 '의혹'과 '논란'을 대신할 만한 '사실'을 얼마든지 찾을 수 있다. 더 나아가 박근혜식 용인술에서 40년 동안 반복되는 패턴과 그에 따른 한계를 짚어볼 수도 있다. 먼저 박근혜 리더십과 용인술의 원형이 형성된 1970년대 청와대에서부터 출발해보자.

1979년 청와대, '근혜 스타일'의 단초

"구국여성봉사단이라는 단체는 총재에 최태민, 명예총재에 박근혜 양이었는 바, 이 단체가 얼마나 많은 부정을 저질러왔고 원성의 대상이 되어왔는지." 1979년 10월 26일 박정희 대통령을 쏘았던 김재규는 이듬해 1월 28일 항소이유보충서에서 이렇게 쓴다. 김재규는 자신이 대통령을 쏜 이유 중 하나로 박근혜·최태민 두 사람이 이끈 단체의 부정 문제가 청와대 내에서 긴장을 고조시켰다는 주장을 내놓는다. 유명한 '최태민 의혹'이다.

박 후보의 답은 한결같다. "이후 정권에서도 이 잡듯이 뒤졌는데 나온 것이 없었다."(2007년 한나라당 대선 경선 청문회) 박 후보는 또 김재규의 말을 신뢰할 수 없다고도 했다. "그런 말을 하던 사람이 아버지를 암살하지 않았습니까."(2002년 4월호 〈월간조선〉 인터뷰)

그럴 수 있다. 하지만 김재규만이 아니다. 유신 정권의 마지막 비서실장 김계원은 2005년 〈이코노미스트〉 인터뷰에서 당시 청와대 상황을 이렇게 전한다. "최태민이 이런저런 문제가 많았어요. 그런데 근혜 양은 최태민은 아주 선량한 사람인데 왜 중앙정보부(김재규)에서 모략을 해 아버지 생각을 흐려놓느냐고 하면서 오해가 생겼어요." 전임인 김정렴 비서실장의 증언도 일치한다. 그는 회고록에서 "최모라는 목사가 구국선교단을 조직해서 근혜 씨에 가세하였다. 나는 큰 따님이 이용될 위험성이 크다 생각해 대통령에 보고했다"고 적었다.

보수 논객으로 이름을 날리는 〈중앙일보〉 김진 논설위원은 현장 기자 시절이던 1992년 박정희 청와대의 비사를 다룬 『청와대

비서실』을 출간했다. 이 책에서 김진 위원은 "최태민 씨가 얼마나 골칫거리였는가는 증언을 통해 거듭 확인된다. 김정렴·김계원 비서실장을 비롯해 거의 모든 수석과 특보들이 벙어리 냉가슴 앓듯 고민했으나 큰 영애 일이라 상소 한번 변변히 하질 못했다"고 썼다. 김 위원은 이 책에서 박승규 당시 민정수석이 고민 끝에 최태민의 비위 내용을 모아 박 대통령에게 보고하는 '총대를 멘' 사실도 공개한다.

요약하면, 비서실장·민정수석·정보부장으로 이어지는 사정·정보 라인 핵심 인사들이 입을 모아 최태민 문제를 제기했다. 하지만 박근혜 후보는 그때나 지금이나 '모함'이라는 의견을 유지하고 있다. 공식 라인보다 자신이 믿는 사람에게 힘을 실어주는 박 후보 특유의 스타일이 이때 이미 단초를 보인다.

결과는 파국이었다. 김계원 비서실장은 "차지철(경호실장)과 김재규가 싸운 걸 나중에 보면 최태민 때문이야. 차지철이 최태민을 앞세우고 박근혜를 너무 업고 다니니까 김재규가 안 된다 그러거든"이라고 증언했다(〈이코노미스트〉 인터뷰). 10·26의 도화선인 김재규·차지철 갈등에 최태민 문제도 한 원인이 되었다는 주장이다. 물론 박 후보는 이런 해석도 부인한다.

핵심 당사자들이 세상을 떠난 지금, 양쪽 주장의 진위를 가릴 방법은 없다. 하지만 박 후보가 퍼스트레이디 역할을 수행하는 동안 청와대 공식 라인과 박 후보의 '비선' 격인 최태민 간 갈등이 극한으로 치달았고, 이 갈등이 1970년대 후반 청와대 조직에 큰 스트레스를 줬던 것만은 여러 증언으로 확인되는 사실이다.

20대에 이미 리더 역할을 하게 된 박근혜 후보는 박정희 대통령 서거 이후 영남대 재단·육영재단·정수장학회 등의 조직을 번갈아 맡는다. 그리고 1980년대의 박근혜가 맡았던 조직에서는 비리와 갈등이 두드러지곤 했다.

가는 곳마다 드리워진 최태민의 그림자

"영남대학이 국정감사를 받아야 한다는 말을 듣고 당황했다. 사립대학이 감사를 받는가 생각했다."(영남대 총장)

민주화 이후 16년 만에 부활한 1988년 국정감사에서, 영남대는 사립대 최초로 국정감사 대상이 되는 수모를 당한다. 박정희 대통령 시절 청구대와 대구대를 '접수'해 1967년 설립한 영남대는 박정희 일가의 돈은 한 푼도 들어가지 않았지만 1980년 4월 박근혜 후보를 이사장으로 선출한다. 박 후보는 7개월 후 평이사로 돌아가지만 여전히 실권자로 통했다. 영남대 재단 이사회는 1981년 이렇다 할 근거 없이 박정희를 '교주'로 칭하는 정관을 승인한다.

영남대에는 '박근혜와 4인방'이라는 말이 공공연히 돌았다. 당시 국감장에 나온 영남대 교수협의회 이성대 교수는 "총장이 재단에 일일이 문의해서 박근혜 이사와 4인방의 명령을 받아 움직였다"고 증언했다. '4인방'은 곽완석 사무부처장, 김정욱 이사, 영남투자금융 조순제 전무, 영남의료원 손윤호 부원장을 말하는데, 이들 중 조순제 전무를 주목해야 한다. 조씨는 최태민의 다섯 번째 부인 임 아무개 씨가 전 남편과의 사이에서 낳은 아들이다. 최태민의 의붓아들인 셈이다. 또 손윤호 부원장은 조씨의 외삼촌으로 알려졌다. 공식 의사 집행 구조 위에 군림했다는 '영남대 4인방'에도 최태민과 직간접으로 이어진 사람이 둘이다.

2007년 한나라당 대선 청문회에서 박근혜 후보는 "김정욱·조순제·손윤호·곽완석(영남대 4인방)을 아느냐"는 질문을 받고 "김정욱 씨만 안다"고 답했다. 최태민의 의붓아들이고 영남대 4인방이자, 명지원과 한국문화재단(두 곳 다 박 후보가 이사를 지냈다. 한국문화재단은 23년째 이사장직을 유지하고 있다)에서 이사로 일했던 조씨를 모른다고 했다.

격분한 조순제는 "박 후보의 진술은 거짓말이다. 1975년 구국선교단 이후 박 후보가 몸담은 봉사 단체는 박 후보·최태민 목사와 나 세 명의 합의 체제로 운영됐다"고 주장하는 진정서를 한나라당에 제출했다. 당시 박 후보 측은 "특정 후보 측(이명박 후보를 지칭)의 사주를 받은 것이 아닌가 한다"라고 반박했다.

이 논란의 진위 역시 가릴 방법은 없다. 하지만 조씨가 최태민의 의붓아들인 것, 당시 영남대 내에서 '4인방'으로 불린 것, 이후 한국문화재단 이사로도 재직한 것은 사실이다.

청문회를 거치며 학교 설립 당시 박정희 정권이 무리수를 뒀다는 시비와 부정 입학 파문이 불거지자, 박근혜 후보는 그해 11월 이사직을 사임한다.

1990년 11월에는 육영재단 이사장도 내놓는다. 육영재단은 1987년과 1990년 두 차례 갈등이 밖으로 불거졌는데, 박 후보를 반대하는 측에서는 두 번 모두 "최태민의 전횡에 반대한다"는 명분을 내걸었다. 2007년 청문회에서 박 후보는 "최씨는 재단 일에 관여하지 않았다. 순전히 오해다"라고 해명했다. 1970년대 청와대의 풍경과 판박이다.

'오해'의 골이 깊었던 모양이다. 여동생 박근영(지금은 박근령)과 남동생 박지만은 1990년 8월 노태우 당시 대통령 앞으로 "최태민의 손아귀에서 언니를 구해달라"는 내용의 탄원서를 보냈다. 그해 10월에는 박근령이 언론 인터뷰에서 "물러날 사람은 언니가 아니라 최태민이다"라고 직격탄을 날렸다. 육영재단 분쟁이 전직 대통령의 자녀들 간 분쟁으로 번지면서 일반 언론은 물론 여성지들도 큰 관심을 보였고, 박 후보가 이사장직을 사퇴한 후에야 관심이 잦아들었다.

정수장학회 문제는 2005년에 불거졌다. 국정원 과거사위원회가 정수장학회 강제 헌납 문제를 재조사하며 논란이 되자, 당시에도 유력 대선 주자였던 박 후보는 이사장직을 사퇴한다. 이후 박 후보는 "정수장학회는 나와 전혀 관계가 없다"는 기본 입장을 고수했다. 후임 최필립 이사장이 최측근이라는 지적에 대해서는 "최 이사장은 5공화국과 김대중 정부 때도 중요한 직책을 맡았다. 나의 측근이라는 것은 억측이다"라고 말했다(2007년 청문회).

최필립 이사장마저 측근이 아니라고 부인한 것에 대해서는 "너무 나갔다"는 평이 많다. 유신 정권의 마지막 비서실장 김계원은 이렇게 회상했다. "최태민 단속을 위해 큰 영애 전속 비서실을 만들어야겠다 싶었다. 큰 영애에게 추천을 받았더니 최 아무개 씨를 지명했는데, 그가 최태민과 가까운 걸 알고 다른 사람을 고르라 했다. 이번에는 최필립 비서관을 지명하더라. 큰 영애가 걔를 예뻐했다. 그런데 나중에 보니 최필립도 최태민을 아는 거야. 나 참."(〈이코노미스트〉 인터뷰)

최필립 이사장도 올해 2월 〈한겨레〉 인터뷰에서 박 후보와의 밀접한 관계를 과시한 바 있다. 최 이사장은 최근 정수장학회의 언론사 보유 지분을 매각해 장학 사업에 사용하려는 '선거운동성' 논의를 MBC 측과 한 사실이 언론에 공개되어 본인과 박 후보 모두 곤욕을 겪고 있다.

청와대를 나와 정치인이 되기 전까지(1979~1998년) 박근혜 후보는 재단 두 곳에서 사실상 불명예 퇴진을 했다(영남대 재단과 육영재단). 그리고 정수장학회까지 세 재단 모두에서, 어떤 식으로든 최태민 관련 의혹이 나오거나 관련 있는 인물이 주요 직책을 맡았다.

새롭게 등장한 의원실 '4인방'의 위세

1998년 정치 입문 이후 박 후보는 신선한 이미지와 아버지의 후광을 무기로 빠르게 거물 정치인이 된다. 2002년에는 벌써 대선 주자로 거론됐다. 20대 때부터 어딜 가나 조직의 장이었던 박 후보는, 정치권에 들어와서도 '손발' 노릇은 생략하고 곧바로 '머리' 역할을 수행했다. 그렇다면 정치인이 된 이후로 박근혜 후보의 사람 쓰는 법은 달라졌을까.

처음 만나게 되는 이름은 정윤회다. 정씨는 1998년부터 박근혜 후보의 의원실 보좌관으로 의원실을 진두지휘했고, 2002년 박 후보가 탈당해 만든 한국미래연합에서는 총재 비서실장을 지낸 핵심 중의 핵심이다. 그의 부인은 최태민의 딸 최순실이다. 즉 정씨는 최태민의 사위다. 2007년 청문회에서 박 후보는 정씨가 최태민의 사위라는 사실을 알고 있었는지에 대해서는 답하지 않았다. 2007년 박근혜 경선 캠프 주변에서는 이른바 '논현동 팀'으로 불린 비선 라인이 진짜 실세이고, 이 팀을 지휘하는 사람이 정윤회라는 설이 나돌았다. 하지만 박근혜 후보 측에서는 "2004년 이후 얼굴도 본 적이 없다"고 부인한다.

이른바 '문고리 권력' '환관 권력' 논란을 불러온 '의원실 4인방'도 정씨와 함께 박 후보 참모가 된 1998년 원년 멤버들이다. 최고 선임 보좌관이 보좌진 진용을 짜는 국회 관례대로라면, 이들 4인방도 정윤회가 인선에 개입했을 것이라는 말도 있다.

이들 보좌관은 정책(이재만), 온라인 홍보(이춘상), 정무·메시지(정호성), 일정·회계(안봉근) 등 대선 캠프의 핵심 구실을 수행하는데, 현역 의원은 물론 선대본부장급과 비교해도 위세가 더 높다는 평이 새누리당 주변에 공공연하다. 2007년 당시 캠프에 참여했던 관계자는 "캠프 공식 라인에서 만든 안이, 다음 날 4인방이 '어딘가를 다녀온 후' 뒤집혀 있곤 했다. 선대본부장들조차 '이런 식으로 할 거면 캠프 해체하라'고 소리치기도 했다. 본부장급들은 회계를 담당하는 보좌관에게 돈의 용처를 꼬치꼬치 보고하는 게 자존심이 상해 자기 돈 들여서 뛰거나 아예 손을 놓아 버렸다. 그러니 선거가 될 리가 있나"라고 귀띔했다.

같은 패턴이다. 우선은 믿을 수 있는 측근(최태민과 어떤 식으로든 관련이 있는 경우가 묘할 정도로 많았다)을 중심으로 일종의 '비선 라인'을 공고하게 구축한다. 비선 라인은 보조 역할이 아니라 공적 라인조차 잡아먹을 만큼 강력해졌다는 불만이 나온다. 박근혜 후보는 "오해다. 사실이 아니다" 또는 "내 측근이 아니다"

라고 대응한다. 어느 쪽이 맞는 말을 하는지는 알 수 없다.

분명한 것은 공적 라인과 비선 라인 간의 갈등은 늘 극한까지 갔으며, 박 후보는 대체로 이 양 축의 갈등을 관리하는 데 실패했다는 것이다. 1979년 청와대, 1988년 영남대 재단, 1990년 육영재단은 모두 갈등 관리의 실패가 파국으로 이어졌다. 2007년 대선 캠프는 내부적으로 불만이 팽배한 상태에서 폭발 전에 경선 패배로 소멸했다.

2012년 대선 캠프는 갈등 관리에 실패하며 당 최고위원 격인 전 비대위원단이 실무진에 불과한 보좌관 4인방을 공개 저격하는 웃지 못할 상황까지 벌어졌다. 김계원·김재규·박승규 대 박근혜·최태민이 충돌했던 1979년 청와대의 갈등이, 33년이 지나 배역만 바뀌어 좀 더 우스꽝스러운 형태로 재연된 꼴이다. 정수장학회가 논란의 핵으로 떠오른 10월 13일, 장학회 이창원 사무처장은 정호성 비서관에게 전화를 걸었다. 4인방이 한창 구설에 올랐던 때지만, 그럼에도 '살아 있는 라인'이 어디인지를 암시하는 상징적인 장면이다.

박근혜의 사람 쓰는 법은 왜 위태로울까

"박근혜표 조직은 권한이 있는 사람과 책임을 지는 사람이 다르다." '탈박'으로 분류되는 새누리당의 한 참모는 박 후보의 용인술을 이렇게 정리했다. 책임 있는 자리의 사람이 정작 권한은 측근에게 밀려버리니, 일을 결정하는 사람과 뒷감당을 하는 사람이 달라지게 된다.

이런 조직에는 큰 문제가 생긴다. 첫째, '권한 있는 사람'과 '책임 있는 사람' 간의 갈등이 격해진다. 박 후보가 40년 동안 겪은 일이다. 둘째, 투명한 공적 책임의 원리가 작동하지 않기 때문에 상호 감시 기능이 약해진다. 비리 가능성이 커진다.

민주주의 체제에서는 어떤 천부적인 리더라 해도 '바닥부터의 성장 과정'을 거친다. 박 후보는 아주 독특한 예외다. 20대 때부터 리더로 출발한 박 후보가 처음 본 통치의 모습은, 엉뚱하게도 경호실장 차지철이 최대 실권을 행사하는 '왕조 리더십'의 전형이었다. 반면 비서실장 이하 공적 라인은 하나같이 최태민 건으로 자신을 '모함'했다.

이후의 궤적을 보면, 이때 박 후보에게 각인된 용인술이 사실상 별 변화 없이 반복된 셈이다.

10월 18일 김무성 총괄 선대본부장은 "박근혜는 하늘이 준비시킨 후보다"라는 의미심장한 말을 했다. 이 노골적인 왕조 감수성은 박 후보 특유의 용인술과도 묘하게 잘 어울린다. 우연일까. 김 본부장은 친박에서 쫓겨나 있던 2010년 박 후보를 두고 "다 좋은데 결정적으로 민주주의 개념이 부족하다"고 한 적이 있다.

'하늘이 준비시킨 후보'라서 '민주주의 개념이 부족하다'고 이어 붙여봐도 제법 말이 된다.

〈2012년 10월〉

●

박근혜표 조직은 권한이 있는 사람과 책임을 지는 사람이 다르다.

이 기사는 대선 2개월 전인 2012년 10월에 나왔다.

이 기사에서 내가 새로 밝혀낸 사실은 없다.

단지 사실의 조각을 꿰고 엮는 접근법을 달리했을 뿐이다.

그러니까, 우리 사회는 그녀가 '비선 중독'이라는 사실을 알고

대통령으로 뽑았다. 박근혜 시대를 복기하면서 이 대목을

빼놓아서는 안 된다.

한국 보수의
국가 포기 선언

2007년 남북 정상회담 회의록 속의 장면 하나. 서해 일대를 경제특구로 지정해 개발하자는 요구에 김정일 국방위원장이 멈칫하자, 노무현 대통령은 이렇게 압박한다. "위원장께서 혁명적 결단을 하셔야 됩니다."

장면 둘. 회담의 최대 화두인 NLL 문제를 실무 회담으로 미루고 서해 평화협력지대 조성에 합의한 직후, 김 위원장은 이렇게 묻는다. "남측의 반응은 어떻게 예상됩니까? 반대하는 사람들도 있지요?"

한 명은 결단을 압박하고, 다른 한 명은 상대편의 반대 여론을 묻는다. 상반된 이 두 장면은 2007년 정상회담의 성격과 특징을 압축해 보여준다. 또한 왜 이 장면이 상징적인지를 이해하면, 이

© 청와대 사진기자단

● 2007년 10월 4일 노무현 대통령과 김정일 국방위원장이 평양 백화원 영빈관에서 남북 공동 합의문에 서명한 뒤 악수하고 있다.

정상회담 전문에 대한 새누리당과 보수 언론 등 보수 블록의 파상공세가 허망한 이유도 확인할 수 있다.

　민주국가에서 중대한 국제 협상을 할 때면 국내 여론은 찬반으로 나뉘어 대립하기 마련이다. 민주국가의 협상단은 국내 여론이 허용하는 만큼만 재량권을 가진다. 예를 들어 미국산 쇠고기 수입을 무제한 허용했다가 여론이 악화되면 정부가 심각한 타격을 입게 되므로, 협상단에게는 국내 여론이 제약하는 '한계선'이 있다.

'공감대 형성 → 한계 설정 → 카드 제시' 전략

역설적이게도, 이 '한계선'은 협상단에게 일종의 무기가 된다. "우리가 너희의 쇠고기를 무제한 수입하면 정권이 무너질 수도 있다"는 논리로 상대의 요구를 막아낼 수 있다. 즉 협상자는 협상 상대국과 국내 여론을 상대로 동시에 두 차원의 게임을 펼친다. 국내 여론에서 반대가 강력할수록 국제 무대에서의 협상력은 오히려 올라간다. 정치학자 로버트 퍼트넘은 이런 원리를 '양면 게임Two Level Game' 이론으로 정리했다.

개인이 전권을 쥐고, 반대가 제도로 보장되지 않는 독재국가는 이런 이점을 누릴 수 없다. 독재국가의 정상은 강력해 보이지만, 그만큼 국제 협상에 취약하다. 그가 결심만 하면 내부의 반대를 걱정할 필요가 없다는 것을 상대가 알기 때문이다. 호탕하지만, 공략당할 곳이 많다. 반면 민주국가의 정상은 소심하고 소극적이며 약한 리더로 보인다. 외교적 수사도 많이 써야 하고 비굴해 보이는 장면도 연출한다. 하지만 본인의 결심만으로 안 되는 일이 많기 때문에, 상대도 많은 것을 요구할 수 없다. 눈에 보이는 고자세·저자세와 실제 협상력의 강약이 정반대가 된다. 이것이 2007년 10월 3일 평양에서 벌어진 일이다.

오전 회담 중반쯤, 노무현 대통령이 NLL 문제를 슬며시 꺼내든다. 누구나 예상한 이 회담의 뜨거운 감자다. 이 문제가 풀리지 않으면, 정상회담 성공은 없다. 여기서부터 보수 언론이 파상 공세를 퍼부은 '문제 발언'들이 쏟아진다. "나는 위원장하고 인식을 같이하고 있습니다. NLL은 바꿔야 합니다. 그러나 이게 현실적으로 자세한 내용도 모르는 사람들이 민감하게, 시끄럽긴 되게 시끄러워요."

새누리당이 'NLL 포기 발언' '여론 모독 발언'으로 낙인찍고 화력을 집중하는 그 대목이다. 6월 25일 자 조선·중앙·동아도 약속이나 한 듯 이 말을 1면 톱기사 제목으로 뽑았다. 전문에서 가장 약한 고리로 본 것이다(새누리당의 애초 주장과 달리 전문에 직접적인 "NLL 포기" 발언은 없다). 하지만 "시끄럽긴 되게 시끄러워요"야말로 양면 게임의 전형이다. 국내 여론의 반발을 강조하며 NLL 문제의 양보 권한이 없음을 우회적으로 표현한다.

그 직후, 실제 요구 사항이 등장한다. "그래서 우리가 제안하고 싶은 것이 안보군사지도 위에다가 평화경제지도를 크게 덮어서 그려보자는 것입니다. 서해 평화협력지대라는 큰 그림을." 노무현 청와대가 정상회담의 성패가 달렸다고 보고 준비한 NLL 대응전략이다. 노무현 청와대는 서해 평화협력지대 구상을 실질적인 NLL 공고화 전략으로 입안했다.

노 대통령의 전략을 일반화하면 이렇다. 우선은 공감대를 형성한다("위원장과 의견이 같다"). 다음으로, 반대 여론을 들어 한계를 설정한다("시끄럽긴 되게 시끄러워요"). 마지막으로, 실제로 준비한 카드를 내민다("서해 평화협력지대"). 회의록 전문을 보면, 이 세 박자의 설득 전략이 거의 모든 이슈에서 변주된다.

김정일 위원장은 임기가 끝나가는 인기 없는 대통령에게 큰 기대가 없었던 것으로 보인다. 그래서 김 위원장이 뭔가를 적극 요구하는 대목은 즉각 효력이 발생하는 NLL 문제가 유일하다. 목표는 "남북 양쪽이 서로 주장하는 서해 경계선을 동시에 포기한다"는 합의였다. NLL 파기다. 하지만 그때마다 노 대통령은 '내부의 반대'를 동원하며 빠져나간다.

결정적인 장면은 오후 회담 때 있었다. 하다못한 김 위원장은 내부의 반대를 '창조'해 마지막으로 노 대통령을 압박한다. "내가 (군사 요충지인 해주를 남한에 경제특구로 내놓도록) 결심하겠다 하니까, 군부가 담보가 하나 있어야 한다 (그래요). 뭐야 그러니까 서해 경계선을 쌍방이 다 포기하는 법률적인 이런 거 하면…." 반대가 제도화되지 않은 독재국가에서 동원할 수 있는 유일한 '반대 블록'인 군부까지 동원했다.

하지만 여전히, 독재국가 수장에게는 이것이 '용단'의 문제임을 그는 무심결에 인정한다. 노 대통령이 반응을 보이지 않자 "양측이 용단을 내려서 그 옛날 선들 다 포기"하자고 다시 제안한다. 두 번 모두 노 대통령은 "서해 평화협력지대"만을 언급할 뿐 답을 피한다. 노 대통령에게 이것은 용단의 문제가 전혀 아니었다.

노무현의 세 박자 설득 전략

결국 김 위원장은 '포기'를 얻어낼 기회를 실무 회담으로 미룬다. "실무 협상에 들어가서는 쌍방이 다 법(서해 경계선)을 포기한다, 그것은 그때 가서 할 문제이고, 그러나 이 구상적인 문제(평화협력지대)에 대해서는 발표해도 되지 않겠습니까?" "예, 좋습니다."

이것이 회담의 핵심 결론이다. 회담 이후 발표된 10·4 공동선언에도, 김 위원장이 넣고 싶어했던 '서해 경계선 공동 포기 선언'은 들어 있지 않다. "위원장과 의견이 같다"는 발언은 실질적인 결과를 낳지 않았다.

보수 블록은 노무현 대통령의 '친북·반미 발언'들도 도마에 올렸다. "외국 정상과 만날 때 나는 북측의 대변인 노릇을 했고", "제일 큰 문제가 미국입니다. 오늘날에도 패권적 야망을 여실히 드러내고 있다는 인식" 등의 발언이 난타당했다.

하지만 큰 틀에서 보면 이 발언들도 세 박자 설득 전략의 변형이다. 먼저 공감대를 확보한다. 다음으로 남한이 미국에 반대할 여지가 크지 않은 것이 현실이라고 강조한다. "미국이 가지고 있는 현실적인 힘… 자주하고 싶어도 어려운 현실적 상황이 존재하는 것."

이제 미국이라는 '지렛대'가 생겼다. 진짜 하고 싶은 말이 나온다. "우리 민족끼리 아무리 하고 싶어도 그렇게 할 수 없다는 현실 (…) 되지도 않으면서 고립을 자초하는 자주는 할 수 없다. 이와 같은 세계경제의 현실에 북측도 함께 발을 들여야 (…) 시장에는 발을 디뎌야지."

이른바 '친북·반미' 공감대 형성은 미국이라는 지렛대를 강조하는 하소연으로 이어지고, 결국에는 북한의 개방을 은근히 요구하는 핵심 의제로 접근한다. '위원장과 의견이 같다'로 시작한 NLL 논의가, 포기 요구 회피로 끝난 것과 마찬가지 구조다.

즉 이 세 박자 설득 전략은 따로 떼어 평가할 수 없고 오직 한 덩어리로만 평가할 수 있다. 본심은 앞쪽보다는 뒤쪽에 배치한다. 이날 전략이 얼마나 성공했는지는 별개 문제다. 노무현 대통령만의 전략도 아니다. 새누리당을 포함해, 정치인이라면 누구나 습득하고 있을 법한 '기본기'에 더 가깝다.

하지만 새누리당과 보수 언론은 이를 짐짓 모른 척하고 두 가지 주장에 집중한다. 첫째, 사실상 NLL 포기 발언은 있었다. 둘째, 내내 저자세로 일관한 굴욕 회담이었다.

세 박자의 첫 단계만을 떼어내 '사실상 NLL 포기 발언'으로 딱지 붙이는 것은 쪼갤 수 없는 덩어리를 쪼개는 꼴이다. 굴욕 회담이라는 공세도 마찬가지로 취약하다. 독재국가 수장에 대한 민주국가 수장의 저자세는 강한 협상력의 다른 표현이다.

무리한 공세, 원칙 없는 회의록 비밀 해제, 더욱 불거지는 국정원 대선 개입 의혹···. 회의록 논란은 NLL의 진실보다도 한국 보수의 민낯을 드러내 보이는 효과가 더 컸다. 보수 블록을 관통 했던 핵심 키워드는 '아전인수' '공익에 대한 사익 우선' '국가의 사유화'였다. 새누리당·국정원·보수 언론, 심지어 대통령까지 도 자유롭지 않았다.

뿌리부터 흔들린 국가의 공정성

일급 기밀인 정상회의록은 지난해에는 박근혜 캠프의 '대선 아이템' 취급을, 올해 들어서는 국정원 선거 개입 댓글 의혹을 차단하는 '이슈 바람막이' 취급을 당했다. 새누리당 정문헌 의원 은 대선 국면이던 지난해 10월부터 줄기차게 'NLL 포기 발언 의혹'을 제기했다.

대선 캠프 핵심인 김무성 선대본부장(현 국회의원)과 권영세 상황실장(현 주중 대사)이 대선 당시부터 정상회의록의 내용을 구체적으로 알았다는 정황도 드러났다. 김무성 본부장은 부산 유세에서 노 대통령의 발언을 읽어내려갔는데, 이번에 공개된 회의록과 사소한 대목까지 거의 일치한다. 민주당은 권영세 상 황실장이 회의록 내용을 구체적으로 언급하는 지인들과의 대화 녹음 파일을 확보했다.

이런 의혹이 사실로 확인된다면, 국가정보원의 대선 개입 의혹 사건은 지금까지와는 차원이 달라진다. 국가의 정보기관이 최고 수준의 국가 기밀을 특정 정치 세력에게 넘겨 선거에 써먹도록 도왔다는 뜻이 된다. 국가기구의 공정성과 중립성에 대한 신뢰를 뿌리부터 뒤흔드는 대형 스캔들이 될 수 있다.

애초에 NLL 논란이 난데없이 재점화된 발단부터가, 선거 개입 의혹으로 위기에 몰린 국정원이 일종의 조직 보위 논리를 작동시켜 무리하게 회의록을 공개해버렸기 때문이라는 평이 많다. 남재준 국정원장은 국회 정보위에 출석해 "국정원의 명예와 직원의 사기 진작을 위해 공개했다"는 답을 내놓았다. 국가의 비밀 유지가 생명인 정보기관은 앞장서서 정상회의록을 공개해 외신의 조롱거리가 되었다.

보수 언론은 공개된 정상회의록에서 협상 과정과 맥락을 잘라내버린 '발췌 보도'를 쏟아냈다. 전체 회담 흐름에 관계없이 입맛에 맞는 발언 한두 개만 제목으로 뽑아 올리면, 김정일 위원장도 '북조선의 반역자'로 만들 수 있다. 회담에서 김정일 위원장은 "우리가 납득이 될 땐 개성 아니라 해주를 달라고 해도 줘야지요"라는 말을 한다. 이 말은 개성공단의 성과가 지지부진하다는 불만을 에둘러 표현한 것에 불과하지만, 보수 언론 잣대대로라면 돌연 '군사 요충지를 남측에 갖다 바친 중대 발언'이 된다.

박근혜 대통령이 정점을 찍었다. 박 대통령은 정상회의록이 공개된 6월 25일 "NLL은 우리 젊은이들의 피와 죽음으로 지킨 것"이라고 말하며 '의도적 오독' 대열에 동참했다.

회의록 공개로 확인된 것은 '노무현의 NLL 포기 선언'이 아니었다. 진정으로 폭로된 것은, 분파 이익과 공익의 갈림길에서 분파 이익을 우선하고, 국가기구마저도 분파 이익의 도구로 사용하는, 어느 모로 보아도 '보수'라는 말이 어울리지 않는, 한국 보수 블록의 맨 얼굴이었다.

〈2013년 7월〉

●

NLL은 바꿔야 합니다. 이게 내용도 모르는 사람들이 민감하게, 시끄럽긴 되게 시끄러워요.

정상회의록 무단 공개 직후, 집권 보수당과 보수 언론들은

노무현 대통령의 이 발언에 모든 화력을 집중한다.

있다고 호언장담하던 "NLL 포기" 발언이 없다고 확인된

시점에서, 저 한 문장이 보수의 구명줄이라도 된 듯 매달렸다.

공공성과 정직함과 지성 중에 적어도 하나,

아마도 둘 이상이 없어야 가능한 억지를 오래도 끌었다.

보수의 몰락을 되짚을 때 빼놓을 수 없는 상징적인 장면.

국가도 기다리라고만
할 것인가

4월 16일 아침, 승객 476명을 태운 청해진해운 소속 여객선 세월호가 진도 앞바다에서 침몰했다. 4월 18일 밤 10시 기준으로 정부가 발표한 구조자는 174명. 사망 및 실종자가 302명이다. 배에는 제주도 수학여행을 가던 안산 단원고 2학년 학생 325명이 타고 있었다. 이날까지 확인된 학생 구조자는 75명이다.

리더의 오판

4월 16일 오전 8시 56분, 세월호

오전 8시 56분, 세월호 이준석 선장으로부터 배가 침몰 중이라는 신고를 받은 해경은 승객을 대피시키고 구명보트를 내리도록 지시했다. 그러나 선장은 지시를 따르지 않았다. 당시 선내를 촬영한 동영상을 보면, "움직이면 더 위험하니 현재 위치에서 이동하지 말라"는 안내 방송이 적어도 9시 28분까지 계속된다. 탈출 안내 방송은 10시 15분이 되어서야 나왔다.

침수 상태가 심각해 배가 기울어질 기미가 보이면 승객을 갑판으로 대피시키는 것이 기본이라고 전문가들은 입을 모은다. 배가 기울기 시작하면 선실에서 빠져나오기가 쉽지 않고, 갑판에는 구명 장비가 준비되어 있다. 긴급 상황에서 세월호 선장은 배를 장악하지도, 제대로 된 판단을 내리지도 못했다. 승객을 선내에 대기하도록 한 안내 방송은 피해 규모를 키운 결정적 오판으로 꼽힌다.

4월 16일 오전 10시, 청와대

청와대는 오전 9시 31분에 세월호의 이상 징후를 최초로 보고받았다. 정부와 청와대의 긴장감은 크지 않았다. 중앙재난안전대책본부(이하 대책본부)가 발표하는 구조자 숫자는 실시간으로 늘어났다. 대책본부 발표만 보면 큰 피해 없이 수습될 기세였다.

오전 10시, 박근혜 대통령이 "단 한 명의 인명 피해도 없도록 구조에 최선을 다하라"고 지시한다. 잘못된 보고를 근거로 내놓은 잘못된 메시지였다. 대통령의 이 발언은 청와대가 상황을 전

혀 장악하지 못했음은 물론이고 엉뚱한 자신감까지 갖고 있었다
는 것을 보여준다.

시스템 붕괴

4월 16일 오전 9~10시, 세월호

침몰하는 배에서 탈출하는 순서는 여성·노약자 승객, 남성 승
객, 선원, 선장순이다. '선장의 재선 의무'를 규정한 선원법 제10
조에 따르면 모든 승객이 내릴 때까지 선장은 배를 떠날 수 없
다. 배 위에서의 상황을 통제할 수 있는 선원과 선장이 마지막까
지 남아서 승객의 안전을 보장하는 것은 오랜 기간 굳어진 시스
템이다.

세월호에서는 이 오래된 시스템이 한번에 무너졌다. 세월호
선장과 일부 승무원은 '선실 대기' 안내 방송이 나오는 동안 탈
출 준비를 마친 것으로 알려졌다. 상황이 심각해진 오전 10시께
에는 승무원 일부가 이미 해경 보트를 타고 탈출했다는 보도도
나왔다. 단원고 학생들이 배가 기우는 와중에도 안내 방송을 따
라 선내에서 대기하던 그때, 그들의 안전을 책임져야 할 핵심 승
무원들은 이미 배를 떠난 뒤였다.

4월 18일 오후 6시 기준으로 승무원은 29명 중 20명이 생존

자로 확인됐다. 반면 단원고 학생은 탑승자 325명 중 75명만이
생존자로 확인됐다.

4월 16~18일, 대책본부

세월호가 가라앉는 동안, 정부의 위기관리 시스템도 함께 무
너져내렸다. 16일 오전 11시께부터 경기도교육청은 출입 기자
들에게 '단원고 학생 전원 구조'라는 문자를 돌렸다. 해경이 확
인해준 사안이라고도 했다. 언론은 이를 보도했다. 낙관론이 감
돌았다.

오후 2시, 대책본부는 현재 구조 인원이 368명이라고 공식 발
표했다. '전원 구조'설에서 한발 후퇴한 내용이었다. 이 시점까
지 실종자는 107명. 하지만 구조 작업이 계속되고 있는 것으로
알려졌기 때문에, 여전히 전반적인 기류는 낙관 쪽이었다.

분위기는 곧 반전된다. 오후 3시 30분, 대책본부는 중복 집계
때문에 구조자 숫자에 오류가 있다고 했다. 오후 4시 30분에 대
책본부가 작성한 발표문을 보면, 구조자는 164명으로 절반 이하
로 줄어든다. 사망자와 실종자의 수가 300명이 넘는다는 얘기가
된다. 이 숫자는 저녁 동안 몇 차례 더 흔들리더니 179명 구조로
발표되었다. 이마저도 완벽한 명단은 아니었다. 구조자 명단에
있는 문 아무개 양의 아버지는 "아이를 찾으러 진도의 하수구까
지 뒤졌는데 없었다"며 딸을 다시 실종자로 분류해 찾아달라고

● 2014년 4월 16일 5시경 대책본부를 찾은 박근혜 대통령은 사고 현황을 보고받으며 기본적인 정보조차 파악하지 못하고 있다는 점을 고스란히 드러냈다.

요구했다(4월 18일 밤, 해경은 승선자 476명, 구조자 174명이라고 정정 발표했다).

오후 5시, 뜻밖의 상황 전개를 보고받은 박근혜 대통령이 대책본부를 직접 찾는다. 이 자리에서 박 대통령은 "학생들이 구명조끼를 입었다고 하던데 그렇게 발견하기가 힘듭니까?"라는 질문을 한다. 실종자가 바다에 떠 있는 것이 아니라 침몰하는 배 안에 갇혔다는 기본 정보를 대통령이 놓치고 있었다. 위기관리 시스템 붕괴는 그렇게 전국에 생중계되었다.

밤 10시 20분, 정홍원 국무총리는 관계기관 장관회의를 연다.

부처별 역할 분담 때문이었다. 안전행정부와 해양수산부의 정확한 역할이 이때 정리됐다. 신고 접수 13시간도 더 지난 후였다.

혼선은 반복됐다. 4월 18일, 대책본부와 해경은 "선체 진입에 성공했다" "사실무근이다"를 교대로 언론에 알리며 때 아닌 진실 공방을 벌였다. 결국 대책본부는 오후 3시께 '선체 진입 성공' 발표를 '실패'로 정정했다. 거듭 노출된 무능에 실종자 가족과 여론은 끓어올랐다.

실종자 가족들의 정부에 대한 불신은 극으로 치달았다. 4월 18일, 실종자 가족들은 대국민 호소문을 냈다. "책임을 가지고 상황을 정확히 판단해주는 관계자가 아무도 없었습니다. 심지어 상황실도 없었습니다. (…) 어제 현장을 방문했습니다. 인원은 200명도 안 됐고, 헬기는 단 2대, 배는 군함 2척, 경비정 2척, 특수부대 보트 6대, 민간 구조대원 8명이 구조 작업을 했습니다. 재난본부에서는 인원 투입 555명, 헬기 121대, 배 169척으로 우리 아이들을 구출하고 있다고 거짓말을 했습니다."

현장의 헌신

시스템이 사라진 곳에는 사람이 남아 있었다. 선장과 기관사 등 핵심 책임자들이 탈출한 세월호에는, 정작 최종 책임자와는 거리가 있는 안내 담당 승무원과 사무 담당 승무원이 마지막까지 배를 지켰다.

승객 안내 담당 승무원 박지영 씨는 배가 침몰하는 와중에도 학생들에게 구명조끼를 챙겨주며 구조 활동을 했다. 선장의 지시 없이 독단으로 탈출 안내 방송을 한 것도 그녀였다. 박지영 씨의 도움을 받아 생존한 학생들은 급박한 순간 그녀가 했던 말을 기억한다. "선원은 맨 마지막이다. 너희들이 다 나가고 나면 따라 나가겠다."

박씨는 이번 참사에서 첫 번째로 확인된 사망자였다. 사무장 양대홍 씨는 오전 10시쯤 가족에게 전화를 걸었다. 그는 부인에

● 4월 16일 저녁. 단원고 실종 학생들의 학부모를 포함한 실종자 가족들이 진도 실내체육관에서 구조 소식을 기다리고 있다.

● 4월 17일 새벽. 실종자 가족들은 전남 진도군 팽목항에서 무사귀환을 기원하며 밤새워 기도했다.

● 4월 18일 오전 9시경. 한 잠수사가 세월호 진입로 개척을 위해 잠수했다가 복귀하고 있다.

© 연합뉴스

게 "통장에 있는 돈을 아이 등록금으로 사용해라. 길게 통화하지 못한다. 아이들을 구하러 가야 한다"고 말한 후 전화를 끊었다. 양씨는 실종자 명단에 이름이 올랐다.

참사 이후에도 현장에서 몸을 던진 희생은 이어졌다. 참사 현장으로 긴급히 모여든 민간 잠수부 3명이 빠른 물살에 휩쓸려 한때 실종되었다가 20분 만에 극적으로 구조되기도 했다.

리더의 탈출

4월 16일 오전 9시 50분, 세월호

시스템이 무너지고 헌신적인 이들이 온몸으로 현장을 떠받치는 동안, 리더는 탈출했다. 관련 증언을 종합하면, 이준석 선장은 가장 먼저 세월호를 빠져나온 최초 구조자 중 한 명인 것으로 파악된다. 뉴스 전문 채널 〈뉴스와이〉는 참사 현장에서 출발해 팽목항에 도착한 첫 구조선에서 이준석 선장과 선원 세 명이 내리는 영상이 포착됐다고 보도했다.

4월 17일 오후 4시 20분, 진도 실내체육관

사고 이튿날, 박근혜 대통령이 실종자 가족이 모여 있는 진도 실내체육관을 찾았다. 이 자리에서 대통령은 이런 말을 한다. "있을 수 없는 일이 일어난 데 대해 철저한 조사와 원인 규명을 해서, 책임질 사람은 모두 엄벌토록 할 것이다." 많은 언론은 이 발언을 대통령의 단호한 의지를 보여준다는 식으로 보도했다. 하지만 이 발언의 핵심은 다른 데 있었다.

이 결정적 발언으로 대통령은, '시스템의 최종 책임자'에서 '구름 위의 심판자'로 자신을 옮겨놓았다. 시스템이 무너져내리는 가운데, 최종 책임자는 자신의 책임을 말하는 대신 '책임질 사람에 대한 색출 의지'를 과시하는 단죄자의 자리를 자연스럽게 차지했다.

침몰하는 시스템에서, 대통령은 그렇게 가장 먼저 탈출했다.

오래 남을 상처

참사 이후, SNS 등 온라인을 중심으로 "안내 방송을 잘 따른 아이들만 희생당했다"는 한탄이 퍼져나갔다. 시스템을 신뢰하고 따랐던 이들은 배에 갇혔고, 믿지 않았던 이들은 빠져나왔다. 최종 책임자는 가장 먼저 탈출했다. 사고 대응 과정에서, 마치 재방송을 보듯 똑같은 풍경이 반복됐다. 위기관리 시스템은 내내 삐걱거렸고, 최종 책임자는 구름 위로 올라가버렸다.

이 모든 과정을 지켜보던 사람들은 냉소적인 교훈을 얻었다. "한국은 비보호 좌회전 같은 나라야. 위에서 뭘 해주길 기대하면 안 돼. 알아서 살아남아야지."

이것은 간단한 위기가 아니다. 국가의 시스템과 리더십에 대한 신뢰의 위기로 이어질 위험신호다. 시스템의 붕괴를 생중계로 지켜보던 많은 이들의 머릿속에 이런 질문이 떠올랐다. "이게 나라인가?" 실종자 가족들의 성명서는 "국민 여러분, 이게 진정 대한민국 현실입니까?"라는 문장으로 끝을 맺는다.

〈2014년 4월〉

●

침몰하는 시스템에서, 대통령은 그렇게 가장 먼저 탈출했다.

세월호를 공동체의 애도와 추모로 승화시키고

마음껏 아파해야만 우리는 다음 단계로 갈 수 있었다.

그러지 못했던 것은, 우리 모두가 선장의 이토록 터무니없는

'탈출'을 지켜봐야 했기 때문이다.

이 탈출을 얼버무리기 위해 몇 년이고 국가기구가 총동원되고

유가족을 적으로 취급하는 꼴을 봐야 했기 때문이다.

공동체가 함께 아파하고, 아픔을 승화시키고,

다음 단계로 나아갈 길을 막아버린 것. 그래서 우리가

'탈상'을 하지 못하도록 막아버린 것.

진정으로 용서받지 못할 대통령의 직무 유기는 이것이었다.

이 직무 유기는 한국 사회를 문명으로부터 한발 후퇴시켰다.

메르스로 드러난
한국 의료 시스템의 민낯

6월 12일 현재까지, 중동호흡기증후군(메르스) 확산의 핵심 고리 구실을 한 '슈퍼 전파자'는 세 명이다. 1번, 14번, 16번 환자다. 1번 환자는 아산·평택·서울에서 모두 31명을 감염시켰다. 14번 환자는 평택성모병원에서 1번 환자에게 감염되었고, 이후 평택과 서울에서 62명을 감염시켰다. 지금까지 확진 환자 60명이 발생한 삼성서울병원으로 메르스를 옮겨온 것이 14번 환자다. 16번 환자도 평택성모병원에서 1번 환자에게 감염되었다. 그는 메르스를 대전으로 옮겨가 17명을 감염시켰다.

세 환자가 어떻게 슈퍼 전파자가 되었는지를 되짚어보면 메르스가 걷어낸 한국 의료 시스템의 민낯이 고스란히 드러난다. 메르스가 한국에 들어온 것이 보건 당국의 실패라면, 일단 들어온

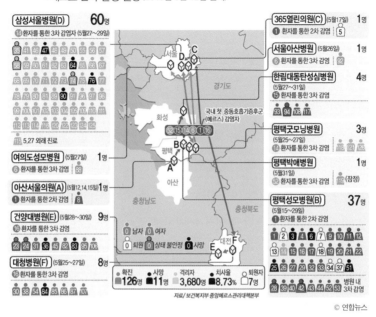

● 메르스 환자 발생 현황(2015년 6월 12일 현재)

자료/ 보건복지부 중앙메르스관리대책본부

© 연합뉴스

메르스가 국내에서 확산되는 과정은 취약한 의료 시스템의 민낯을 드러냈다.

안전에 취약한 '다인실-비전문가 간병' 조합

1번 환자는 증상을 느낀 후 병원 네 군데를 돌아다녔다. 앞서의 세 병원에서 메르스 진단을 받지 못했고, 네 번째로 찾아간

삼성서울병원에서 최초로 의심 진단을 받았다. 의원급은 물론이고 종합병원인 평택성모병원도 전문적인 감염병 진단을 내려주지 못했다.

병원에서 감염내과 전문의가 하는 역할은 '리스크 관리자'에 해당한다. 감염병 유행과 같은 위기 상황에 필요한 자원이지만 평소에 돈을 벌어다주지는 않는다. 감염내과가 환자 한 명을 30일 동안 입원시켰을 때, 건강보험 재정에서 감염 치료 항목으로 병원이 받는 돈은 1만 890원이다. 전문의를 두는 인건비가 보전될 리 없다. 그나마 일반 입원료와 별도로 건강보험 수가가 책정된 것도 2009년의 일이다. 병원 처지에서 보면 감염내과를 최소화하거나 아예 없애는 것이 합리적인 선택이다.

평온할 때 푸대접을 받는 것은 리스크 관리자의 숙명이다. 한국 의료 시스템에서도 리스크 관리자는 멸종 위기종이 되었다. 한 해에만 의사 국가고시 합격자 3,000명이 나오는 한국에서 감염내과 전문의는 모두 합쳐 191명이다. 대형 병원이 밀집한 서울에 77명이 몰려 있다. 울산은 광역시인데도 감염내과 전문의가 1명이다(대한감염학회 자료).

16번 환자는 평택성모병원에서 1번 환자에게 감염됐다. 그는 5월 28일 대전 건양대병원으로 옮겨 입원했다. 메르스 확진을 받기까지 사흘 동안 16번 환자는 6인실에 있었다. 이 병원에서 감염자 9명이 더 나왔고, 그중 2명이 사망했다.

예방의학 전문가들은 한국의 6인실과 가족 간병 관행이 감염병을 확산시키는 주범이라고 지목한다. 좁은 병실에서 다닥다닥 붙은 병상에 머무르는 6인실은 감염이 확산되는 배양소 구실을 한다. 가족과 간병인이 자유롭게 들락날락하기 때문에 6인실은 사실상 12인실 이상의 인구밀도를 보이게 된다.

의료인들은 여러 언론에 '6인실 문화를 바꾸자'는 기고를 쏟아내고 있다. 병원을 감염 위험이 있는 격리 공간으로 보는 인식 전환이 필요하다는 얘기다. 이 진단은 절반만 맞다. 6인실·가족 간병 관행이 형성되는 과정을 보면, 핵심은 문화보다는 비용 문제였다. 건강보험이 적용되어 저렴하게 쓸 수 있는 '일반병실'의 기준이 6인실까지였다. 지난해 9월 정부는 일반병실 기준을 4인실로 넓혔다.

이로부터 기묘한 타협이 등장했다. 건강보험은 비용 최소화를 위해 감염 리스크가 큰 다인실을 사실상 장려했다. 대형 종합병원은 1~2인실을 호텔식 특실에 가깝게 만들어 수익을 올렸다. 환자들은 보험 적용이 되는 일반병실을 선호했지만 늘 만원이어서 울며 겨자 먹기로 비싼 1~2인실을 쓰곤 했다. 이런 경험을 해본 사람들은 1인실을 감염 관리라는 의학적 목적보다는 병원의 돈벌이 목적으로 받아들였다. 정부는 여론에 반응한다. 올해 9월부터는 대형 종합병원의 일반병실 확보 의무 비율이 50%에서 70%로 높아진다.

이런 와중에 '감염 관리를 위한 1인실'이라는 의학적 접근법은 설 자리를 잃었다. 예방의학 전문가인 황승식 교수(인하대 예방의학과)는 "감염 예방은 공간 격리가 핵심이다. 좁고 간소하지만 있을 건 다 있는 1인실로 입원실 인프라를 바꾸고 건강보험을 적용할 필요가 있다"고 말했다. 감염 관리와 의료 공공성을 모두 잡으려면, 정부가 장려하는 다인실도 병원이 추구하는 호텔식 1인실도 답이 아니라는 얘기다. 이렇게 해도 현재의 호텔식 1인실만큼은 아니지만 어느 정도 재정 부담은 추가된다. 그동안 없는 셈 쳤던 리스크 관리 비용이다.

간병 역시 의료기관의 전문 영역이지만, 그동안 한국 의료 시스템은 이를 가족에게 떠넘겼다. 건강보험 체계에서 간병은 수가로 보상받지 못한다. 만성적 저수가 구조에서 병원은 인력 운영을 최소화하면서 비용 절감으로 대응한다. 간호 인력은 간병은커녕 의료 보조 업무만으로도 허덕일 정도로 최소한으로 유지한다.

이런 현실을 개선하겠다며 정부가 추진하는 정책이 '포괄 간호제'다. 제도의 취지는 간병을 간호사가 전담토록 해 전문적인 의료 영역으로 다시 끌어들이자는 것이다. 이 제도를 시행하려면 간호 인력 6만 5,000명이 더 필요한데, 의료계는 정부가 이만큼의 추가 비용을 수가로 보전해줄지 의구심을 갖고 있다. 어떤 식으로든 추가 지출이 발생할 수밖에 없지만 여론은 건강보험료 인상에 극히 적대적이다.

다시 한 번 기묘한 균형이 등장한다. 병원은 간병 업무를 가족에게 떨어낸다. 정부도 그 덕에 간병 업무를 건강보험으로 보전해줄 필요가 없다. 부담은 환자 가족에게로 전가되고, 가족들은 '다인실-비전문가 간병' 조합으로 비용을 최소화해 방어한다.

누구도 비용을 부담하려 들지 않을 때, 가장 먼저 희생되는 것은 당장 성과가 눈에 보이지 않는 안전 관리 비용이다. 시스템은 갈수록 위험을 무시하는 방향으로 미끄러져가다가, 위험성이 아주 치명적이라고 하기도 힘든 메르스 한 방에 간단히 휘청거렸다.

'빅5'로 몰리는 '과적' 의료 전달 체계

1번 환자는 충남·경기·서울의 병원 네 군데를 돌아다닌 뒤에야 메르스 판정을 받았다. 14번 환자와 16번 환자는 병원 세 군데를 돌아다니며 서울과 대전에 메르스를 확산시켰다. 감염병 환자를 '슈퍼 전파자'로 만드는 핵심은 이 걷잡을 수 없는 이동성이다. 병원 내 감염은 잘만 대응하면 병원 담벼락 안에서 차단할 수 있지만, 감염자가 제 발로 돌아다니면 사실상 대응책이 없다.

원론적으로 말하면, 의료기관을 찾는 환자는 마음대로 '서울의 큰 병원'(대형 종합병원)으로 갈 수 없다. 고도의 전문성과 고가 장비가 필요하지 않은 경증 환자는 동네 의원이나 중형 병원에서 치료한다. 이 단계에서 대형 병원의 진료가 필요하다고 의사가 판단하면 소견서를 써서 3차 의료기관인 대형 종합병원으로 보낸다. 이를 의료 전달 체계라고 부른다.

왜 이렇게 제도로 장벽을 쌓을까. 의료는 건강보험 체계 때문에 가격을 통해 자원 배분을 하는 데 한계가 있다. 치료가 어렵지 않은 경증 환자도 대형 병원으로 몰리는 자원 왜곡이 일어난다. 의료는 공공재 성격이 있으므로 이런 식의 낭비는 막을 필요가 있다는 것이 제도의 취지다.

하지만 의료 전달 체계 원칙이 현실에서는 유명무실하다. 환자들은 서울의 큰 병원을 압도적으로 선호한다. 의료 서비스의 품질은 환자가 미리 알 수 없기 때문에 브랜드의 힘이 위력을 발휘한다. 이른바 빅5 대형 종합병원(삼성서울병원·세브란스병원·서울대병원·서울성모병원·서울아산병원)이 대표적이다.

일선 개업의들도 환자의 요구를 웬만하면 들어준다. 대학병원에서 일했던 한 내과 전문의는 "의사들은 아무리 쉬운 사례라도 '만약의 경우'를 생각하지 않을 수 없다. 환자가 원하면 소견서를 써서 대형 병원으로 보내는 게 마음 편하다"고 말했다. "아예 소견서도 쓰지 않고 구급차 불러서 응급실로 보내는 경우도 있다. 이런 걸 '쏜다'고 하는데, 응급실은 거부권이 없고 무조건 받아야 하니까." 이제 감염병은 극도로 이동성 높은 환자를 타고 병원 순례를 다니게 된다.

14번 환자는 삼성서울병원 응급실에 사흘 동안 머물렀다. 응급실은 그야말로 긴급한 환자를 받아서 응급처치를 한 후 집으로 보내거나 입원을 시키는 곳이다. 그런데 대형 병원이 만성 과포화에 시달리기 때문에, 14번 환자와 같이 응급실에 사흘씩 머무르는 '응급실 입원'이 현실에서는 흔하다. 응급실이 사실상 저등급 병실 구실을 한다. 다인실 리스크는 응급실로 오면 훨씬 증폭된다. 삼성서울병원 응급실 접촉으로, 단일 감염원 중 가장 많은 확진자 59명이 나왔다.

이렇게 보면 대형 종합병원도 의료 전달 체계가 복원되어 장벽이 생겨야 숨통이 트일 것처럼 보인다. 하지만 대형 병원도 중증 환자 중심의 체제 개편을 반기지 않는다. 현재의 건강보험 수가 구조에서 응급실과 중환자실 수가는 원가에 한참 못 미친다. 중환자실은 병상 하나마다 한 해 8,000만 원씩 적자라는 것이 의료계에서 통용되는 이야기다. 중환자실 병상을 티 안 나게 줄이는 것이 대형 병원의 경영 전략이 될 정도다. 앞서의 내과 전문의는 "경영 관점에서 보면 중환자실은 '미끼 상품'이다. 대형 병원 수익은 외래 진료와 부대사업에서 나온다"고 말했다.

외래 진료는 '규모의 경제'가 관철된다. 의료 수가는 진료 건수대로 일괄 책정되는데 핵심 비용인 인건비는 고정비다. 병원

경영자의 관점에서 보면, 외래 진료를 최대한 많이 돌릴수록 수익이 올라간다. 웬만하면 보내는 1차 의료기관과 웬만하면 받는 3차 의료기관의 이해관계는 이렇게 만나고, 브랜드를 신뢰할 수밖에 없는 환자들은 기꺼이 이 파이프라인을 타고 대형 병원으로 흘러간다.

모두가 나름의 합리적 판단으로 움직인다. 그 결과는 지독한 '과적'이었다. 황승식 교수는 "온 국민이 '빅5'에 올라탄 과적 상태로 의료 시스템이 항해하고 있다"고 표현했다. 과적은 차라리 한국 사회에 보편적인 수익 모델인데, 리스크를 없는 셈 쳐서 비용을 줄이는 것이야말로 과적 모델의 핵심이다.

누가 어떻게 안전 비용을 낼 것인가

비용을 최대한 절감해 기본 의료 서비스를 널리 제공하는 것은 개발 국가 시절에는 일리가 있는 전략이었다. 국가 재정은 공공 의료를 공급할 여력이 없었고, 시민 대다수는 높은 건강보험료를 감당할 수 없었다. 보험료는 최소한으로 억제될 필요가 있었다. 그래서 건강보험 체계는 민간 의료 시장을 저수가로 묶어두는 대신 '3분 진료' 물량 공세, 비급여 진료, 부대사업 등의 방식으로 수익을 보전하도록 했다. 25년을 이어온 이 저비용 구조는 안전 비용을 체계적으로 무시했다.

의료 소비자는 비급여 진료비, 실손보험료, 간병비 등의 형태로 낮은 건강보험료의 대가를 치르고 있다. '앞으로 남고 뒤로 밑지는 장사'라는 평이 나오는 이유다. 메르스 쇼크를 계기로 차라리 저비용 구조를 적정 비용 구조로 바꾸자는 제안도 그래서 등장한다. 건강보험료를 더 내는 대신, 보험 적용 범위를 늘려서 민간 보험이나 간병비로 빠지는 '뒤로 밑지는 장사'를 멈추자는 논리다. 이렇게 확보되는 추가 재원은 의료계를 비용 절감 압력에서 건져낼 수도 있고, 아예 국가가 공공 의료 투자를 늘리는 방향으로 논의가 진행될 수도 있다. 이 전략에는 조세 저항에 준하는 '건보료 저항'을 뛰어넘는 사회적 합의가 필요하다는 난관이 있다.

안전에는 돈이 든다. 한국 사회가 되풀이해 배우고 또 잊어버리는 교훈이다. 평시에는 그럭저럭 굴러가는 것처럼 보였던 시스템의 약한 고리를 메르스는 정밀 타격했다. 안전 비용을 얼버무리는 오래된 습관이 또다시 폭로되었다. 이번 일격이 시스템을 재기 불능에 빠트릴 정도로 치명적이지는 않았지만, 다음에도 그러리라는 법은 없다.

〈2015년 6월〉

과적은 차라리 한국 사회에 보편적인 수익 모델인데,

리스크를 없는 셈 쳐서 비용을 줄이는 것이야말로

과적 모델의 핵심이다.

구의역 스크린도어 사망 사고 때도,

이대목동병원 신생아 사망 사건 때도, 이 문장이 계속 떠올랐다.

리스크를 없는 셈 쳐서, 우리는 고도성장을 이룩해냈다.

이제는 그 청구서가 날아오고 있다.

메르스 사태는 박근혜 정부여서 벌어진 일만은 아니다.

안전에는 돈이 든다는 교훈이 박근혜 정부에서만

유독 무시당했을까? 그렇지는 않은 것 같다.

우리는 아직 세월호로부터 더 많은 것을 배워야 한다.

자유주의의 적이 된
자유주의자들

　자유주의자를 자처하던 이들이 '자유의 적들'로 등장했다. 역사 교과서 국정화 논란은 한국 보수의 맨얼굴을 폭로했다. 자유주의는 한국 보수가 내세우는 핵심 가치였다. 하지만 일단 전선이 그어지고 전쟁이 선포되자, 보수가 가장 먼저 내팽개친 가치 역시 자유주의였다. 보수 버전의 역사 담론이 형성되고 세를 더해가다 국정화 국면에서 자기모순을 드러내기까지, 일련의 과정을 되짚어보면 한국 보수의 사고 체계가 드러난다.

　역사 교과서 국정화 논란에는 묘하게 낯선 풍경이 있다. 여론 지형이 명백히 불리한데도 이 이슈를 대하는 박근혜 대통령과 보수의 태도에서는 '전략적 판단'의 수위를 넘어서는 강한 신념이 묻어난다. 이 확신을 알지 않고서는 무리를 감수하고 밀어붙이는 교과서 전쟁을 온전히 이해하기 힘들다. 보수는 현대사 해석, 특히 이승만·박정희 시대에 대한 해석에서 학문적 우위를 확보했다는 믿음을 공유한다. 이들에게 '올바른 교과서'는 정치적인 수사가 아니다. 보수 버전의 역사관이 진정 '올바르다'고 믿는다.

상징적인 대목이 이승만 시대의 재해석이다. 정통 해석에서 이승만 시대는 발췌 개헌, 사사오입 개헌, 3·15 부정선거, 4·19 혁명에 의한 정권 붕괴 등 민주주의를 파괴한 정부라는 점이 주로 강조되어왔다. 한국전쟁 지도부로서도 낙제점을 받았다. 한강 인도교 폭파와 거창 양민 학살 등 정권발 전쟁범죄도 여럿 저질렀다. 휴전협정 반대와 북진 통일을 고집한 대목은 이승만의 호전성을 증명하는 사례로 인용되곤 했다.

뉴라이트 계열을 주축으로 하는 보수 성향 연구자들은 통설 뒤집기를 시도했다. 요지는 이렇다. 2차 대전 종전과 미·소 냉전의 시작이라는 당대의 새로운 질서에서, 미국은 흔히 '봉쇄정책'으로 불리는 냉전 전략을 입안한다. 이 정책의 핵심은 '현상 유지'였다. 미국의 관점에서 보면, 동아시아의 국지적 불안정성이 세계를 뒤흔들어버릴 위기를 제어해야 했다.

뉴라이트의 손꼽히는 이론가인 고 김일영 교수(정치학)는 이런 국면에서 이승만 정권이 일종의 '셀프 인질극'을 벌인 것으로 해석한다. 북진 통일론을 주창하고 휴전을 거부하거나 훼방 놓는 태도를 보인 것은 "여차하면 역내 현상 유지를 깨트려버려 미국의 세계정책을 헝클어뜨릴 수 있다"는 무력시위였다는 관점이다. 충남대 차상철 교수(한미관계사)도 『해방전후사의 재인식』에 실은 논문에서 유사한 주장을 한다. 미국 아이젠하워 정부와 이승만 정부는 끊임없이 '밀당'을 하며 서로 원하는 것(역내 현상 유지와 신생국가의 안전 보장)을 교환할 최적 비율에 다가섰다는 것이다.

절체절명의 이념 전쟁

뉴라이트 계열 연구자들은 당대에 이런 미국의 이해관계를 역이용해 국익을 추구할 수 있는 국제 감각이 있는 지도자가 드물었고, 이승만이 예외적으로 그런 감각을 갖추었기 때문에 국내 정치에서도 결국 승리를 거두었다고 해석한다. 더 중요하게 평가하는 대목은 '경로 설정'이다. 2차 대전 종전 직후는 냉전의 어느 진영이 결국 승리를 거둘지 알 수 없는 시절이었고, 공산주의는 신흥 국가에 매력 있는 대안이었다. 당대에 초기 경로를 잘 설정하는 것은 국가의 운명에 무엇보다 중요했다. 이승만 정권이 미국 중심의 자유 진영으로 경로를 잡은 것은 결정적인 분기점이었다고 이들은 본다.

이와 같은 '재해석' 작업이 현대사 전반에 걸쳐서 광범위하게 이루어졌다. 이승만·박정희 시대가 특히 집중 조명을 받았고, 한미관계, 비교사, 계량 분석 등 좁은 의미의 역사학 밖에서 관점과 방법론을 끌어다 쓰는 경우가 많았다. 뉴라이트가 내세우는 연구자들의 면면을 보면 역사학 전공자보다 사회과학 계열 연구자가 더 많이 눈에 띈다. 김정배 국사편찬위원장이 "근현대사는 역사가만이 아니라 정치사·경제사·사회·문화 전반을 아우르는 분들을 초빙해서 구성할 것이다"라고 말한 데에는 이런 배경이 있다.

보수 성향 연구자들은 자신들이 '국제적 시야' '선입견 없는 일차 사료 연구' '비교사적 관점' 등에서 우위에 있다고 자평한다. 역사학계 주류의 해석이 민족주의와 일국사의 함정, 심지어는 스탈린주의 사관의 영향력에 사로잡혀 있다고 생각하는 경향이 짙다. '재해석'을 대표하는 학자 중 한 명인 서울대 이영훈 교수(경제학)는 자신들의 접근법을 자유주의 사관이라고 불렀다. 개인의 자유와 주체성을 강조하고 집단주의적인 역사 해석을 배격한다는 의미다. "대안적 해석을 제시했다"는 수준을 넘어, "우리 해석이 올바르다"는 보수 연구자들의 강한 자신감은 이런 맥락에서 나왔다.

결정적인 전선 확장의 시기는 노무현 정부 시절이었다. 2003년 3·1절 기념사에서 노무현 대통령은 "정의는 패배했고 기회주의가 득세했습니다"라고 한국 현대사를 규정한다. 탄핵 역풍으로 의회 과반 의석을 확보한 2004년에는 이른바 '과거사법'을 내세워 과거사 청산 작업에 들어간다. 노무현 정부의 이런 '역사 공세'가 보수에 준 충격은 현재 박근혜 정부의 국정화 공세가 역사학계에 준 충격에 비견할 만했다. 보수는 뉴라이트라는 이름을 내걸고 조직화해 반격했다. 2004년 11월 자유주의연대가 출범했고, 2005년 1월에는 교과서포럼이 등장했다. 교과서포럼 출범 이후 현대사 해석 문제가 정치적인 화약고로 바뀌었다.

이명박 정부 첫해인 2008년 교과서포럼은 그간의 연구 성과를 모아 『대안교과서 한국 근·현대사』를 낸다. 2013년 연말에는 교학사 교과서 파동이 있었다. 교육부 검정을 통과한 교과서를 출시해 '자유시장'의 선택을 받도록 하겠다는 계획을 세웠지만, 일선 현장의 외면을 받았다. 여기까지만 해도 전선은 역사의 해석을 둘러싼 싸움이었다. 어쨌거나 보수는 이승만·박정희 시대를 해석하는 나름의 논리 체계를 구축한 상태였으니, 그런 관점의 교과서를 만들어 검정을 받아 내놓는 과정 자체는 학문의 자유로 볼 수 있었다. 문제는 그다음이었다.

교학사 교과서가 현장에서 외면당하자, 보수는 교육 현장을 일종의 '시장 실패'로 해석하기 시작했다. '민족주의에 포획된 역사학계'와 '좌편향 전교조' 탓에 더 품질이 우수한 교학사 교과서가 외면받는다는 논리를 만들어냈다. '더 품질이 우수하다'

는 대전제를 의심하지 않는 이상 이런 결론은 보수의 논리 구조에서는 필연이었다. 이제 국정화는 시장 실패를 교정하는 매력 있는 대안이 된다.

그러나 이 대목에서 보수는 치명적인 문제 하나를 해결해야 했다. 자유주의는 보수가 대변한다고 자처하는 가치였다. 역사 논쟁을 둘러싸고는 특히 그랬다. 첫째, 이승만 정권을 긍정 평가할 때 '냉전기에 자유 진영으로 올바른 경로 설정을 한 공'이야말로 핵심 중의 핵심 논거다. 자유의 가치를 강조할수록 이 논거가 힘을 받는다. 둘째, 역사학계 주류 해석을 '민족주의 과잉'과 '민중사관'으로 몰아세운 것은, 논쟁 구도를 자유주의 대 전체주의로 짠다는 의미다. 이 구도에서 보수는 역사학계의 정통 해석에 개인보다 민족을 강조하는 전체주의 색채를 덧씌우고, 개인의 가치를 강조하는 해독제로 자유주의를 꺼내든다. 역사 전쟁의 구도에서 보수가 자유주의를 포기하는 순간 거대한 논리적 공백을 해결할 길이 없다.

이제 보수는 국정화와 자유주의를 조화시켜야 하는 불가능에 가까운 과제를 떠안았다. 국가의 개입을 자유에 대한 최대 위협으로 간주하는 자유주의를 포기하지 않으면서 어떻게 국정화를 정당화할 것인가.

몇 갈래의 시도가 있었다. 우선 핵심 이데올로그인 이영훈 교수는 10월 21일 자유경제원 토론회에서 이렇게 말했다. "국정화

이영훈

박근혜

현진권

"국정화 논쟁은 자유사관과 민중사관의 일대 투쟁이다. 이 나라가 선진화하기 위해 패배해서는 안 될 절체절명의 이념 전쟁이다."

"인간이 아는 진리란 대부분 반쪽짜리다. 인간이 불완전한 상태에서는 서로 다른 의견이 있는 것이 유익하다."

"대한민국의 정체성과 역사를 바로 알지 못하면 다른 나라의 지배를 받을 수도 있고 민족정신이 잠식당할 수도 있습니다."

"전체주의 국가에서는 어떤 교리를 가르치고 출판할지 당국이 결정한다."

"역사 교과서 시장은 시장 실패가 발생한 영역이다. 시장 실패에 정부가 제 역할을 하지 않으면 그 피해는 국민에게 돌아온다."

"정부 독점의 가장 큰 해악은 되돌리기가 극히 어렵다는 점이다. 참을 수 있는 한에서는 사적 독점이 그나마 가장 낫다."

존 스튜어트 밀

프리드리히 하이에크

밀턴 프리드먼

논쟁은 자유사관과 민중사관의 일대 투쟁이다. 이 나라가 선진화하기 위해 패배해서는 안 될 절체절명의 이념 전쟁이다."'자유사관'이 '민중사관'보다 명백히 옳기 때문에 전쟁을 해서라도 승리해야 '자유 대한민국'을 지킬 수 있다는 주장이다. 자유주의의 대원칙 위반이다.

자유주의는 인간의 지식이 불완전하다는 것을 대전제로 한다. 지식이 불완전하기 때문에, 다양한 의견의 자유로운 교환을 통해서만 인간은 진리에 다가갈 수 있다. 그래서 진리를 위해 반드시 필요한 게 자유다. 19세기 철학자 존 스튜어트 밀은 『자유론』에서 이렇게 쓴다. "인간이 아는 진리란 대부분 반쪽짜리다. 인간이 불완전한 상태에서는 서로 다른 의견이 있는 것이 유익하다." 같은 이유로 밀은 국가의 교육 통제도 단호히 반대한다. "국가가 나서서 교육을 일괄 통제하는 것은 사람들을 똑같은 틀에 맞추어 길러내려는 방편이다. 틀 속으로 집어넣으면 넣을수록 최고 권력자의 기쁨도 커진다."

그렇다면 역사라는 학문의 특수성을 강조하는 전략은 어떨까? 10월 27일 국회 시정연설에서 박근혜 대통령이 이 방법을 시도했다. "대한민국의 정체성과 역사를 바로 알지 못하면 문화적으로나 경제적으로 다른 나라의 지배를 받을 수도 있고, 민족정신이 잠식당할 수도 있습니다."

자유주의의 대가 중에도 역사학이 특수하다고 쓴 학자가 있다. 다만 박 대통령과는 방향이 정반대다. 어떤 기준으로 보아도 좌파라고 하기는 힘든 20세기 경제사상가 프리드리히 하이에크는 『노예의 길』에서, 역사학의 특수성을 인식하고 국가가 개입하려 드는 것이야말로 전체주의 국가의 특징이라고 썼다. "전체주의 국가에서는 가장 직접적으로 정치적 견해에 영향을 주는 역사·법·경제학에서 진리에 대한 탐색은 허용되지 않는다. 어떤 교리를 가르치고 출판할지 당국이 결정한다."

'올바름'을 독점했다는 보수의 믿음은 자유주의와 공존할 수 없다. 역사학이 특수하다는 대통령의 발상은 전체주의에 훨씬 더 가깝다. 이 막다른 골목에서 보수가 마지막으로 꺼내드는 카드가 '시장 실패'다.

10월 7일 〈조선일보〉 칼럼에서 자유경제원 현진권 원장은 "역사 교과서 시장은 시장 실패가 발생한 영역이다. 시장 실패에 정부가 제 역할을 하지 않으면 그 피해는 국민에게 돌아온다"고 썼다. 시장에서 독점(보수의 용어로는 '민중사관 교과서'의 독점)이 일어나고 있으니 정부가 개입해 교정해야 한다는 의미다. 이 주장은 이후 여러 보수 오피니언 리더들이 '역사 교과서 시장에 긴급조치가 필요하다'는 기조로 반복했다. 자유주의 원리가 제대로 작동하지 않는 비상 상황이므로 일시적인 정부 독점을 감수해야 한다는 논리는 자유주의의 지지를 받을 수 있을까.

한 보수 자유주의자가 국정화를 반대하는 이유

아닌 모양이다. 20세기 자유주의 경제학의 거목인 밀턴 프리드먼은 『자본주의와 자유』에서 이렇게 썼다. "정부 독점의 가장 큰 해악은 되돌리기가 극히 어렵다는 점이다. 참을 수 있는 한에서는 사적 독점이 그나마 가장 낫다. 역동적 변화가 사적 독점을 붕괴시킬 기회는 남게 된다." 자유주의의 적통 사상가들은 어떠한 경우에도 국가 개입이 초래하는 보이지 않는 비용을 계산해야 한다고 주장했다. 사적 독점을 국가 독점으로 대체하자는 주장은 자유주의 족보에서 찾아보기 힘들다.

한국의 보수파 자유주의자 중에도 "현재 교과서는 문제가 있지만 국정화는 아니다"라는 목소리를 내는 이가 있다. 시장경제 학회인 '한국 하이에크 소사이어티' 초대 회장을 지낸 손꼽히는 하이에크 전문가 민경국 강원대 명예교수(경제학)다. 10월 28일자 〈문화일보〉 칼럼에서 민 교수는 현재 검정제 교과서가 좌편향적이라는 인식을 보수와 공유하면서도 국정화에는 단호히 반대했다. 자유주의자가 국정화를 사유하는 방식의 전형을 보여준다. "검정제는 바른 교과서를 만들어 좌파와 경쟁할 가능성이라도 있다. 그러나 국가 독점은 그 가능성도 기대할 수 없게 된다. (…) 국정화는 국가의 독점적 역사 해석이 옳다는 믿음을 전제한 것이다. 치명적 자만이다. 역사 해석에는 항상 오류가 있을 수 있다. 오류 개선의 길이 자동으로 밝혀지는 게 아니다. 자유 경쟁이 필요하다. 그래서 역사 교과서 독점을 포기하는 게 옳다."

국정화 반대론자가 꼭 자유주의자일 필요는 없다. 하지만 국정화 지지자는 자유주의와 국정화 지지의 모순을 해결하는 숙제를 풀어야 하는데, 현재까지는 하나같이 실패하고 있다. 그래서 이들에게 자유주의와 국정화 지지는 양자택일의 질문이 되어버렸다. 이 질문을 받아든 보수 인사들은 극소수 예외를 제외하고 국정화 지지의 손을 들어주었다. 이런 걸 '우리식 자유주의'라고 불러야 할까.

〈2015년 11월〉

●

이런 걸 '우리식 자유주의'라고 불러야 할까.

역사 교과서 국정화 작업은 한국 보수가

퇴행한다는 분명한 징후였다.

나는 박근혜 대통령이 역사 교과서를 밀어붙였기 때문에

총선에서 졌다고 생각하지는 않는다.

하지만 대통령이 권위주의로 미끄러지고 있다는 불안감을

유권자들에게 공유시켰다고는 생각한다.

그래서 역사 교과서 정국은 중요한 징후인 동시에

중요한 변곡점이었다.

어떤 민주주의의
시간

은수미 의원(더불어민주당)이 10시간 18분 필리버스터(무제한 토론)를 마친 다음 날인 2월 25일, 의원실 직원은 후원금 통장을 정리하느라 진땀을 뺐다. 1만 원 안팎의 소액 후원금이 물밀듯 들어와서 다 정리하는 데 통장 8개가 필요했다.

박원석 의원(정의당)은 은수미 의원의 다음 차례로 나서 9시간 29분 필리버스터를 마치고 내려왔다. 박 의원은 "기록 경쟁으로 가면 취지가 왜곡된다. 안기부 고문 피해자인 은수미 의원의 기록으로 남았으면 했다"고 말했다. 기록 깨기 경쟁으로 필리버스터를 소비하던 분위기가 이 발언 이후 바뀌었다.

신경민 의원(더불어민주당)은 2월 25일 필리버스터에서 "필리버스터는 새누리당 총선 공약이다. 새누리당 홈페이지에서 뽑아

● 안기부(현 국정원) 고문 피해자이기도 한 은수미 의원은 테러방지법을 반대하는 '10시간 18분 필리버스터' 기록을 세웠다.

왔으니 직접 확인해보라"고 말했다. 직후 새누리당 홈페이지 메인 화면이 접속 불가 상태가 되었다. 국회방송의 영상을 받아 필리버스터를 생중계하던 팩트TV의 서버도 동시 접속자 폭증을 감당하지 못하고 한때 마비됐다.

강기정 의원(더불어민주당)은 지역구가 전략 공천 지역으로 선정되어 사실상 공천 배제 통보를 받은 날 필리버스터에 나섰다. 강 의원은 '한숨 요정' '강블리' '강 목사님의 국회 복음' '홀리버스터' 등등 숱한 별명과 패러디를 이끌어내며 졸지에 인터넷 스타가 되었다.

2월 23일 더불어민주당과 정의당 등 야당들은 '테러방지법' 저지의 마지막 수단으로 필리버스터를 뽑아든 이후, 스스로도 예상하지 못한 열광에 직면했다. 〈중앙일보〉 인터넷판은 2월 24일부터 필리버스터에 대한 찬반 투표를 진행했다. 필리버스터 개시 72시간째인 2월 26일 오후 7시 기준으로 투표자 10만 7,000명이 넘는 이례적인 참여 열기 속에, 야당의 필리버스터가 적절하다는 응답이 9만 명을 넘겨 85%를 기록했다. 온라인 공간의 열광은 오프라인으로도 흘러넘쳤다. 국회 앞에서는 시민 필리버스터 릴레이가 열렸고, 평소에는 텅 비어 있는 국회 방청석도 지지 방문한 시민과 학생들로 가득 찼다.

필리버스터는 실시간 방송을 보며 댓글로 참여하는 인터넷 특유의 놀이 문화와 만나 정치인이 주인공인 '캐릭터 버라이어티'가 되었다. 인기 예능 프로그램을 빗대 '마이 국회 텔레비전'이라는 이름도 붙었다. 인터넷 방송 문화에 익숙한 시청자들은 정치인마다 캐릭터를 포착해 패러디물을 쏟아냈고, "별풍 쏜다"는 말과 함께 필리버스터 의원의 후원금 계좌를 돌렸다('별풍선'은 유력 인터넷 실시간 방송 채널의 사이버 화폐).

댓글이 2차 콘텐츠가 되고 방송인이 다시 댓글을 소개하며 노는 인터넷 방송 특유의 순환 구조도 구현됐다. 여러 의원들이 인터넷의 테러방지법 반대 댓글을 본회의장에서 읽어 국회 속기록에 남겼다. 가장 지루하고 따분한 정치 행위로 손꼽히는 필리버스터는, 가장 정치와 거리가 멀다고 여겨졌던 10~20대 인터넷 이용자들을 열광시키는 킬러 콘텐츠가 되었다.

필리버스터는 소수당이 강하게 반대하는 법안의 의사 진행을 방해하는 지연전술이다. 재적 의원 3분의 1 이상이 찬성해 무제한 토론이 개시되면 토론자가 소진되기 전까지는 중단할 수 없다. 의사 진행은 전면 중단된다. 재적 의원의 5분의 3(300석 기준 180석)이 무제한 토론 종결 동의안에 찬성하면 강제 종료가 가능하다. 필리버스터는 유신 시절인 1973년 폐지되었다가 2012년 국회법 개정으로 부활했다. 이 2012년 국회법 개정안이 이른바 '국회선진화법'이다. 국회선진화법이 설계된 구조를 들여다보면 43년 만의 필리버스터 부활이라는 사건을 입체 조명할 수 있다.

국회선진화법은 새누리당으로부터 '소수당 독재법'이라는 초현실적인 비난을 받고 있지만, 실제 설계는 그보다는 복잡하다. 국회선진화법은 일종의 맞교환 모델로, 여당도 얻는 게 있다. 예산안 합의가 11월 30일을 넘길 경우 본회의에 자동으로 올라가도록 했다. 의장석 점거도 즉시 징계 절차를 밟도록 규정해 사실상 금지했다. '예산안 연계 투쟁'과 '의장석 점거 투쟁'이라는 야당·소수당의 고전적 무기가 봉쇄된다.

반대로 국회선진화법이 국회의장의 직권 상정 권한을 크게 축소한 것은 소수당의 협상력을 높여준다. 국회선진화법은 국회의장이 직권 상정을 할 수 있는 상황을 천재지변, 전시·사변 또는 이에 준하는 국가비상사태로 한정했다. 비상 상황이 아닌데도 의장이 직권 상정을 하려면 역시 재적 의원의 5분의 3이 필요하다. 직권 상정을 상당히 까다롭게 만들어 다수당의 무기를 봉쇄했다.

이명박 정부 시절이던 18대 국회에서는 수시로 물리적 충돌이 벌어졌다. 이명박 정부는 종합 편성 채널 도입과 4대강 사업 등 논란 많은 국책 사업을 직권 상정으로 강행 처리하는 길을 즐겨 택했다. 야당은 여당의 강행 처리와 지지층의 저지 압력 사이에 끼여 물리력 외에 대안이 없는 상황으로 자주 몰렸다. 18대 국회가 끝나갈 즈음에는 물리적 충돌이 반복되는 후진성을 어떻게든 극복해야 한다는 공감대가 형성되었다. 국회선진화법은 19대 총선 직후이자 18대 국회 임기 막바지인 2012년 5월에 본회의를 통과했다.

국회선진화법은 일종의 상호 군비 감축 협약이었다. 소수당·야당은 '예산안 연계 투쟁, 의장석 점거 투쟁'을 내려놓고 다수당·여당은 '직권 상정'을 내려놓는 맞교환이 핵심 뼈대다.

단순 다수 소선거구제가 주력인 한국의 선거제도에서는 1당과 2당은 대체로 득표율보다 많은 의석을 얻는다. 19대 총선에서 새누리당은 246곳 지역구 선거에서 43.3%를 득표했지만 지역구 의석 점유율은 51.6%였다. 투표자 과반의 지지를 받지 않은 정당이 선거제도에 힘입어 의석 과반수를 차지했다는 이유로 모든 법안을 강행 처리해도 되느냐는 문제가 지적되었고, '국회에서 마음대로 굴리면 50%가 아니라 60%를 넘겨라'로 요약할 수 있는 국회선진화법이 등장했다.

이런 설계가 던지는 메시지는 단순하고 강력하다. 상호 군축을 실현한 새로운 게임의 룰을 적용했을 때, 국회 운영의 핵심 변수는 다수당의 능력이다. 소수당이 반대하는 법안을 다수당이 통과시키려면 둘 중 하나를 이뤄내야 한다. 소수당이 수용할 만한 타협과 맞교환의 패키지를 짜거나, 소수당이 버틸 수 없을 만큼 강력한 여론 압박을 만들어내야 한다. 군축 협상이 단독·강행 처리라는 무기를 제약해버렸기 때문에 다수당은 이제 '거래'와 '압박' 둘 중 하나에는 유능해야 한다. 국회선진화법은 본질적으로 다수당에 유능해질 것을 요구하는 제도였다.

청와대에 눌리자 '게임의 룰'을 공격하는 여당

19대 국회의 새누리당은 이 요구를 충족하지 못했다. 야당보다도 더 힘겨운 파트너는 박근혜 정부였다. 청와대는 관심 법안일수록 "한 획도 고칠 수 없다"는 태도를 되풀이했다. 청와대가 일자리 문제의 최종 해결책으로 선전하는 서비스산업발전기본

법은 의료 영리화 관련 조항이 논란이 되어 임기 내내 공전하고 있지만, 의료 영리화 방지 조항만 넣고 통과시키자는 야당의 수정안이 벽에 막혀 있다. 협상 관계자들의 말을 들어보면 원안 고수 의지가 완강한 것은 새누리당보다 청와대다. 필리버스터를 촉발한 테러방지법 역시 야당은 테러 대응 기능을 국정원 외의 조직에 맡기거나 최소한 국정원을 통제할 권한을 요구했지만, 청와대는 요지부동이다.

국회선진화법은 다수당이 협상과 여론 동원에 유능할 것을 요구하는데, 정작 청와대의 근본주의가 새누리당을 옥죄면서 다수당이 유능해질 공간이 박탈당했다. 새누리당은 몇 차례 저항을 시도했다. '친박' 서청원에 맞선 김무성 당 대표 선출, '친박' 황우여를 제치고 정의화 국회의장 선출, '친박' 이주영 대신 유승민 원내대표 선출.

저항은 민망할 정도로 가혹한 진압을 당했다. 유승민 원내대표는 노골적인 찍어누르기로 사퇴시켰고, 김무성 대표는 친박 성향 지도부로 포위해 끊임없이 힘빼기를 하고 있다. 정의화 국회의장은 마지막까지 버티다가, 자신의 호언장담을 뒤집고 테러방지법 직권 상정을 발동해 체면을 구겼다.

19대 국회에서 박근혜 청와대는 원하는 법을 손에 넣는 데 그리 성공적이지 못했다. 새로운 게임의 룰에서 가장 중요한 자원인 다수당의 협상 능력을 청와대가 묶어버린 것이 문제의 본질이었다. 그러나 청와대와 새누리당은 게임의 룰을 공격하는 방식으로 책임을 떠넘겼다. 국회선진화법이 식물 국회를 만든다는 '비효율 공세'에 주력했다. 또한 국회선진화법을 공격하는 한편으로, 게임의 룰에서 빈틈을 찾으려 했다.

눈에 띄는 빈틈은 하나였다. 직권 상정 요건에 규정된 '이에 준하는 국가비상사태'라는 모호한 대목이었다. 원론적으로는 전시·사변에 해당하는 중대한 비상사태일 때에나 발동이 가능하지만, 현실에서는 국회의장이 자의적인 판단으로 국가비상사태라며 직권 상정을 발동하더라도 제지할 마땅한 방법이 없다.

지난해 12월 11일 정의화 국회의장은 기자 간담회를 열었다. 청와대의 테러방지법 직권 상정 압력을 공개적으로 반박하는 자리였다. 이날 정 의장은 이렇게 말했다. "예를 들어 IS 테러가 서울이나 부산에 어디 생겼다고 치자. 그렇다면 테러방지법은 직권 상정할 수가 있다. 그건 상식적인 거잖나. 그렇지도 않은데 내가 테러방지법을 국가비상사태 어쩌고 하면서 직권 상정해봐라. 여러분들이 웃지 않겠나." 입법 취지에 맞는 정론이었다. 그러나 정 의장은 두 달 만에 남북관계 긴장을 명분으로 자신의 말을 뒤집었다.

정 의장이 방향 전환을 택한 이유가 어떻든 간에, 이 조항이 군축 협상의 약한 고리였던 것은 2012년 법 개정 때도 예측되던 사실이다. 그에 대응할 소수당의 방어 조항이 필리버스터다. 필리버스터는 대단히 미묘한 균형이 이루어졌을 때나 발동된다. 의회의 의석 분포상 다수당 동조 의석이 180석을 넘길 경우 필리버스터는 의미가 없다. 필리버스터 정국에서 국민의당은 자당의 중재안을 받지 않을 경우 새누리당에 동조해 무제한 토론 종결 결의안을 낼 수 있다고 더불어민주당을 압박했다.

만일 국회의장의 직권 상정이 명분이 충분할 경우, 즉 실제로 국가비상사태에 준하는 위기 상황이거나 하다못해 여론의 직권 상정 지지가 뚜렷할 경우, 필리버스터는 소수당의 자살행위다. 발목잡기 역풍을 감당할 방법이 없다. 그러니 필리버스터는 다수당의 의석이 부족하고, 국회의장의 무리수가 분명하며, 해당 법안에 대한 여론전이 적어도 비등한 정도로 가능할 때에만 선택 가능한 옵션이다. 테러방지법 정국은 그 미묘한 조건을 모두 만족한다고 더불어민주당 이종걸 원내 지도부는 판단했다.

테러방지법 필리버스터는 불가능에 가까운 확률의 장벽을 뚫고 현실에 등장했다. 임기 내내 되풀이된 박근혜 청와대의 근본주의, 그에 압도당한 새누리당의 협상력 고갈, 소수당에 충분한 명분을 열어준 국회의장의 말 바꾸기, 그리고 테러방지법의 비교적 눈에 잘 띄고 여론전을 해볼 만한 독소조항까지, 일련의 조건 중 하나라도 없었다면 이번 필리버스터는 없었을 가능성이 높다.

그리고 이 확률의 장벽을 뚫고 소수당이 꺼내든 무기가 어떤 물리력도 불법성도 배제한, 국회법이 보장한 방어 무기인 '말'이었다. 이는 살아 있는 세대 대부분이 처음 보는 풍경이었다. 여의도 국회의사당에서 192시간 동안 이어졌던 말의 릴레이는 세계 정치사에 최장기간 필리버스터로 기록되게 되었다. 정치의 본령이 말싸움이라는 사실을 이보다 극적으로 상기시키는 풍경은 흔치 않다. 처음에는 마치 기록 경쟁처럼 보였으나 곧 콘텐츠로 무게중심이 옮아갔다. 어떤 필리버스터는 자체로 청자를 끌어들이는 완결성 있는 연설문이었고, 또 어떤 필리버스터는 끝도 없는 패러디 생산을 자극하는 데 성공한 콘텐츠였다.

의회의 경쟁력은 비효율성에 있다

정치학자인 박원호 서울대 교수는 이렇게 말했다. "의회는 내전을 대체하는 제도다. 과거에 총칼로 싸우던 걸 이제 대표를 보내 말로 싸우는 제도가 의회다. 그런 제도가 효율적일 수도 없지만, 효율적이어서도 안 된다. 의회가 행정부보다 효율적일 수가 있나? 오히려 의회의 경쟁력은 그 지독한 비효율성에 있다. 갈등을 다루고, 드러내고, 폭발시키는 과정 그 자체가 의회다. 필리버스터를 보면서 '그래도 몸싸움보다 말싸움이 낫더라'는 정서가 있는 것 같다. '내전에서 의회로' 넘어오는 경로의 한 단계를 지나고 있는 셈이다."

필리버스터는 의회의 비효율성 중에서도 정점이라 할 만하다. 192시간에 걸쳐 한 얘기를 하고 하고 또 하는, 아예 탄생 목적이 '방해'인 제도다. 이 비효율의 절정이 어떤 이들에게는 식물 국회의 움직일 수 없는 증거이자 참을 수 없는 기능장애였다. 그러나 같은 이유로 다른 어떤 이들에게는 행정부와 대비되는 의회 본연의 속성을 체감하게 해주었다. 사흘간 필리버스터를 지켜본 시민은 비효율이야말로 의회의 경쟁력이라는 낯선 명제와 만났다. 그렇게 기묘하고, 역설투성이고, 거대한 농담 같은 192시간이 지나가고 있다.

〈2016년 3월〉

●

의회의 경쟁력은 그 지독한 비효율성에 있다.

의회의 비효율성을 경쟁력이 아니라

문젯거리라고 보았던 박근혜식 근본주의가 있었다.

의회는 결국 비효율이라는 경쟁력으로 행정부를 역습했다.

필리버스터의 역습은 그 자체로는 대단치 않았다.

하지만 이것은 20대 국회가 박근혜 행정부에

결정적 역습을 가한 역사의 중요한 예고편이었다.

그건 그렇고 이 필리버스터의 계기가 된 테러방지법은,

더불어민주당이 제1당이 된 20대 국회 들어서도 별달리

개정 움직임이 없다.

지독한 비효율성이 의회의 경쟁력이기는 한데,

확실히 속 터지는 경쟁력인 것도 사실이다.

굳게 잠근다고
풀릴 문제인가

"햇볕정책은 실패했다." 북한이 핵실험을 하고 미사일을 쏘아 올릴 때마다 새누리당 지도부에서든 무명의 누리꾼 사이에서든 가리지 않고 나오는 논평이다. 대중이 폭넓게 공유하는 '반反햇볕정책' 정서의 바탕에는 몇 가지 전제가 있다. 그중에서도 "북한은 대화가 통하지 않는 상대다. 미친개에는 몽둥이가 약이다"라는 설명은 특히 호소력이 크다. 북한 정권을 비합리적이고 예측 불가능한 상대로 보고, 이런 상대와 대화와 협력을 하려 했던 김대중·노무현 정부가 어리석었다는 결론을 낸다.

'미친개(북한)에는 몽둥이(제재)' 논리는 대북 강경책 지지 여론의 핵심 버팀목이다. 이번 위기 국면에서도 사드THAAD(고고도미사일방어체계) 배치와 개성공단 폐쇄를 지지하는 여론이 다수다. 2월 셋째 주 한국갤럽 여론조사에서는 개성공단 가동 중단 조치가 잘한 일이라는 응답이 55%, 잘못한 일이라는 응답이 33%였다. 박근혜 대통령은 2월 16일 국회 연설에서 대북 봉쇄를 강화하겠다고 선언했다. 그래서 따져봤다. 봉쇄는 대북 정책의 유효한 대안이 될 수 있을까.

개념부터 정리해보자. '관여engagement'와 '봉쇄containment'는 대북 안보 전략에 등장하는 핵심 키워드다. '관여'는 관계의 고리를 끊임없이 거는 전략이다. 교류를 하고, 인도적 지원을 하고, 회담을 하고, 돈 거래를 한다.

교류를 통해 서로 이익을 얻는 국가끼리는 전쟁 위험이 줄어든다. 상대 국가와 평화로운 교류를 하는 것이 자국에도 이익이니 전쟁으로 뒤흔들지 말자는 저항이 생기게 된다. 이 아이디어는 18세기 철학자 임마누엘 칸트로까지 거슬러 올라간다. 『영구 평화론』에서 칸트는 "국가 간 무역과 경제의 상호 의존이 전쟁을 막는다"는 유명한 테제를 제시했다. '관여'는 서로를 이익이 되는 관계로 묶어 평화를 증진하자는 안보 전략이다. 먼저 잘해주고 상대의 호의를 기대하는 '착한 멍청이'와는 거리가 멀다. 김대중 정부가 주창하고 노무현 정부가 계승한 햇볕정책의 이론적 뿌리가 이 관여 전략이었다.

'봉쇄'도 '전쟁광 멍청이'와는 거리가 멀다. 역시 원리가 정립된 안보 전략이다. 북한 정권이 계속 도발을 하는 이유는 '도발의 수익률'이 쏠쏠하기 때문이다. 1989년 북한 핵 문제가 국제 사회에 처음 등장한 이후 사반세기 동안 미국과 한국을 비롯한 국제사회는 북한의 도발을 '선물'로 무마하려 했다고, 봉쇄론은 본다. 1차 핵 위기에 뒤이은 1994년 제네바 합의는 북한에 경수로를 지어주고 매년 중유 50만 톤을 제공했다. 2차 핵 위기에 대응한 6자회담은 북한에 테러 지원국 지위 해제와 중유 100만 톤을 안겨줬다.

핵과 비핵화의 수익률

봉쇄론은 이런 질문을 던진다. 북한은 국제사회로부터 불가침 약속과 적당한 대가를 받을 경우 핵을 포기할 의사가 있을까? 그렇지 않다. 북한에게 핵은 단순한 협상용을 넘어 정권의 위신과 정당성이 걸린 문제다. 따라서 국제사회가 어떤 대가를 지불하더라도 북한은 핵을 포기하지 않는다고 봉쇄론은 예측한다(적지 않은 관여론 지지자도 여기에 동의한다). 국제사회가 북한에 불가침 약속과 석유를 줄 수는 있어도, 정치·경제·사상적으로 실패한 국가 북한에 정권의 정당성을 공급할 방법은 없다. 이런 처지의 북한 정권에 핵은 확실한 고수익을 보장하는 것은 물론이고, 국가 실패를 딛고 정권 정당성을 지탱해줄 유일한 보루다. 핵이 대체 불가능한 자원인 이유다.

이용준 이탈리아 주재 대사는 북핵 담당 대사와 외교부 차관보 등을 지낸 북핵 협상 전문가다. 봉쇄론의 이론가인 그는 『게임의 종말』에서 "게임은 항상 북한의 승리로 막을 내렸다. 20년간 북핵 문제는 해결된 적이 없이 나빠지기만 했다"고 썼다. 1994년 제네바 합의와 2005년 6자회담 합의를 '평화 외교의 승리'로 기억하는 대중의 눈에는 퍽 낯선 주장이다.

북한과의 핵 협상 때마다 국제사회는 에너지 제공이나 테러 지원국 해제 같은 '선물'을 주었다. 이런 선물은 대개 도로 빼앗아 올 수 없다. 하지만 북한이 이에 대응해 내놓은 조치들, 핵 동결이나 불능화는 되돌릴 수 있다. 돌이킬 수 없는 조치인 핵 폐기와는 다르다. 위기 때마다 북한은 선물을 챙겼고, 핵 폐기라는 마지막 숙제를 해야 할 시점이 다가오면 다시 핵 위기를 일으키고 판을 깼으며, 새로 차려진 협상 테이블에서 다시 선물을 챙겼다. 이용준 대사는 북한은 어떤 대가를 받더라도 핵을 포기할 생각이 없다는 것이야말로 북핵 위기 20년의 본질이라고 주장했다.

당근이 통하지 않는다면 채찍이다. 북한 정권을 '정권 유지냐, 핵 보유냐' 양자택일의 질문으로 몰아붙여야만 문제가 풀린다는 것이 봉쇄론의 핵심이다. 핵을 놓지 않으면 정권이 붕괴한다고 느낄 수준까지 몰려야만 북한은 핵을 포기한다. 관여 전략이 평화의 수익률을 높여주자는 접근법이라면, 봉쇄 전략은 핵의 수익률을 마이너스로 떨어뜨리자는 접근법이다. 봉쇄론의 관점에서는 아래와 같은 논리가 성립한다. 평화의 가치가 아무리 높아지더라도 정권 자체를 버텨주는 핵의 가치보다 높아질 수는 없기 때문에, 관여 전략은 최대로 성공하더라도 핵을 폐기시킬 수 없다. 북한 정권은 오직 봉쇄 전략이 먹힐 때에만 핵을 포기한다. 즉 봉쇄론은 '미친개에는 몽둥이'와 같은 감정 섞인 주장과는 다르다. 북한 정권이 미친개가 아니라, 핵과 비핵화의 수익률을 냉정히 비교할 줄 아는 합리적인 행위자이기 때문에 몽둥이(봉쇄)가 유효하다는 논리다. 북한에 대한 대중의 분노와 봉쇄론의 제안은 출발점이 전혀 다르지만 비슷한 결론에서 만난다. 여론전에서 봉쇄론이 관여론에 더 자주 승리하는 이유다.

박근혜 대통령의 2월 16일 국회 연설은 의미심장하다. 이날 대통령은 "기존의 방식과 선의로는 북한 정권의 핵 개발 의지를 꺾을 수 없고, 북한의 핵 능력만 고도화시켜서 결국 한반도에 파국을 초래하게 될 것이다. 이제는 북한을 실질적으로 변화시키기 위한 근본적 해답을 찾아야 하며, 이를 실천하는 용기가 필요한 때이다"라고 말했다. 한 줄 한 줄이 봉쇄론의 기본 노선을 정확히 따르고 있다.

"기존의 방식과 선의로는 북한 정권의 핵 개발 의지를 꺾을 수 없다"는 말은, 관여 정책으로는 북한이 핵을 포기하지 않는다는 봉쇄론의 핵심 논거다. "북한의 핵 능력만 고도화시킨다"는 것은 봉쇄론이 주장하는 협상의 역효과다. "북한을 실질적으로 변화시키기 위한 근본적 해답"은 강력한 봉쇄를 통해 핵의 수익률을 마이너스로 떨어뜨리자는 제안이다. "실천하는 용기가 필요한 때"라는 말은, 봉쇄가 불러올 긴장 고조를 버티고 감당해야만 핵 문제가 해결되리라는 의미다.

봉쇄론이 풀어야 할 두 가지 딜레마

박근혜 정부의 대북 정책은 봉쇄 전략으로 방향을 틀었다. 개성공단 폐쇄는 이 노선에서 보면 당연한 귀결이다. 다음 문제는 봉쇄 전략이 제대로 작동할 것인가이다. 현장 외교관들과 연구자들의 논평을 종합하면, 봉쇄론은 두 가지 딜레마를 풀어야 한다. 하나는 당장 봉쇄 전략을 삐걱거리게 만드는 실질적인 딜레마이고, 또 하나는 잠재적이지만 위험성은 더 큰 딜레마다.

실질적인 딜레마는 중국이다. 봉쇄는 국제사회의 주요 행위자가 모두 동참해야 의미가 있는데, 한국과 미국이 원하는 봉쇄의 수준에 중국이 동참할 가능성이 높지 않다. 중국도 북한의 핵 개발을 반대한다. 하지만 북한 체제의 안정과 한반도의 현상 유지가 더 우선순위가 높은 목표다. 한반도에 대한 중국의 3대 불가 不可 원칙은 '전쟁 불가, 불안정 불가, 핵 불가'인데, 순서가 중요도를 반영하는 것으로 평가된다.

중국이라는 거대한 구멍이 뚫리면서, 이명박 정부 시절부터 봉쇄망은 계속해서 미완성 상태다. 이명박 대통령의 대표적인 봉쇄 정책은 천안함 침몰 이후 등장한 5·24 조치였다. 서울대 경제학부 김병연 교수는 〈신동아〉와의 인터뷰에서 "중국이 존재하는 한 제재의 효과는 매우 제한적이다. 5·24 조치가 북한이 북·중 무역을 통해 로또 같은 외화를 벌던 때다"라고 말했다.

봉쇄론자들도 중국 딜레마를 잘 알고 있다. 박근혜 정부는 출범 직후부터 과도하게 중국에 기울었다는 평을 들을 만큼 대중 외교에 공을 들였고, 올해 신년 기자회견에서는 북한 문제에 "중국이 나서달라"고 이례적인 부탁을 했다. 보수 언론은 중국의 젊은 세대가 김정은의 기괴한 3대 세습에 거부감을 느끼고 있다며, 중국 공산당이 여론을 반영해 대북 외교 기조를 재조정할 수 있다는 기대 섞인 예측을 내놓기도 했다. 하지만 중국과 같은 큰 나라의 전략적 우선순위가 주변적인 이유로 바뀌지 않는다는 것을 박근혜 청와대는 실감하고 있다. 현실은 그 반대에 더 가깝다. 사드 배치 논의로 한·미 동맹이 중국 안보에 위협으로 떠오름에 따라, 중국 처지에서도 북·중 공조의 전략적 가치가 오히려 높아졌다.

두 번째 딜레마는 잠재적이지만 더 뿌리 깊고 더 위태롭다. 봉쇄 전략이 중국 딜레마를 해결하고 제대로 작동했다고 해보자.

이것은 핵을 포기하지 않으면 정권이 붕괴한다고 진지하게 느낄 수준까지 북한을 몰아붙이는 데 성공했다는 의미다. 하지만 핵이 북한 정권의 생존과 직결되어 있다는 것이야말로 봉쇄론의 핵심 가정이었다. '핵의 마이너스 수익률' 상황에서 북한 정권이 어떤 선택을 하든 생존 확률이 낮다면, 그런 북한이 이판사판의 자해적 무력 공세를 하지 않으리라는 보장을 어디서 얻을 수 있을까. 안보 전략은 한반도 전쟁 방지라는 대전제를 만족해야 한다.

물론 북한 정권이 전면전을 택할 경우 의심의 여지 없이 멸망한다. 북한과 한·미 동맹의 전력 격차는 압도적이다. 따라서 아무리 고강도로 압박을 받더라도 북한은 생존 확률이 0%인 전면전보다는 굴복을 택하는 것이 '합리적 선택'이다. 봉쇄론은 북한의 이 '합리적 선택' 덕분에 전쟁 방지라는 대전제를 통과하는 것처럼 보인다.

그런데 도대체 얼마나 '합리적'이어야 이런 선택이 가능할까? 서울대 국제대학원 이근 교수는 이런 비유를 들었다. "죽고 싶지 않으면 팔다리 넷을 자르라고 나보다 훨씬 센 누군가 요구하면, 덤비기보다 팔다리를 자르는 게 '합리적'이기는 하다. 하지만 이미 쿠바 미사일 위기를 다룬 그래엄 앨리슨의 『결정의 엣센스』가 밝혀두었듯이, 전쟁 위기에서의 집단 의사 결정에 이런 수준의 합리성을 기대해서는 안 된다."

고도의 긴장 상황에서 합리성은 대단히 취약하다. 지도자의 순간 오판은 물론이고 심지어 기계 오작동으로도 어처구니없이 붕괴할 수 있다. 냉전 시절이던 1983년, 소련의 미사일 경보 체계가 경보를 울렸다. 미국이 대륙간탄도미사일을 소련을 향해 발사했다는 신호였다. 이럴 경우 소련은 즉각 핵 보복 공격을 하도록 정해져 있었다. 미·소 핵전쟁이다. 만약 당시 경보 기지 책임자 스타니슬라프 페트로프가 시스템 결함과 경보 오작동 쪽에 베팅하지 않았다면, 1983년이 인류 역사의 마지막 해였을 수도 있다.

첫 번째 딜레마가 중국의 전략적 우선순위가 바뀌거나 하는 등 상황 변화로 해소될 수도 있는 것이라면, 두 번째 딜레마는 봉쇄론 자체에 내재해 있다. 핵이 북한 정권을 지탱하는 기둥인데도 핵 포기를 고려하게 할 만큼 북한을 압박하려면 봉쇄의 강도가 극적으로 강해야 한다. 생존 위기에 몰리고도 북한이 전쟁을 택할 가능성이 없다는 가정은, 북한 정권이 고도의 긴장 국면에서 모든 손익을 정확히 계산하고 그 결과를 오차 없이 집행할 만큼 '비현실적으로 합리적'일 때 성립한다. 그것도 젊고 경험 부족한 김정은 체제가 그렇게 해낼 것이라고 가정해야 한다. 이 정도면 고무 찬양이다.

〈2016년 3월〉

●

봉쇄론의 가정은 북한 정권이 비현실적으로 합리적일 때 성립한다.

이 정도면 고무 찬양이다.

봉쇄론을 지지하는 여론과 전문가들은 같은

결론에 도달하지만 거기까지의 과정은 정반대다.

여론은 "미친개에는 몽둥이"를 선호하지만,

봉쇄론 이론가들은 합리적 선택 모델의 결론으로

봉쇄론을 도출한다. 이 괴리를 보수는 제대로 설명하지 않고

이용해왔다. 냉전 보수주의의 지배력은 그렇게 유지되어왔다.

그리고 이제 그 얼버무림의 대가를 치르는 중이다.

새 시대의 첫차가
출발했다

정권 교체 그 이상의 거대한 변화가 반쯤 시작됐다. 한 세대 후의 연구자들은 2017년 대통령 선거를 1987년 대선 이후 가장 중요한 대선으로 기록할지 모른다. 30년 묵은 한국 정치의 문법이 근본적으로 재구성되고 있다.

유권자의 투표 행태는 늘 요동치는 것처럼 보이지만 의외로 지속성과 복원력이 강하다. 한번 정착한 기본 구도는 여간해선 바뀌지 않는다. 1987년 민주화 이후 첫 대선과 1990년 3당 합당을 거치면서, 한국 정치는 지역 구도를 바탕에 깐 진보·호남당과 보수·영남당의 경쟁으로 고착됐다. 이처럼 기본 구도를 짜는 선거를 정치학자들은 '정초 선거founding election'라고 부른다.

2017년 대선이 특별한 이유가 여기에 있다. 한국 정치의 기본 구도를 다시 재편하는 정초 선거가 될 가능성이 보인다. 보수 블록이 구조적으로 쪼개지고, 쪼그라들었다. 보수를 대표했던 자유한국당 홍준표 후보는 득표율 24%를 기록했다. 막판 그의 상승세 탓에 '선전했다'는 착시가 일어났지만, 결과만 놓고 보면 보수 정당 역사에 유례가 없는 참패다. 바른정당 유승민 후보(6.8%)의 득표율을 합해도 보수 후보가 얻은 표는 30.8%다. 민주화 이후 최악의 성적표다.

물론 박근혜 대통령 탄핵 사태의 충격파는 중요했다. 하지만 박근혜 게이트 이전인 2016년 4월 총선부터 이어지는 구조적인 유권자 지형 변동이 참패의 바탕에 깔려 있다. 수도권의 자산 소유 보수표, 영남 보수 연합의 한 축인 부울경(부산·울산·경남), 장·노년 보수 동맹의 한 축인 50대, 이 세 축이 동시에 흔들렸다.

이번 대선에서도 자산 소유 보수표와 부울경과 50대의 이탈 흐름은 바뀌지 않았다. 자산 소유 보수표의 아성인 서울 강남구에서 보수의 득표율은 2012년 대선 60.1%에서 2017년 대선 26.8%로 빠졌다. 부산은 59.8%에서 32%로 주저앉았다. 세대별 득표율은 개표 결과만으로는 알 수 없으므로, 50대 지지 성향은 출구 조사 결과를 사용했다. 62.5%가 26.8%로 추락했다. 자유한국당은 60대 이상 노인과 대구·경북의 정당으로 고립되고 있다.

● 2012년 대선과 2017년 대선 득표율
(출구 조사 예측치)

■ 2012 박근혜　　■ 2017 홍준표

	서울 강남구	부산	50대
2012 박근혜	60.1%	59.8%	62.5%
2017 홍준표	26.8%	32%	26.8%

　이것은 분명 심대한 지형 변화다. 그렇다면 2017년 선거는 정초 선거인가? 일단 자격은 갖췄다. 하지만 당장은 확정할 수 없다. 미국 선거 연구에서 가장 대표적인 정초 선거는 1932년 대선이다. 민주당의 프랭클린 루스벨트가 오랜 공화당 시대를 끝내고 민주당 시대를 열어젖힌 첫 선거다. 1932년 대선 이후 민주당은 1964년 대선까지 아홉 번 중 일곱 번을 이겨 백악관을 독점하다시피 했다. 하지만 유권자 지형이 일시적으로 흔들렸는지 구조적으로 재편성되었는지는 시간이 지나야 알 수 있다. 1932년 선거의 구조 변동이 '뉴딜체제'라는 이름을 얻은 것은 한참 후다.

　2007년 한국 대선은 중요한 반례다. 이 대선에서 정동영 후보(당시 대통합민주신당)는 26.1%를 얻어, 48.8%를 얻은 이명박 후보(당시 한나라당)에게 참패했다. 2017년 대선과 좌우만 뒤바뀐 판박이다. 2007년 대선은 한국 정치의 기본 구조가 압도적 보수

우위로 재편되는 입구처럼 보였다. 하지만 이명박 정부는 집권 초기 실정과 무리한 강경 드라이브로 개혁·진보 유권자 블록을 되살려주었다. 불과 2년 6개월 후인 2010년 지방선거에서 민주당이 승리를 거두며 기존 구도가 고스란히 복원된다.

그러므로 한국 정치의 미래에 결정적 질문은 이것이다. 문재인 대통령은 루스벨트의 길과 이명박의 길 중 어느 곳을 향하게 될까? 유권자 지형의 구조 변동을 안착시켜 '뉴딜체제'를 완성해낸 루스벨트의 길을 간다면, 훗날 2017년 대선은 정초 선거로 평가받게 된다. 무너진 상대 진영을 재건시켜주는 이명박의 길을 간다면, 2017년 대선은 마치 2007년 대선이 그랬듯 단순한 막간극이 된다. 구조 변동의 징후는 분명하다. 이를 포착해 키워내느냐 혹은 과거 지형으로 복원시키느냐는 정치 지도자들의 역량에 달려 있다.

자유한국당은 '복원'을 노린다. 어떻게든 기존 구도로 돌아가야만 자유한국당에 미래가 있다. 포석은 벌써 시작됐다. 첫째, 기존 양당 구도를 복원하려 한다. 둘째, "적폐 청산이냐 협치냐"라는 양자택일의 질문으로 집요하게 새 정부를 가두려 한다.

첫째 포석부터 보자. 홍준표 후보는 대선 이틀 후인 5월 11일 선거대책위원회 만찬에서 이렇게 말했다. "호남 1·2중대(민주당과 국민의당)는 통합될 것이다. 자유한국당과 민주당은 대립이 더 극심해질 거다. 자기들 마음대로 하도록 절대 안 놔둔다." 거대 여당의 등장을 경계하는 듯한 말이다. 하지만 맥락은 오히려 둘의 통합을 기대하는 의미에 가깝다.

민주당과 국민의당이 통합하면, 바른정당은 독자 생존도 어렵고 연대·연합 정치의 공간도 좁아진다. 바른정당이 자유한국당으로 돌아올 가능성도 따라서 높아진다. 기존 양당 구도로의 복원력이 작동한다. 그래서 홍 후보의 본심을 더 잘 보여주는 말은 만찬 이후 기자들에게 한 이 발언이다. "바른정당은 없어진 것과 같고, 국민의당도 (곧) 없어진다. 정의당은 기생 정당이다. 어차피 양강 구도다." 양강 구도가 복원되면 보수 정당은 지금 빠져 있는 함정인 '극단화의 딜레마'를 해결할 수 있다. 지지 기반이 좁아질수록 극단파가 득세하고, 극단파가 득세할수록 지지 기반은 더 좁아진다. 이 악순환이 탄핵 이후의 자유한국당을 끊임없이 옥죄고 있다. 양당 구도의 복원 및 바른정당과의 통합은 당의 무게중심을 가운데로 옮겨준다.

문재인 대통령은 '재편'을 노린다. 기존 양당 구도의 복원은 재편의 가능성을 떨어뜨린다. 민주당·국민의당 통합은 쉽게 상상하고 시도해볼 만한 선택지다. 입법부 의석 부족에 시달릴 새 정부에게는 특히 매력 있다. 하지만 이 경로는 집권당과 보수 야당을 동시에 강하게 만들 수 있다. '재편'보다는 '복원'에 더 기울 수 있다.

보수가 놓은 두 번째 포석은 더 미묘하고 까다롭다. 대선 결과가 나온 직후부터 보수 블록은 "적폐 청산이냐 통합이냐"라는 양자택일의 질문을 쏟아내고 있다. 대선 다음 날인 5월 10일 자 〈조선일보〉가 전형을 보여준다. '적폐 청산 매달리면 협치는 물 거품'이라는 제목의 논설고문 칼럼에서 〈조선일보〉는 새 정부가 적폐 청산을 내려놓고 협치 노선을 골라야 한다고 썼다. 5월 12 일에는 자유한국당 논평이 이 양자택일 질문을 이어받았다. 문 재인 대통령이 이날 역사 교과서 국정화를 철회하고 5·18 기념 식에서 〈임을 위한 행진곡〉을 제창하도록 결정하자, 자유한국당 은 "통합과 협치의 시대정신에 반한다"고 논평했다.

보수의 가짜 질문, "청산이냐 통합이냐"

양자택일형 질문은 보수의 꽃놀이패다. 문 대통령이 '협치'를 택하면서 개혁 의지를 꺾는다면, 보수는 개혁을 저지하는 데 성 공하고 문재인 정부의 핵심 지지층은 이반한다. 반대로 문 대통 령이 '적폐 청산'을 택한다면, 그때는 "통합과 협치의 시대정신 에 반한다. 대통령이 결국 지지자들만의 대장으로 돌아갔다"며 반대파를 결집한다. 선명한 단일 전선이 복원된다. 양자택일형 질문을 받았을 때 "적폐 청산이 우선이다"라고 정면으로 받아치 는 것이 핵심 지지층의 입맛에는 맞다. 하지만 이 경로가 문재인 대통령 처지에서 그럴듯하지 않은 것은, 단호한 태도와 달리 보수에게 그리 나쁜 결과로 이어지지 않기 때문이다.

그런데 보수의 이 양자택일형 질문은 일종의 '가짜 질문'이라고 전문가들은 지적한다. "적폐 청산이냐 통합이냐"는 양자택일 자체가 허구라는 의미다. 왜 그럴까?

정치 세력이 첨예하게 부딪치는 쟁점에도 두 종류가 있다. 문재인 대통령이 지시한 역사 교과서 국정화 철회는, 일부 보수 블록이 강하게 저항하지만 일반 유권자 사이에서는 철회 찬성으로 사실상 합의가 끝난 이슈다. 2016년 12월 1주 차 한국갤럽 정례 조사에서 교과서 국정화 찬성 여론은 17%, 반대 여론은 67%였다. 검찰·국정원 개혁, 박근혜 게이트 진상 규명, 세월호 의혹 해소 등도 비슷하게 합의가 끝난 이슈다. 대선 과정에서도 홍준표 후보를 제외한 주요 후보들 사이에 사실상 이견이 없었다.

그러므로 이런 이슈에서 문재인 대통령은 '공격적 통합'이라는 제3의 선택지를 손에 쥘 수 있다. 합의 기반이 넓은 이슈를 다루는 전장에서는 과감한 공세가 통합을 오히려 촉진한다. 거기에 동의하는 유권자 기반이 탄탄해서다. 그래서 양자택일의 질문 자체가 성립하지 않는다. 이 선례를 가장 잘 보여준 전임자가 김영삼 전 대통령이다. 김 전 대통령은 취임 직후 군대 내 사조직 청산과 금융실명제 등 지지 기반이 아주 넓은 초대형 개혁 의제를 거칠게 밀어붙였다. 저항은 시끌시끌했지만 통합은 붕괴

되지 않았다. 취임 1년 차 지지율은 80%를 넘나드는 기록적인 수준이었다.

반대로 사회경제적 이해관계가 첨예하게 부딪치는 이슈도 있다. 예를 들어 최저임금 인상 문제는 저임금·취약층 노동자와 영세 자영업자의 이해관계가 날카롭게 충돌한다. 조세 개혁, 복지 자원 배분, 연금 개혁 등도 속성이 비슷하다.

진짜 갈등 이슈에서도 "청산이냐 통합이냐"는 양자택일은 역시 성립하지 않는다. 진짜 갈등 이슈를 적폐 청산하듯 밀어붙이기는 사실상 불가능하다. 박근혜 정부조차도 공무원 연금 개혁과 같은 진짜 갈등 이슈에서는 입법부와 이해 당사자 등과의 조율 과정에서 상당한 양보를 할 수밖에 없었다. 진짜 갈등 이슈야말로 통합 외에는 해결할 길이 없다. 보수가 취약할 대로 취약해진 문재인 정부에서도 사정은 마찬가지다. 진짜 갈등 이슈를 힘으로 돌파하려는 순간, 보수가 간절히 원하는 '선명한 전선'이 복원된다.

이렇게 해서 그야말로 정치가 힘을 발휘할 공간이 열렸다. 문재인 대통령은 옛 전선을 복원하지 않고 다당제를 다루는 정치력과, "청산이냐 통합이냐"는 '가짜 질문'을 뛰어넘는 정치력을 요구받고 있다. 두 전선에서 문 대통령의 과제는 자유한국당이 노리는 '복원'을 저지하고, 개혁·진보 우위로 '재편'되어가는 새로운 정치 지형을 굳히는 것이다. '루스벨트의 길'이다.

● 5월 10일 문재인 대통령이 국회 본청 로텐더 홀에서 열린 취임 선서 행사에 참석하기 위해 자리로 향하고 있다. ⓒ 사진공동취재단

　이 도전에 성공을 거둔다면 2017년 대선의 의미는 정권 교체를 훌쩍 뛰어넘게 된다. 2017년 대선은 새로운 정치 지형이 탄생하는 첫 선거, 후대의 논평자들이 '2017년 체제의 탄생'이라고 부르는 선거가 될 가능성이 열려 있다. 물론 반대로 정치체제 특유의 강고한 복원력이 작동할 가능성도 얼마든지 있다. 보

수 정치권의 사정에 밝은 한 전직 국회의원은 "자유한국당의 컨틴전시 플랜(비상 계획)은 문재인이다"라고 말했다. 문 대통령이 기존 양당 구도를 복원해주는 '이명박의 길'을 가리라 기대하고, 그리되도록 유인한다는 의미다.

이런 특별한 시기에 지도자가 되는 행운은 대통령이라고 해도 누구나 누릴 수는 없다. 대통령 문재인은 '새 시대의 첫차'가 될 수 있는, 진정으로 드물고 중대한 기회에 그 자리에 올랐다.

〈2017년 5월〉

●

30년 묵은 한국 정치의 문법이 근본적으로 재구성되고 있다.

이 문장은 일종의 베팅이다. 내 느낌에 나는 소수파다.

정치권 경력이 긴 취재원일수록

정치 구도의 '원상 복귀' 가능성을 높게 본다.

그럴 수도 있다. 한두 번 선거야 요동칠 수 있어도,

바탕에 깔린 유권자 지형이란 그리 쉽게 바뀌지 않는다.

그럼에도 불구하고, 나는 구조 변동의 가능성만은

촛불체제가 열었다고 생각한다.

3부

진보가 지나온 터널

익숙한 패배 뒤로 익숙한 반성이 쏟아졌다.
하나같이 어디선가 한 번쯤은 들어본 얘기다.
2004년 총선 승리 이후 연전연패의 역사가 10년 동안 쌓인 탓에
반성도 일종의 습관이 되었다.
이제는 야당이 질 때 나오는 얘기 중에 새로운 건
'좌클릭이 패인', '우클릭이 패인'밖에 없다는
자조 섞인 우스개마저 들린다.

그곳에선 모두가
노무현이었다

운구차는 좀체 마을을 빠져나가지 못했다. 이제는 조문객이라기보다는 차라리 마을 주민처럼 보이는, 길게는 일주일째 봉하마을에 눌러앉아 떠날 줄을 모르는, 하나같이 피로에 전 얼굴의 지지자들이 운구차를 둘러싸고 노래를 부르기 시작했다. 5월 29일 새벽 6시. 막 발인을 끝마치고 영결식을 위해 서울로 향하려던 때였다.

〈임을 위한 행진곡〉이었다. 누군가에게는 애국가를 대신했던 노래, 2004년 17대 총선 당선자들과 노무현 당시 대통령의 청와대 만찬에서 나왔다는 그 노래다. 일국의 대통령이 마지막 가는 길에 '공식적인' 애국가 대신 거리의 노래인 〈임을 위한 행진곡〉을 띄우며, 지지자들은 "내 인생 단 하나의 대통령"을 떠나보

● 서거 다음 날인 5월 24일 오후, 거짓말처럼 소나기가 쏟아졌다. 한 시간 동안 퍼부은 비를 맞으며 많은 조문객이 같은 생각을 하지 않았을까. ⓒ 빈소사진공동취재단

냈다.

　박자도 음정도 어지간히 엉망이었다. 후렴구 가사가 들리기 전까지는 무슨 노래인지도 알기 힘들었다. 군데군데 흐느낌이 뒤섞여 의도치 않게 돌림노래가 돼버렸다. 노무현을 떠나보내려 6박 7일을 함께한 봉하마을의 조문객은, 노래 못 부르는 것마저 그렇게 노무현을 빼닮았다.

이 시대의 제사장들이 다시 예수를 죽였다

노무현 전 대통령 서거 이후 일주일간, 봉하마을은 그런 공간이었다. 마을 입구 삼거리에서 2킬로미터 남짓한 거리를 걸어서 들어가는 길은 낮이면 만장이 펄럭이고, 밤이면 촛불이 끝도 없이 늘어서는 순례길이었다. 그 길 끝에 '순교자'가 있었다. 한 조문객은 방명록에 "이 시대의 제사장들이 다시 예수를 죽였다"고 썼다. 초지일관한 지지자든 한때 그에게서 등을 돌렸던 이든 간에, 순례길을 걸어 봉하마을에 들어서면 거짓말처럼 노무현이 됐다. 특권을 혐오했고, 권력과 언론과 싸우는 걸 마다하지 않았고, 좌우 모두와 척을 졌다. 필요하면 언제나 자발적 참여로 대응했지만, 신념이 지나쳐 때로 거칠기도 했고, 개인에 대한 애정과 민주주의의 염원을 뒤섞기도 했다. 장점과 단점을 가릴 것 없이, 과연 '노무현스러웠다'.

'비주류 정체성'은 정치인 노무현과 그 지지자를 이어주는 가장 확고한 코드다. 빈소 맞은편에 설치된 대형 스크린. 빈소에서 노무현을 보내고 돌아선 조문객들은 촛불을 들고 스크린 앞에서 다시 그를 마음에 담는다. 그렇게 순례가 완성된다. 늦은 밤, 삼삼오오 모여든 100여 개 촛불을 상대로, 스크린 속 노 전 대통령이 특유의 사투리 억양으로 사자후를 토했다. "조선 건국 이래로 600년 동안 우리는 권력에 맞서서 권력을 한 번도 바꿔보지 못했고, 비록 그것이 정의라 할지라도, 비록 그것이 진리라 할지라도 권력이 싫어하는 말을 했던 사람은, 진리를 내세워서 권력에 저항했던 사람은 전부 죽임을 당했습니다." 거리의 투사가 했을 법한 얘기지만, 대선 후보 시절 노무현의 연설이다. 마치 선거 유세장처럼 "옳소!" 하는 외침과 박수 소리 사이로, 여기저기서 새어나오는 흐느낌이 기묘하게 교차한다.

노 전 대통령의 '정치적 경호실장' 유시민 전 장관도 영상 속에서 한마디 거든다. 역시 2002년 대선 당시다. "민주 세력의 적자라는 운동권 출신들이 왜 노무현을 무시할까? 솔직히 말하면, 노무현이 대학을 안 나왔기 때문이다. 그들 운동권도 주류다." 또다시 열광적인 박수. '주류'라고 부르는 순간, 적과 아군이 명확해진다.

대학 안 나오고, 영남 출신으로 '호남당'에 몸담고, 그 호남당 깃발 틀어쥔 채 부산에서 '맨땅에 헤딩'을 하고, 야당 내에서조차 변방이었던 노무현은 '비주류'라는 이름으로 조문객에게 '나의 대통령'이 됐다. 창원에서 개인 사업을 하다가 "요즘은 그냥 논다"는 이상건 씨(51세)는 물통에 옮겨 담은 소주를 기자에게 권했다. 여기 와서는 하루 세 병을 마셔도 술이 취하지 않는다며 하소연이다. 그는 서거 당일부터 일주일째 봉하마을에서 아무렇게나 구겨져서 밤을 보냈다. "나도 경기고 나오고 서울대 나와서 우리 사회의 밑알이 되고 싶었고, 그게 안 돼서 큰일을 못하는

● 봉하마을 입구 노사모 회관에 걸린 노무현 전 대통령에게 보내는 편지 글들.

건 줄 알았다. 그런데 노 전 대통령은 그런 거 없이도 해냈다. 지난 100년에 저런 분 없고, 앞으로 100년 동안도 없을 거다. 그러니 이렇게 서민들, 없는 사람들이 몰려오는 거 아닌가." 거의 울먹거리며 말하던 이씨는 빈 물통에 다시 소주를 채우며 나를 한참이나 놓아주지 않았다.

봉하 3적, MB·검찰·언론

이들에게 노 전 대통령 서거는 '비주류의 상징을 기득권 동맹이 살해한 사건'이다. 이명박 정부가 기획하고 검찰이 각본을 썼으며 언론이 집행을 했다. MB·검찰·언론은 '봉하 3적'이었다. "미안하다"는 정서는 그래서 나온다. '내가 죽였다'는 수세적 회한이라기보다는, '저들로부터 지켜주지 못했다'는 공세적 자책에 더 가까운 '미안함'이다. 한명숙 공동 장례위원장도 5월 29일 영결식 조사에서 "지켜드리지 못해 죄송합니다"라며 원문에도 없던 표현을 덧붙였다.

서울에서 일하는 직장인 차영진 씨(37세)는 5월 26일 저녁 7시 버스로 봉하마을까지 내려왔다가 2시간만 머물고 서울로 올라가는 일명 '12시간 셔틀버스'에 몸을 실었다. 직장인에게는 더없이 빡센 코스인데도 지원자가 몰려 주최 측이 버스를 급히 늘

릴 정도였다. 차씨는 "산소가 있는 곳에서는 산소의 고마움을 몰
랐다. 노무현을 지키지 못한 우리 탓이다. 버스 안에서는 '누가
죽인 건지는 다 아는 거 아니냐'는 말이 많이 나왔다"고 말했다.
노무현을 대통령으로 만들었고, 지금은 "잊지 않겠다"며 칼을
가는 30~40대 화이트칼라 앞에, 노 전 대통령의 유서까지 인용
하며 화해를 외치는 보수 언론의 프레임은 먹혀들 여지가 없어
보였다.

기득권 세력의 협공에 '내 대통령'을 잃었다는 슬픔은 가장 격
앙된 첫 이틀간의 절규로 터져나왔다. 이틀간 곳곳에서 고성이
오가고 몸싸움이 벌어졌다. 서거 당일인 5월 23일, 한 조문객은
방송 카메라에 대고 거칠게 항의하다, 이를 만류하는 배우 문성
근을 붙잡고 "오늘 하루만 카메라를 치울 수 있는 거 아니냐. 아
버지를 잃은 사람들한테 이게 무슨 무례냐"라며 통곡을 했다.

언론은 특히 분노의 표적이었다. 배우 명계남은 "조선·동아
기자들 내 눈에 띄지 마라" 하고 절규했다. 노사모(노무현을 사
랑하는 사람들)는 장내 방송을 통해 조·중·동 기자의 프레스카
드 번호를 공개하기도 했다. 하지만 '적'은 조·중·동만이 아니
라 언론 자체였다. 조문객들은 임시로 마련된 야외 기자실을 둘
러싸고 "자기들끼리는 누가 조·중·동 기자인지 알면서 감싸주
는 거다. 다 똑같은 것들이야!"라고 목소리를 높였다. "한겨레·
경향이 뭘 잘했는데? 어차피 검찰 얘기나 받아서서 '노짱' 죽인

건 똑같다"는 말이 곳곳에서 나왔고, 한 온라인 진보 매체 기자는 조문객이 던진 생수통에 물벼락을 맞았다. 곳곳에서 벌어지는 방송사와 조문객의 승강이는 너무 잦아서 나중에는 취재진의 관심조차 받지 못할 지경이었다. 임기 막판, 기자실 폐쇄 문제를 두고 모든 언론과 전쟁을 벌이던 노무현 전 대통령의 모습을, '봉하의 노무현들'은 기억하고 있었다.

정치인은 여야와 좌우를 가릴 것 없이 불신의 대상이었다. 조문객들은 좌우 양쪽에서 공격을 받던 '비주류 대통령' 노무현에게 한껏 감정이입을 했다. 제도화된 정당보다 '노무현'이라는 압도적인 캐릭터에 이끌려 정치의 장으로 들어선 노무현 지지자들은, 그 정치적 동원의 통로가 어느 날 사라진 이후 분출구를 찾아 헤매는 거대한 에너지 덩어리가 되어갈 전망이다. 모든 정당, 모든 정파가 욕을 먹거나 쫓겨났던 봉하마을의 지난 일주일은 그 단초를 보여준다.

한나라당 인사는 물론이고 현재는 당적이 없는 김형오 국회의장도 조문을 거부당했다. 대선 후보 시절 '노무현 색깔 지우기'에 앞장섰던 정동영 의원은 민주당 출신이면서도 입구에서 막혔다. 첫날 봉하마을을 찾은 정세균 대표 등 민주당 조문단은 저지당하지는 않았지만 쓰레기 세례와 함께 "배신자!"라는 외침을 들었다. 진보 정당이라고 예외는 아니었다. 노회찬 대표 등 진보신당 조문단은 큰길을 통과하지 못하고 "뒤로 돌아가!"라는 조문객의 외침에 밀려 인파 뒤편으로 돌아서 들어가야 했다. 딱 조문까지만 간신히 허락해준 셈이다. 이들의 뒤통수에 "너거도 노무현이 때가 좋았던 거 인제 알겠제?"라는 야유가 날아들었다.

그러나 역시 가장 큰 증오의 대상은 이명박 대통령이었다. 이대통령이 보낸 조화는 마을을 들어서기도 전에 산산조각이 나서 불탔고, '살인자 이명박'이라고 쓰인 손팻말과 메모가 봉하마을을 빙 둘러치다시피 했다. 고인의 유언 중에서도 "원망하지 마라"는 말 앞에서만은, "죄송합니다. 그렇게는 못하겠습니다"라고 말하는 조문객이 대다수였다.

내가 말하는 게 노무현 정신 아닙니까?

빈소 주위에서는 또 다른 소란이 자주 벌어졌다. 명사들이 차례를 기다리지 않고 새치기를 할 때다. 봉하의 노무현들은 이런 사소한 특권도 용납하려 하지 않았다. 서거 이틀째인 5월 24일 오후, 한 조문객이 줄을 건너뛰고 조문하려는 명사를 보며 분통을 터뜨렸다. "왜 새치기를 합니까? 이 많은 사람이 다 줄을 서서 기다리고 있는데!" 장례 진행 요원이 저지하자 그는 더 목소리를 높였다. "왜 말리는데요? 내가 말하는 게 노무현 정신 아닙니까?" 아마도 그는, "반칙과 특권이 용납되는 시대는 이제 끝나야 합니다"라고 했던 노 전 대통령의 2003년 대통령 취임사를 떠올렸는지도 모른다.

3시간을 기다려 300명이 한꺼번에 30초만 조문해도 불평 한마디 하지 않고, 노사모 사무국장은 단 15분간의 대화 와중에도 밀려드는 지원 물품을 처리하느라 두 번이나 자리를 비우며, 운구차가 빠져나간 직후 눈물도 채 닦지 못한 조문객이 마을 광장에 버려진 노란 종이비행기를 치우는 곳. 대통령 개인의 매력에 대한 지나칠 정도의 확신과 대중의 자발성에 대한 대책 없을 정도의 신뢰가 교차하는 곳. "우리가 정의"라는 강력한 자기 확신이 유발하는 명과 암을 동시에 보여주는 곳. 지난 한 주간의 봉하마을은 아주 많은 사람이 운영하는 아주 작은 참여정부였다. 그곳에는 노무현 100만 명이 있었다.

〈2009년 6월〉

●

그곳에는 노무현 100만 명이 있었다.

노무현의 균형 VS
이명박의 선택과 집중

현대사의 한가운데를 꿰뚫던 이야기가 마지막 순간에 돌연 한 시골 마을로 쪼그라든다. 3당 합당에 분노하고 정권 교체에 열광하며 결국에는 그 자신 대통령이 된 이 정치인은, 자서전의 마지막 장에서 난데없이 하천 청소니 오리농법이니 숲 가꾸기니 하는 소소한 이야기를 한참 늘어놓는다. 기묘한 위화감. 별개의 이야기가 맥락 없이 섞인 듯한 어색함. 그가 몇 달 뒤 검찰의 전방위 압박에 끝내 자살을 택한다는 사실을 아는 독자에게 이 마지막 장은 한가한 느낌마저 준다. 노무현 전 대통령의 기록과 육성을 모아 사후 출간한 자서전 『운명이다』의 마지막 장은 그렇게 묘하게 읽힌다.

'최후의 노무현'은 두 가지 모습으로 기억된다. 하나는 진보

사상가 노무현이다. 국가의 구실이 무엇인지를, 진보 진영은 국가를 어떻게 운영해야 하는지를 고민했다. 또 다른 하나는 농촌 운동가 노무현이다. 고향으로 돌아간 그는 마을 하천을 청소하고 특산품 차를 심었으며, 논에 오리와 우렁이를 풀어 무농약 농법을 시도했다. 그가 무슨 생각을 했든, 은퇴한 정치인의 좀 별난 취미 생활 정도로 받아들여졌다. 직접 농사를 짓고 일꾼들과 막걸리를 나누는 사진이 돌며 인터넷에서 '노간지'로 칭송을 받기는 했지만, 그게 다였다.

정말 그게 다였을까. 그렇게 '두 개의 노무현'이 있었을까. 서거 1주기를 2주 앞둔 5월 10일, 1년 만에 다시 경남 김해 봉하마을을 찾았다. 노 전 대통령과 오리 캐릭터가 그려진 방앗간이 새로 생긴 게 먼저 눈에 띈다. 2008년에 처음 출시해 화제가 되었던 봉하 오리쌀과 우렁이쌀 도정을 위해 만들어졌다. 첫해 2만 4,000평으로 시작한 친환경 농지는 지난해에는 봉하마을 논 전체가 참여해 24만 평으로 10배 늘었다. 인근 마을에서도 동참 의사가 폭주해 올해는 마을 세 곳에서 시범 지구로 8만 평을 더 늘렸다. 봉하마을 친환경 농업은 이제 32만 평 논에서 농민 97명이 함께하는 꽤 큰 덩치가 되었다. 고인에 대한 의리 때문만은 아니다. 공공 비축미 수매가에 견주어 벌이가 1.5배쯤 나은 덕이기도 하다.

이를 총괄 지휘하는 사람이 영농 법인 봉하마을 김정호 대표다. 청와대 기록관리비서관 출신인 그는 대학 시절 농촌활동을 가서도 거머리가 무서워서 논에 안 들어가던 '도시 촌놈'이었다. 그런 그가 노 전 대통령의 농업 프로젝트를 덜컥 맡았다가 "이 제는 도망갈 수도 없는 처지"가 되었다.

김 대표는 농촌 혁신을 꿈꾸던 노무현을 진보 사상가 노무현 과 별개로 보지 않는다. 그가 전하는 '노무현의 구상'은 이런 것 이었다. "대통령은 생태계 회복을 꿈꿨다. 이건 자연 생태계뿐 만 아니라 인문·사회 생태계까지 아우르는 개념이다. 친환경 농 업으로 자연 생태계를 복원하고, 그 기반 위에서 농촌도 잘살 수 있다는 것을 보여준다. 그러면 도시에 있는 손자·손녀가 생태 계가 복원된 농촌으로 놀러오게 되고, 도시에서 은퇴한 이들이 부담 없이 귀농을 택하게 된다. 마을 공동체가 되살아나고 도· 농이 한 묶음으로 연결된다. 대통령은 이 선순환 모델을 꼭 만들 어 보여주고 싶어했다."

권력을 잡고 예산만 쏟아붓는다고 되는 일이 아니었다고 그 는 덧붙였다. "농촌 문제를 두고 '와 안 되노'라고 답답해했던 대 통령은 권력으로 해결되는 일에 한계가 있다고 또 한 번 느낀 것 같다. 문제는 지역사회에 시민적 리더십이 없어 '시동'이 안 걸 린다는 거였다. 대통령은 '그럼 내가 직접 해보지' 하고 생각한 거다." 노 전 대통령의 농촌 운동은 별난 취미 생활이 아니라, 청 와대에서 완성해내지 못했던 구상을 밑바닥에서 구현해 보이려는 '또 다른 진보의 기획'이었다는 얘기다.

'둠벙'은 노 전 대통령이 구상한 생태계의 복원을 상징하는 키워드다. 논에 물을 대기 위해 만드는, 연못보다 작은 물웅덩이를 일컫는 사투리다. 자서전에서 노 전 대통령은 이 둠벙을 농촌 생태계의 핵심 고리로 묘사했다. 수생 곤충과 어류가 봄이 되어 하천을 타고 논까지 들어오고, 논물을 뺄 때나 월동할 때는 둠벙에 숨는다. 하지만 관개시설이 좋아지면서 필요가 없어진 둠벙이 점차 사라졌고, 그에 따라 논과 수생태계의 연결도 끊어져버렸다. 노 전 대통령은 자서전에서 "반드시 둠벙이 있어야 한다. 낙동강 잉어가 저습지와 논으로 들어와 산란하던 옛날의 수생태계를 다시 보고 싶었다"고 썼다. 생전에 다섯 개의 둠벙을 팠고, 그의 사후에 남은 이들이 지금까지 네 개를 더 만들었다.

진보 사상가 노무현, 농촌 운동가 노무현

둠벙이 사라지면 잉어가 논으로 올라오지 못하듯, 순환 고리가 깨지면 균형이 무너진다. 자연 생태계든 인문 생태계든, 혹은 정치 생태계든 원리는 같다. 균형이 깨지면 특정 부문이 웃자라기 마련이고, 이는 나머지 부문의 희생을 전제로 한다. 장기적으로는 전체 시스템의 기능을 떨어뜨리므로 더 비효율적이기도 하다. '균형'이라는 발상은 이렇듯 '생태적'이다. 퇴임 후 가장 가까이에서 노 전 대통령을 지켜본 김경수 전 비서관(현 봉하재단 사무국장)은 "균형은 노 전 대통령의 통치 철학 근저에 깔린 핵심 원리다"라고 말했다. "노 전 대통령은 항상 아이들이 시골에 자주 와야 한다고 했다. 자연의 순환을 보고 자란 아이는 콘크리트 숲에서 자란 아이와 세계관이 다를 수밖에 없다고 늘 강조했다."

이를 엿볼 수 있는 대표적 정책이 국토 균형 발전이다. 대통령 노무현의 진단은 '국토 개발 생태계'의 균형이 무너졌다는 것이었고, 세종시와 혁신도시라는 둠벙을 파서 국토의 균형을 복원하고자 했다.

정치인 노무현에게 필생의 과제는 '정치 생태계'의 복원이었다. 노 전 대통령의 자서전을 보면, 광주항쟁을 정치적 원체험으로 삼는 대부분의 민주화 세대와 달리 그의 정치적 출발점은 1990년 3당 합당인 것처럼 보인다. 자서전에서 노 전 대통령은 3당 합당을 두고 "호남이 정치적으로 고립되었고 영남은 보수 정치 세력의 손아귀에 완전히 들어가고 말았다. 지역 구도가 돌이킬 수 없이 고착화되었다. 이때부터 20년 동안 나는 쉼 없이 싸웠다"고 적었다. 정치인 노무현의 눈에 비친 한국 정치 20년의 모습은 균형이 깨져버린 '불량 생태계'였다. 지역주의 극복, 전국 정당 건설, 영남 개혁 세력 복원과 같은 그의 정치적 표어들은 이런 인식에 뿌리를 두었다.

대통령이 된 후 그는 초대형 둠벙 공사를 시도한다. 독일식 비례대표제나 중대선거구제로 선거제도를 바꾸는 것을 전제로 한 나라당에 대연정을 제안했다. 제도 변화를 통해 지역 구도를 완화해보자는 기대를 건 것이다. "이렇게만 된다면 권력을 한 번 잡는 것보다 훨씬 큰 정치적 진보를 이룰 수 있다"고 기대했다. 하지만 그가 권력을 던지면서까지 이루려 했던 '정치 생태계의 복원'은 실패로 돌아갔고, 이후 정국 운영에 두고두고 부담으로 남았다.

2006년 신년 연설에서 노무현 대통령은 '양극화'를 화두로 제시한다. "대기업과 중소기업 간, 정규직과 비정규직 간, 소득 계층 간 격차가 갈수록 벌어지고 있다"고 우려했다. 한쪽의 희생을 딛고 거둔 다른 한쪽의 웃자람. '경제 생태계'의 균형 역시 무너지고 있다는 신호였다. 역시 사후에 출간된 그의 진보 구상을 담은 『진보의 미래』에서 노 전 대통령은 집요할 정도로 "트리클다운*효과가 실체가 있는가? 어떤 경우에 작동하고 어떤 경우에 작동하지 않는가?"라고 묻는다. 고소득층과 저소득층 사이에 '생태계 순환'이 일어나고 있는가 하는 물음인 셈인데, 그의 결론은 부정적이다.

* 낙수 효과. 감세와 대기업 호황 등으로 고소득층의 소득이 증가하면 그 파급이 저소득층에까지 미친다는 이론.

양극화의 책임 논란에서는 부동산 정책 실패 등의 과오가 있는 참여정부 역시 자유롭지 않다. 노 전 대통령은 『진보의 미래』에서 "분배 정책은 꺼내보지도 못했다. 나중에 선순환, 동반 성장, 비전 2030 등의 정책을 내놓았으나 흐지부지되거나 세금 폭탄이라는 말에 묻혀버렸다"고 자평했다. 이 분야에서 둠벙 공사는 제대로 시도도 못했다는 회한으로 읽힌다.

성공했든 그렇지 않든, 다른 정책 영역에서도 노 전 대통령의 '균형 복원' 시도는 흔히 발견된다. 김종민 전 청와대 대변인은 "대통령이 견제와 균형이 가장 무너진 영역으로 검찰과 언론을 꼽았다"고 말했다. 하지만 언론은 대통령이 나설 주제가 아니라고 봐서 정정·반론 보도 청구와 소송 등 '시민의 권리'만으로 대응했고, 검찰 개혁은 공직자비리수사처(공수처)를 신설하려 했다가 실패로 돌아간 걸 두고두고 아쉬워했다는 것이다. 김경수 전 비서관은 외교·국방 분야에서도 균형에 대한 감수성은 깔려 있었다고 말했다. 동북아 균형자론도 그랬고, 국방 정책 역시 그에 연동하는 것이었다. 노 전 대통령은 손이 닿는 영역마다 둠벙을 팠고, 대체로 실패하거나 후임자에 의해 부정당했다.

"균형이란 아무래도 진보적 개념입니다." 2007년 과학기술인 오찬 간담회에서 노 전 대통령은 이런 말을 했다. 균형이 잡혀 선순환에 들어선 생태계는, '선택과 집중'을 신조로 하는 개발주의와 대척점에 있다. 벼의 증산을 유일한 목적으로 해 생태계의 고리로부터 벼를 떼어내는 기존 농법에 맞서, 농사꾼 노무현은 균형과 생태계 복원을 통한 대안 농업이 농촌을 더 잘살게 할 수 있다는 것을 보여주고 싶어했다. 마치 대통령 시절 하려 했던 것이 이것이었다고 증명이라도 하려는 듯 보였다.

정치인 노무현은 균형을 거부하고 선택과 집중을 요구하는 거대한 조류에 밀려 정치 인생을 마감했다. 핵심 가치가 부정당한 것이다. 2007년 대선에서 그는 500만 표 차 참패를 지켜봐야 했다. 그렇게 들어선 이명박 정부는 세종시 수정안을 들고 나와 균형 발전론을 전면 거부했고, 4대강 사업을 벌여 강 생태계의 균형을 희생시키며 개발주의적 미감을 과시했다. 경제 관료들은 입만 열면 '낙수 효과'를 읊었다. 동북아 균형자론은 '한·미 혈맹'으로 대체되었다. 어느 영역에서나 '균형'은 '선택과 집중'에 자리를 내주었다.

그런 시대를 맞은 사상가이자 농사꾼인 노무현은, 그거 말고 다른 길도 있다고 김해의 한 시골 마을에서 펜과 삽을 동시에 들었다. 따로따로 들 수 있는 것이 아니었다. "정권은 결국 시민의 생각만큼 간다. 시민만 충분히 성장해 있으면 정권은 문제가 아니다"라고 했던 시민 노무현의 마지막 프로젝트, 그 동전의 양면이었다.

〈2010년 5월〉

●

균형이란 아무래도 진보적인 개념입니다.

그리고 더 어려운 개념이기도 하다.

선택과 집중 전략은 투입과 산출이 눈에 보인다.

하지만 균형이 어떻게 더 나은 결과를 만드는지는

눈에 잘 안 보인다.

진보주의자들은 대체로 더 어려운 개념을

설득해야 하기 때문에 더 힘겹다.

진보는 악마에게
진 것이 아니다

한 번으로는 부족했다. 패배 두 번이 필요했다. 1997년 대선에서 졌을 때 보수는 이인제를 탓했다. 제3 후보가 표를 갈라먹는 바람에 일어난, 다시없을 '사고'로 생각했다. 하던 대로 5년을 더 보냈다. "반DJ"만 외치면 다음 대권을 가져오리라 봤다.

그러다 2002년 대선마저 졌을 때, 보수는 내부 혁신을 시작했다. 새로운 리더십을 모색했고, 수도권 40대 중도층을 공략할 전략을 찾아 헤맸다. 두 번째 패배 이후 보수가 만들어낸 카드인 이명박과 박근혜는 차례로 대통령이 되었다.

2012년, 진보가 두 번째 패배를 당했다. 2007년의 패배를 대체로 무력하게 받아들인 진보는, 이후 강력한 반MB 정서에 기대 별다른 혁신 없이도 선거 몇 번을 이겼다. 2012년의 승리는 기정사실로 보였다. 정권 교체 여론은 절반 아래로 떨어질 줄을 몰랐다. 그런데 졌다.

세 가지가 궁금했다. 야권이 패배하기까지 무슨 일이 일어났던 걸까. 이제부터 야권은 무엇을 해야 할까. 앞으로 5년, 박근혜 시대는 어떤 모습일까. 먼저 숙제를 풀어본 이에게 묻고 싶었다. 그래서 윤여준을 만났다.

윤여준. '보수의 장자방'으로 불리던 보수 진영의 대표 전략가. 여의도연구소장을 지내며 한나라당(현 새누리당)의 여론 분석과 선거 전략 시스템을 대폭 업그레이드한 주인공이다.

2002년 보수의 두 번째 패배를 곁에서 지켜본 그가, 2012년에는 문재인 후보 지지를 선언하고 진보의 두 번째 패배를 곁에서 지켜봤다. 이번 대선에서 가장 인상적인 찬조 연설로 선거의 흐름마저 바꿨다는 찬사를 받았지만, 결국 역부족이었다. 왜 졌는지, 두 번을 진 다음에는 무엇을 해야 하는지, 박근혜 시대는 어떤 모습일지, 그만큼 명쾌한 답을 줄 사람도 흔치 않다.

12월 27일 오후 2시. 마주 앉자마자 일흔셋 노정객에게 대뜸 퀴즈부터 냈다.

'멘붕'이라는 말, 혹시 아세요?

그 말 모르는 사람도 있어요? 나를 완전히 구닥다리로 아네(웃음).

대선 끝나고 진보 유권자들의 멘붕이 심하게 왔더라고요. 이들에게 위로 한 말씀 해주신다면?

글쎄… 이것 또한 지나가리라? 하하하. 이를테면 수개표 요구 같은 것도 선거 끝나고 나면 늘 나와요. 2002년에 보수도 그랬어요. 위로받을 길이 없으니까 그런 말이라도 하는 거죠.

선거 결과를 '나와 판단이 다른 동료 시민이 더 많았다'가 아니라 '선이 악에 패했다'로 받아들이는 정서가 있어서 그럴까요?

맞아요. 진보 성향을 강하게 갖는 분들의 문제가 그거예요. 일단 자기는 선으로, 상대는 악으로 놓고 시작한다는 거. 민주주의 사회에서는 선거로 승패가 나는 것이 일상이고 당연한 일인데.

'역사의 후퇴'라는 정서도 많습니다.

어떻게 보면 역사의 후퇴인 건 맞지요. 박근혜 당선자가 어떻게 하는지를 떠나서, 그의 당선 자체가 상대적으로 후퇴라고 보는 것은 이해가 돼요. 그런데요, 한 방향으로 곧게만 진보하는 역사는 없습니다. 큰 틀에서 보면 늘 진퇴를 반복하면서 앞으로 나아가는 거죠.

문재인 후보는 왜 졌을까요?

후보 차원에서는, 품성과 자질을 갖췄으나 '친노'라는 울타리를 뛰어넘는 모습을 보이는 데 실패했다고 봐요. 선거 전략 차원에서는, 후보 단일화 올인 전략이 안철수 사퇴로 모양새가 이상해지면서 어그러진 것으로 봐야겠죠. 진보 진영 차원에서는, 선악 이분법 논리에 빠져 선거를 낡은 이념 대결로 끌고 가버렸어요. 새로운 비전을 제시하는 수권 세력의 모습을 보이는 데 실패했지요.

정치를 '선악 구도'로 보는 관점은 국가의 미래에도 해롭지만, 당장 선거 전략으로도 나쁘다고 보시는 것 같습니다.

상당수 국민은 이미 진보와 보수를 선악 구도로 보지 않아요. 이걸로 충성스러운 지지층은 결집시키지만, '선악 구도'에 동의하지 않는 유권자들은 떨어져나가요. 그러면 선거 못 이기죠. 이번 선거에서 보수는 굉장한 위기감이 있었어요. 이명박 정권에 대한 민심 이반은 극심하고, 앞으로 미래를 기대할 만한 인물도 안 보여요. 그래서 이번에 정권 놓치면 한국 보수가 몰락한다는 위기감이었죠. 오랫동안 한국 사회의 물적 기반을 쥔 세력이 그렇게 똘똘 뭉쳤는데 진보는 중도층을 밀어낸 바람에…. 50만 표만 더 가져왔어도 이기는 거잖아요.

두루 만나보면, 결국 딱 두 개야. 후보는 괜찮은데 친노는 싫다. 후보는 괜찮은데 종북 세력과 손잡은 게 싫다. 이건 이정희 효과죠. 문재인이라는 후보가 불안감을 주는 후보가 아닌데, 중도층에 결과적으로 불안감을 준 것은 선거 전략을 잘못 짠 거라고 봐요.

당 사정을 아는 사람한테 누가 선거를 총괄하냐고 물었더니 잘 모른대. 아니, 대선을 총괄 없이 치르는 게 말이 되느냐 물어도 없다는 거야. 정말로 총괄이 없는 건 상상할 수 없는 얘기고 '보이지 않는 손'이 있다는 건데, 그러면 그가 아무리 유능해도 현장에서 떨어지기 때문에 한계가 생겨요. 납득이 안 가는 구조죠.

텔레비전 찬조 연설에서 "선거를 잘할 후보와 대통령을 잘할 후보 중에서 선택해달라"고 하셨지요? "'박근혜가 안 되는 이유' 말고 문재인을 찍어야 하는 이유'를 이 찬조 연설에서 처음 들었다"는 감상평이 많았습니다.

그것도 연결돼 있어요. 박근혜 후보는 독재자의 딸이니까, '악'이므로 국민이 수용하지 않을 것이니까, 유일한 대안은 야권 단일 후보밖에 없으니까, 단일화를 이루고 '독재자의 딸'만 알리면 된다고 본 것 같아요. 왜 문재인인지, '자기 정립'을 소홀히 한 거죠. '뭐에 반대'만으로는 정권 잡기 어렵습니다. 자신이 뭐라는 것이 확실히 있어야죠.

그가 이번 대선에서 문재인 후보에게 이름만 걸친 것 같지는 않다. 그는 박근혜의 승리를 '상대적 퇴보'로 규정했고, 패인을 복기하면서는 가벼운 안타까움마저 묻어났다. 평생을 보수로 살아온 그는, 진보가 받아든 과제를 어떻게 보고 있을까.

친노 책임론이 나오겠지요?

당연합니다. 과정이 어쨌든 선거에서 진 세력이 책임지는 건 민주주의의 기본이죠.

친노를 대체할 대안 리더십마저 안 보인다는 것도 민주당의 문제 아닐까요?

그래서 지금 민주당이 지도부를 바꾼들 신뢰를 회복하기는 어려워요. 장기전을 말하는데, 그야말로 환골탈태하는 각오 없이는 수권 정당으로 재등장하기 어려워 보입니다. 교조적 진영 논리와 선악 이분법을 벗어나야 하고, 박근혜 정부에서도 분열을 증폭시키기보다는 민생으로 경쟁하는 생활 정치로 가야 합니다.

문재인 전 후보는 어떤 행보를 보여야 할까요?

문 후보가 지기는 했지만 1,470만 표라는 게 간단한 것이 아닙니다. 유난히 치열한 선거여서 후보에 깊이 감정이입한 유권자도 많아요. 그렇기 때문에 문 후보도 지지자에 대한 책임감을 느껴야 합니다. 그런데 정치를 안 하던 분이라서 그런지, 책임감보다는 우선 홀가분해 보이죠? '지지자에 책임지는 자세'를 기준으로 보면, 문재인은 아직도 정치인이 된 것 같지 않아요. 이제 과정에 막 들어선 겁니다.

인터뷰가 있던 그날 저녁, 문재인 전 후보는 박근혜 당선 소식을 듣고 목숨을 끊은 한진중공업 해고 노동자 최강서 씨의 빈소를 찾았다. 문 전 후보는 잇따른 자살 소식에 "정말 몸 둘 바를 모르겠다"고 트위터에 쓰면서 정치인으로서 책임 윤리의 단초를 보여주기 시작했다.

문 전 후보에게 가까이 조언할 수 있는 처지라면, 무슨 주문을 하고 싶으신가요?

대선은 졌지만 국회의원이잖아요? 현실 정치에서 부대끼며, 그 속에서 성장했으면 해요. 총선, 대선 경선, 단일화 협상, 대선 본선을 1년 만에 거치며 엄청나게 압축 성장을 했지만, 지금부터는 현실 정치의 단계를 차근차근 밟아보는 게 좋을 것 같아요. 의정 활동에서 성과도 내보고. 이건 안철수 전 후보도 마찬가지입니다. 어디 보궐선거에 출마하는 것도 방법이에요. 우리나라는 정치하다가 뜻대로 안 되면 왜 외국으로 나가죠? 그것도 이상해.

보수는 두 번 연속 대선에서 이겼습니다. 보수는 2002년 대선 패배 이후로 어떤 준비를 했나요?

딱히 없었어요(웃음). 이를테면 뉴라이트 같은 움직임은 보수 안에서도 신뢰를 못 받았어요. 혹자는 보수 혁명이라는 말도 하는데, 내가 보기에는 과장이에요. 혁명한 게 어디 있어. 여전히 성장주의와 산업화 모델의 연장 아니에요? 보수의 승리는, 그냥 진보가 다 갖다 바친 거지 뭐. 새누리당은 민주당이, 민주당은 새누리당이 서로 편한 거예요. 적대적 공생 관계. 상대가 안 변하니까 나도 변할 필요 없이, 상대가 못하면 반사이익을 보는 구조. 이 구조에 안주하다가 공히 '안철수 현상'을 얻어맞은 거죠.

변하지 않는 양대 정당에 대한 국민의 불신과 분노는 계속 쌓여갑니다. 이 구조가 깨져야 하고, 깨질 수 있다고 봐요. 패배한 야권이 먼저 압력을 받을 것이고, 정치란 상대적인 거여서 야권이 변하면 여권이 따라 변하지 않을 수 없어요. 국회에 유력 정당이 4개 정도가 될 수 있으면 좋지 않겠나 싶어요. 그러려면 선거제도가 크게 바뀌어야겠죠. 직접민주주의 욕구가 강력하게 분출할 겁니다. 이걸 어떻게 제도적으로 수렴·보완하느냐가 절박한 과제입니다. 이게 안 되면 체제가 어떻게 되겠어요?

여기서부터 '보수주의자 윤여준'의 본령이 나온다. 한국 보수의 주류가 금과옥조로 여기는 성장주의를 단칼에 낡았다고 치부하고, 현재의 양당 구도에 근본적 변화가 필요하다고 거침없이 단언한다. 얼핏 보면 강경 진보주의자 같다.

하지만 그가 변화를 말하는 이유는 "이게 안 되면 체제가 어떻게 되겠어요?"라는 말에 집약되어 있다. 진지한 보수의 핵심 화두인 '체제의 지속 가능성'을 그는 늘 고민의 중심에 둔다. 세상이 변했는데 체제가 유지되려면 변화를 한 발 먼저 수용해야 한다. 변화하지 않으면, 체제가 위험하다.

그가 평생을 몸담아온 보수 진영을 떠나 문재인 지지를 선언한 이유도, 그가 박근혜 리더십에서 가장 우려하는 대목도 여기다. 윤여준은 '체제의 지속 가능성'이라는 보수의 관점에서 보았을 때 문재인이 더 나은 옵션이라고 여긴 것 같다. 핵심 키워드는 '공공성'이다.

쓰신 책(『대통령의 자격』)을 보니, MB 정부의 가장 큰 문제로 국가의 공공성을 훼손한 것을 꼽으셨더라고요.

공공성이란 게 결국, 대통령과 정치권과 이런저런 국가기구가 사회의 이해 당사자로부터 얼마나 독립적이냐를 보는 겁니다. 이해 당사자들이 자기들끼리 싸우다가도 국가기구의 결정은 공정하다고 받아들여야 하지 않겠어요? 지금 이 기본 합의가 없어요. 민주화 이후로 서서히 무너지다가 MB 정부가 급격히 무너뜨렸어요. 이 상태로는 국가 기구가 어떤 결정을 내려도 '저쪽 편든다'고 생각해버립니다. 국력을 모을 수가 없고, 사회적 합의를 만들 수가 없어요. 공공성이 무너지면 국가 능력이 심각하게 저하되고, 어떤 통치도 작동하지 않아요. 대통령의 생각과 정책이 아무리 훌륭해도 소용없어요. 아무것도 할 수 없습니다. 민주주의도 작동하지 않아요.

이를테면 진보 지지층이 선관위와 검찰을 불신하듯이오?

그렇지요. 이번 대선에서 정치 쇄신이 최대 화두였다고는 하는데, 정치가 제대로 작동하려면 공공성의 회복이 핵심 과제거든요. 그런데 대선 주자라는 사람들이 셋 다 핵심에는 근처도 안 가고, 정치인 특권 포기, 의석수 줄이기… 이런 게 중요하지 않다는 뜻이 아니라, 근원적 문제에 대한 성찰의 깊이를 보고 싶었는데 아쉽죠. 야권 두 사람은 준비 기간이나 짧았다고 치고, 박 당선자는 5년 이상 준비했는데 별다를 게 없었지요. 비장의 무기로 감춰뒀다가 대통령 취임식 때 내놓으려는 거 아닌가 기대하고 있어요(웃음).

박근혜 당선자의 공공성에 대한 감각은 어떻게 보시나요?

비교적 엄격한 공공 의식이나 절제된 언행은 분명한 장점이에요. 그런데 이게 근대적·민주적 공공성이라기보다는 국가주의적이고 가산제적 태도랄까, 국가 전체를 일종의 가족 재산으로 봐서 나오는 거 아니냐, 이게 과연 민주주의 국가가 요구하는 공공성이 맞느냐. 그게 위험하다는 말을 몇 번 했지요.

박 당선자는 민주화 이후의 역대 지도자들과는 분명한 차이가 있습니다. 우리 사회가 키워낸 지도자가 아니라 '사회 밖에서 커서, 정치권에 이식된' 지도자이지요. 근 20년간 은둔 생활을 해서 사회적 맥락도 상당히 약하고, 정치도 입문하자마자 사실상 곧바로 지도자로 추대되었어요. '과정이 없는 지도자'라는 것이 취약점입니다. 민주국가의 통치에 필요한 훈련이 되어 있는지, 통치 과정을 보며 평가할 필요가 있어요.

박 당선자가 공적 체계보다는 비선에 지나치게 의존한다는 비판은 새누리당 안에서도 나옵니다.

측근 중에 정말 유능한 사람이 있어서 꼭 써야 하겠다면, 비선으로 두지 말아야 합니다. 책임 있는 자리에 앉히면 되잖아요? 그럴 수 없는 사람이면, 힘 실어주지 말라는 거고. 비선 중심으로 청와대를 운영하면, 아이고 큰일 나죠.

대선 기간에 크게 화제가 되었던 문재인 찬조 연설에서, 윤여준은 '국민 통합'을 일관된 화두로 내놓았다. 이 말은 얼핏 듣기에 국가주의적 총동원을 떠올리게 한다. 분명 진보가 즐기는 표현은 아니다. 단순한 레토릭(수사)으로만 보일 수도 있다. 하지만 보수주의자 윤여준의 관점은 달랐다. 국민 통합의 핵심은 공공성의 회복이고, 이것이 전제될 때에만 국가의 통치 능력을 복원할 수 있으며, 그래야만 체제가 위협받지 않고 작동할 수 있다는 것이다. 공공성을 복원하기 위한 지도자의 바른 신념과 헌신과 절제는 그래서 중요하다. 그가 찬조 연설에서 "통합을 더 잘할 수 있는 지도자는 문재인 후보라고 생각한다"고 한 것은 이 진지한 보수주의자에게는 최상급의 찬사였다.

또한 그가 민주당의 패배 원인으로 '지나친 선악 구도'와 '분열을 증폭하는 태도'를 꼽은 것도 이 관점에서 보면 더욱 의미심장하다. 의견이 다른 동료 시민이 더 많았을 뿐 악마에게 진 것이 아니다. 상대를 악마로 보는 태도로는 통치는 물론 선거 승리도 불가능하다. 난생처음 진보 후보를 지지했던 보수주의자가 진보 유권자에게 보내는 메시지다.

〈2013년 1월〉

●

의견이 다른 동료 시민이 더 많았을 뿐 악마에게 진 것이 아니다.

한국의 진보파 정치 엘리트와 유권자들이

언제나 걸려 넘어지는 돌부리. 보수의 몰락으로

진보주의자들이 다수파가 된 2017년 이후에도,

진보파가 이 숙제를 풀었는지는 잘 모르겠다.

야당에는 왜 게임의 규칙이
없는 걸까

익숙한 패배 뒤로 익숙한 반성이 쏟아졌다. 7·30 재·보선에서 11 대 4 참패를 당한 새정치민주연합은 다각도로 패인 분석을 내놓았다. 공천 파동을 불러온 계파 정치의 폐해와 취약한 리더십, 지역에 뿌리를 내리지 못한 당 조직력, 지나친 우클릭 혹은 좌클릭….

하나같이 어디선가 한 번쯤은 들어본 얘기다. 2004년 총선 승리 이후 연전연패의 역사가 10년 동안 쌓인 탓에 반성도 일종의 습관이 되었다. 이제는 "야당이 질 때 나오는 얘기 중에 새로운 건 '좌클릭이 패인'과 '우클릭이 패인'밖에 없다. 그건 방향이라도 질 때마다 바뀌잖아"라는 자조 섞인 우스개마저 들린다.

선거에 질 때마다 친노는 비노를, 비노는 친노를, 486은 중도

실용파를, 중도 실용파는 486을 문제의 원인으로 지목했다. 그들만 제거하면 야당이 안고 있는 문제가 해결되리라 주장했다. 그렇게 해서 야당에서는 끊임없는 리더십 교체가 일어났지만, 지도부의 면면과 노선은 바뀌어도 문제는 똑같았다. 현재 야당이 직면한 비판은 2012년 대선 패배 직후 민주당이 받았던 비판과 판박이다. 사람을 바꿔서 해결을 하겠다는 발상은 근본적으로 한계에 부딪혔다.

진짜 숙제를 해결하려면 질문을 바꿔야 한다. 왜 야당은 늘 계파 정치에 발목이 잡히나? 왜 야당은 늘 리더십이 취약한가? 왜 야당 조직은 뿌리를 내리지 못하나? 왜 야당은 선거 때마다 '좌클릭 패배'와 '우클릭 패배'를 반복하나?

야당 안팎의 진지한 관찰자들이 대체로 동의하는 출발점이 있다. 야당은 '게임의 규칙'이 없는 정당이다. 당 대표 선거, 지방선거, 총선, 심지어 대선까지, 당내 경쟁의 규칙이 그때그때 다르고, 대체로 선거를 코앞에 두고서야 정해진다.

어떤 정치 신인이 야당에서 성장하고 싶어도, 무슨 규칙에 맞춰서 준비를 해야 할지가 지극히 불투명하다. 그가 다음 선거에서 공천을 받고 싶다면 지역 조직을 다져야 하나, 여론조사용 인지도를 쌓아야 하나, 모바일 투표를 해줄 우군을 모아야 하나? 아무도 모른다.

어떤 지도부가 들어서고 계파 간 세력 균형이 어떻게 되느냐에 따라 공천 규칙은 늘 요동친다. 야당의 정치인들에게는 지독한 불확실성이 숙명처럼 따라다닌다.

야당에서 계파 정치가 강력해진 이유

그나마 불확실성이 적은 요소가 있다. 계파 보스다. 제도는 출렁거려도 사람은 실체가 있다. 때문에 공천을 노리는 이들은 자신을 챙겨줄 만한 계파 보스를 골라서 충성서약을 하는 것이 가장 '합리적인 전략'이 된다.

이런 식으로 형성되는 계파 정치는 3김 시대의 보스 정치와는 성격이 또 다르다. 보스 정치가 끈끈한 인적 관계를 바탕으로 한 최소한의 지속성과 예측 가능성이 있는 시스템이라면, 지금의 야당이 보여주는 계파 정치는 이해관계에 따라 들고 나는 계약 모델에 더 가깝다. 이합집산이 주기적으로 일어나는, 보스 정치보다도 더 불안정한 체제가 된다.

야당의 한 당직자는 다음 전당대회에서 어느 후보에 '줄'을 댈지 고민 중이다. "내가 성향으로 보면 손학규 쪽이 맞는데 정계 은퇴를 해버리기도 했고, 개인 인연이 많은 정세균계가 어떨까?" 그는 자조적으로 덧붙였다. "여기는 줄 없이 자기 전문성만으로는 오래 못 버티는 구조다." 계파 정치는 국회의원을 넘어

당직자까지 집어삼킨다.

제도의 불확실성은 당내 자원이 계파 보스를 중심으로 이합집산하도록 강제한다. 이런 구조적인 힘이 버티는 한, 자발적인 계파 해체 선언은 공수표에 그치기 마련이다. 대선 후보를 지낸 문재인 의원은 "당내에 친노·비노 구분은 없다"고 여러 차례 선언했다. 2013년에 486 인사들도 계파 해체를 선언한 바 있다. 둘다 사실상 빈말이 되었다.

강력한 계파 정치와 취약한 리더십은 동전의 양면과 같다. 이런 구조에서는 당 지도부라고 해도 한 계파 수장 이상의 권한을 행사하기가 쉽지 않다. 야당은 대선이라는 전쟁 국면에서도 이해찬 당시 당 대표를 사퇴시킨 적이 있다. 이번 재·보선 과정에서도 반反지도부 성향 의원들의 조직적인 공천 반발이 지도부를 흔들었다.

제도의 불확실성은 계파를 강화하고, 강한 계파는 리더십을 약하게 만든다. 정반대 성향으로 지도부가 교체된다 해도 이 구조만은 고스란히 남는다. 김한길 전 대표는 흔드는 역할(최고위원직 사퇴로 이해찬 대표를 압박했다)과 흔들리는 역할(7·30 재·보선)을 불과 2년도 안 되어 모두 경험했다. 제도의 불확실성은 또 다른 치명적인 효과로 이어진다. 다시 야당 정치 신인의 관점으로 돌아가보자. 이 신인은 계파에 투자하는 것이 풀뿌리 조직을 닦는 것보다 훨씬 남는 장사라는 사실을 곧 깨닫게 된다.

영남에서 지역 정치 활동을 하다 포기하고 상경한 한 야권 인사는 자신의 경험을 들려줬다. "바닥을 기는 정치인에게는 둘 중 하나가 필수다. 돈이 무한대로 많거나, 내가 하고 있는 이 '맨땅에 헤딩'이 결국에는 보상받을 것이라는 확신이 있거나. 지금 당 구조에서는 그 확신이 안 드니까 마음이 버티지를 못하더라."

당의 풀뿌리 조직이 살아나기 쉽지 않다. 야권은 갈수록 취약해져가는 호남 향우회를 대체할 풀뿌리 조직을 거의 만들어내지 못했다. 대신 SNS 등을 통해 비교적 손쉽게 접근할 수 있는 고학력·정치 고관심층의 의견이 과대평가된다. 이러면 당이 민심과 유리되기 쉽다. 그래서 선거에 패배하면, 그때마다 이른바 '좌클릭·우클릭' 논쟁이 벌어진다. 튼튼한 뿌리가 당을 제대로 구속하지 않기 때문에 당의 핵심 가치와 노선마저 선거 주기를 따라 손바닥 뒤집듯 바뀐다. '말바꾸기 정당' '못 믿을 정당'이라는 평가를 듣기 쉬운데, 유권자에 이런 인상을 준 것은 야당이 고전하는 중요한 이유다.

한국사회여론연구소 김갑수 대표는 "좌클릭·우클릭 논쟁은 본질이 아니다. 문제는 충분히 아래로 내려가지 않는 것이다. 야당은 한국 사회의 고단한 사람들, 즉 비조직 노동자, 비정규직, 영세 자영업자의 목소리를 대변하지 못한다. 이런 이들을 모아오는 정치인이 반드시 보상을 받는다고 믿을 수 있도록 제도를 만들어야 한다"고 말했다.

떠들썩했던 모바일 투표는 어디로 갔나

예측 가능한 제도는 중요하다. 계파, 리더십, 풀뿌리 조직, 노선 혼선의 문제를 일거에 해결할 수는 없어도, 이 문제를 푸는 유력한 실마리를 제공할 수는 있다. 하지만 10년째 이어오는 야당의 기풍은 오히려 반대 방향을 가리키고 있다. 선거를 코앞에 두고 게임의 규칙을 결정하는 것이 야당의 전통이 되었다. 계파별로 이해관계를 조정할 필요 때문이기도 하고, 제도 자체를 선거 전략의 한 요소로 여기는 경향도 강하다. 어떤 제도로 어떤 경쟁 구도를 만들어야 흥행이 될지, 본선까지 가는 바람을 일으킬 수 있을지를 우선 고려한다. 흥행에 목마른 언론도 사실상 이를 부채질한다. 이러면 제도는 코앞의 선거를 고려한 '일회용'이 될 가능성이 크다.

지도부가 바뀌면 게임의 규칙 역시 당연하다는 듯 바뀐다. 2012년 이해찬 지도부의 대표 브랜드였던 모바일 투표는 김한길 지도부 들어 사라졌다. 제도가 흔들리는 과정에서 계파 유불리를 따지는 목소리는 높아도, 제도 자체의 예측 가능성이 정당에 중요하다는 지적은 듣기가 쉽지 않다. 야당에 진정으로 결핍된 것은 '제도의 안정성과 예측 가능성이 중요하다는 합의'다. 정당의 제도화 수준이 높으면 권력투쟁의 예측 가능성이 높아지고 리더십의 정당성도 커지는 경향이 있다. 제도가 당 소속 정치인을 계파 보스 대신 지역구민에 집중하도록 '아래를 향해' 설계되면, 계파 정치를 완화시킬 수도 있다.

그렇다면 다음 지도부가 번듯한 제도를 만들기만 하면 해결되는 것일까? 간단하지 않다. 제도에 대한 신뢰가 단시일에 형성되지는 않기 때문에, 계파 보스를 위한 충성은 여전히 개별 정치인에게 '합리적인 전략'일 것이다. 이러면 선거가 다가올수록 유불리에 따라 제도를 흔드는 계파의 압력이 고조될 가능성이 높다.

제도가 안정성과 예측 가능성을 가지려면 어느 정도 시간의 시험을 견뎌야 한다. 새누리당이 어떻게 제도의 예측 가능성을 쌓아올렸는지 보자. 2005년 박근혜 당시 한나라당 대표는 홍준표 의원을 위원장으로 하는 당 혁신위원회를 띄운다. 홍준표 혁신위는 당원과 국민 의사가 50 대 50으로 반영되는 대선 경선제도를 만들었다. 대의원 20%, 당원 30%, 국민 선거인단 30%, 여론조사 20%로 구성된, 이른바 2 : 3 : 3 : 2 경선 룰이다.

리더십의 지원이 뒤따랐다. 박근혜 대표는 본인의 정치적 이해를 어느 정도 희생한 덕에 제도를 정착시킬 수 있었다. 일반 국민 참여를 절반까지 보장하는 새 제도는, 당을 장악했지만 여론에서 뒤지던 그녀에게 불리한 제도였다. 이를 박 대표가 수용하자 제도는 생명력을 갖게 되었다.

이 상향식 경선 룰은 지금까지도 새누리당 공천의 기본 제도다. 대선과 광역단체장 후보자 선출의 틀이고, 국회의원 공천에도 당원 대 국민 5 대 5 원칙으로 원용되었다. 모든 공천이 완전 상향식으로 진행되지는 않지만, 적어도 제도의 예측 가능성은 10년 세월 동안 공고해졌다. 김무성 신임 새누리당 대표는 2016년 총선에서 "100% 상향식 공천을 하겠다"고 공언한 상태다.

이러면 최소한의 예측 가능성이 생긴다. 지역을 다지는 정치인도 무엇을 해야 할지 알게 된다. 이번 재·보선에서 경기 평택을 국회의원이 된 유의동 의원(새누리당)은 국회 보좌관 출신으로 인지도가 떨어지지만 10년 동안 지역 표밭을 다져 새누리당 경선을 뚫어냈다. 본선에서도 이 지역 3선 의원 출신인 정장선 후보를 꺾었다.

제도가 시행되고 시간이 흐르면, 그 제도에 맞춰 정치를 준비한 인물들이 늘어난다. 일정 단계가 지나면 이들이 거꾸로 제도의 버팀목이 된다. 지금껏 투자해온 정치적 자산을 지키기 위한 '제도 수호 세력'이 되는데, 중앙당도 지역 기반을 가진 이들의 이해관계를 쉽게 무시할 수 없다. 새누리당은 이 단계에 진입했다는 평이 많다.

결국 제도화의 초기 경로가 중요하다는 결론이 나온다. 언젠가부터 야당은 제도 바꾸기를 선거 전략의 한 요소로 간주해서, 제도의 불확실성을 높이는 경로로 접어들었다. 이 경로를 따라 계파 정치는 강화되고, 리더십과 풀뿌리 조직은 취약해졌다. 이는 다시 제도화를 어렵게 만든다. 악순환이다. 반면 여당은 2005년 이후 제도의 예측 가능성을 높여왔고, 이제는 정치·문화적으로 제도를 흔드는 쪽이 상당한 부담을 져야 하는 단계까지 진입했다. 이러면 현행 제도를 기준으로 자원을 투자한, 제도의 안정성을 원하는 이들이 당내에 두텁게 쌓인다. 선순환이 이루어진다.

이미 악순환 경로에 들어와 있는 야당이 선순환 경로로 라인을 바꿔 타려면 꽤 큰 초기 에너지가 필요하다. 야당 일각에서는 "실질적인 계파 수장들이 모여 게임의 룰에 대한 합의부터 하고 그다음에 당 대표를 뽑자"는 주장도 나온다. 일종의 제헌의회를 꾸려 당헌상의 공천 조항에 권위를 부여하자는 아이디어다. 당권을 노리는 계파 수장들이 당권의 핵심인 공천권에 제약을 두는 합의를 이끌어낼 수 있을까 하는 현실적 장벽이 있다.

"결국 차기 당 대표의 리더십으로 만들어내는 수밖에 없지 않을까." 박상훈 후마니타스 대표의 의견이다. "물론 차기 대표 본인은 상처가 클 것이다. 자기희생도 보여야 한다. 하지만 누가 됐든 당의 실질적인 대주주가 대표로 나서서 제도를 만들고 시간의 시험을 버텨줄 수만 있다면, 이것이 단기적인 선거 결과보다도 중요한 문제라는 합의를 끌어낼 수 있다면, 야당도 선순환 구조로 들어서는 게 불가능하지는 않다." 10년 전 한나라당에서 이 물꼬를 텄던 리더는 지금 청와대에 있다.

〈2014년 8월〉

●

당의 실질적인 대주주가 대표로 나서서

제도를 만들고 시간의 시험을 버텨줄 수만 있다면,

야당도 선순환 구조로 들어서는 게 불가능하지는 않다.

이 기사를 쓴 2014년 여름, 야당의 대주주는 대선 패배 후에도

위상을 유지하던 국회의원 문재인이었다.

나는 그가 대표가 되어 당의 제도를 정립하는 경로가

야당의 유일한 활로라고 생각했다.

야당의 근본 과제가 예측 가능성을 높여

경쟁의 질을 끌어올리는 것이라고 봤기 때문이다.

이 기사의 마지막 단락은 사실 그 얘기를 하고 있다.

내 제안은 야당 사람들에게 지독히 인기가 없었다.

친문 그룹에서는 대선 주자가 당 대표로 현실 정치에 나섰다가는

상처를 받고 기대감도 깎인다는 의견이 많았다.

비문 그룹에서는 당 대표와 대선 주자를 독식하려 들다가는

탈이 나고 결국 대선도 안 될 것이라고 봤다.

당을 예측 가능한 시스템으로 만드는 문제, 내가 결정적으로

중요하다고 봤던 그 문제에는 친문이나 비문이나 별 관심이 없었다.

문재인은 좀 달랐다.

그는 2015년 당 대표에 도전해 승리했고,

곧 혁신위원회를 띄워 2016년 총선 공천 룰을 정립했다.

안철수 의원의 탈당 불사 흔들기에도 버텼는데, 핵심 명분은
혁신안을 지켜야 한다는 것이었다. 그는 총선 공천 룰을 더 이상
흔들 수 없을 시점까지 버틴 후에 김종인에게 당 대표직을 넘긴다.
그가 당에 대해 내린 진단은 내 접근법과 같았다.
정당의 예측 가능성을 높이려는 노력과 보수의 자폭이 겹치며
야당은 2016년 총선을 이겼고, 이후 정국 주도권을 잡아왔다.
이 기사의 마지막 문장을 이제 다시 쓸 수 있을 것 같다.
"2015년 민주당에서 이 물꼬를 텄던 리더는
지금 청와대에 있다."

오바마의
조용한 전략

2015년 6월 26일은 역사에 기록될 날이다. 이날 미국 연방 대법원은 결혼의 권리가 인간의 기본권에 속하므로, 연방에 속하는 모든 주 정부는 동성이라는 이유로 결혼을 막을 권한이 없다고 판결했다. 대법관 아홉 명의 의견은 5 대 4, 한 표 차이로 갈렸다. 이로써 동성혼은 미국 헌법이 보장하는 권리가 되었다.

미국은 동성혼의 권리를 인정한 스무 번째 국가다. 하지만 국제사회에서 미국이 갖는 영향력과 상징성을 고려하면 20분의 1을 훌쩍 뛰어넘는 의미가 있다. 이전까지 동성혼 법제화 소식이 '별난 나라들의 별난 해외 토픽' 정도로 소비되었다면, 미국의 결정은 동성혼 법제화가 조만간 국제사회의 표준이 되리라는 강력한 신호다.

● 2015년 6월 동성 결혼 합법화를 축하하기 위해 무지갯빛 조명을 밝힌 백악관.

　미국의 주요 언론은 성소수자 차별 문제를 넘어, '인간의 기본 권이 확장되어온 역사'라는 관점으로 동성혼 권리를 조명했다. 인권의 역사에서 노예해방이나 여성참정권과 나란히 놓일 중대 한 사건이라는 의미다.

　〈뉴욕타임스〉가 운영하는 데이터 저널리즘 페이지인 '업샷' 은 6월 30일 기사에서, 동성혼과 같은 '인간 기본권을 확장하는 이슈'에 대해 미국의 여론은 시간이 지날수록 호의적으로 흐른 다고 분석했다. 동성혼, 인종 간 결혼, 흑인·여성·유대인·가톨 릭·무신론자 대통령에 대한 태도 등의 질문에 여론은 정도의 차이는 있지만 방향은 일관되게 전향적으로 바뀌어간다.

동성혼은 그중에서도 독특하다. 1988년 미국 종합사회조사에서 동성혼 권리에 동의한다는 응답은 12%였다. 이 비율은 불과 20년 만인 2008년에 3배 넘게 뛰어올라 39%에 이르렀다. 이후로는 더 속도가 붙었다. 2015년 6월 갤럽 조사에서는 동성혼 권리에 찬성하는 응답이 60%였다.

한 세대에 해당하는 30년이 채 되기도 전에, 동성혼 지지 여론은 5배나 뛰어올랐다. 〈블룸버그〉는 여성참정권, 인종 간 결혼, 낙태 등의 주요 이슈와 비교해보아도 동성혼에 대한 미국 사회의 방향 전환이 단연 빠른 시간에 이루어졌다고 분석했다. 연방대법원이 사고를 친 게 아니었다. 미국 사회가 사고를 쳤고, 연방 대법원은 단지 이를 사후 추인했다.

정치학자 로버트 퍼트넘은 2010년에 출간한 『아메리칸 그레이스』에서 마치 현재를 예언한 듯한 주장을 내놓았다. 동성혼에 대한 태도는 세대에 따라 크게 다른데, 젊은 세대가 동성혼을 받아들이는 비율이 압도적으로 높다. 동성혼 반대 여론은 소수파로 고립될 운명이어서, 공화당이 이 이슈를 써먹을 수 있는 시간이 얼마 남지 않았다고 퍼트넘은 내다봤다.

예언은 곧 현실이 되었다. 2014년 버지니아주 상원의원 선거에서 민주당 소속 상원의원 마크 워너는 공화당 후보 에드 길레스피의 낙태·피임·동성혼에 대한 태도가 보수적이라며 공격을 퍼부었다. 낙태와 동성혼은 한 세대 동안 민주당의 금기어였으나, 이제는 아니다. 길레스피는 "내 종교적 관점이 선거에서 이슈가 되어서는 안 된다"라면서 도망쳤다. 오리건주 상원의원 선거에서는 공화당 후보가 "동성혼 지지"를 선언하는 진풍경도 등장했다.

강경 보수가 동성혼을 지지한 이유

친밀한 사람이 동성애자임을 알게 될 때, 강경 보수파라고 해도 태도를 바꿀 가능성이 높아진다. 단연 의외의 사례는 딕 체니 전 부통령이다. 그는 네오콘이 주도한 부시 정부에서도 손꼽히는 강경파였다. 그런데 2009년에 체니는 "동성 결혼을 지지한다"고 밝혀 미국 사회를 놀라게 했다. 그에게는 동성애자 딸이 있다. 비슷한 사례로는 폴 싱어가 있다. 삼성물산·제일모직 합병에 이의를 제기하며 삼성 경영권 승계의 빈틈을 찔러온 엘리엇 펀드의 회장이다. 악명 높은 경영자인 그는 미국 공화당의 주요 후원자이지만, 동시에 동성애자 권리 운동의 최대 후원자이기도 하다. 그의 아들이 동성애자다.

미국인은 대중문화에서 더 많은 게이 캐릭터를 만나고, 애플 CEO 팀 쿡과 같은 유명 인사의 커밍아웃을 더 자주 접하며, 커밍아웃한 게이 가족이나 친구를 둘 가능성이 더 높아졌다. 이런 직간접 접촉의 효과는 뚜렷하다. 저명한 데이터 분석가 네이트 실버(그도 커밍아웃한 동성애자다)는 기존의 반대 의견에서 찬성으로 돌아서는 효과가 세대교체 효과만큼이나 크다고 분석했다. 세대교체와 의견 교체, 두 힘이 동시에 미국의 여론을 끌어당겼다.

종교적 보수주의에 기반을 둔 '문화 전쟁'은 미국에서 1980년대 이후 공화당 우위를 설명하는 중요한 키워드다. 이 '문화 전쟁' 중에서도 공화당의 핵심 무기 두 가지가 동성혼과 낙태다. 하지만 적어도 동성혼 공세는 순식간에 유통기한이 끝나버렸다. 이제는 반대로 공화당이 이 문제를 회피하려 한다.

낙태는 좋은 대조가 된다. 낙태 찬반 여론은 대체로 팽팽한 채로 40년 동안 큰 변화 없이 안정되어 있다. 업샷의 설명은 이렇다. 여론은 인간의 기본권을 최우선으로 지지하는 경향이 있다. 낙태는 산모의 건강권·선택권과 태아의 생명권(태아를 사람이라고 본다면 더 강력해진다)이라는 '권리의 충돌'로 이해된다. 반면 동성혼은 오직 동성애자의 권리를 확장할 뿐 다른 누구의 권리도 빼앗지 않는다.

개신교 근본주의 블록이 손을 놓고 있던 것은 아니다. 이들도 동성혼이 이성애자의 권리를 침해한다는 논리를 만들어서 '권리의 충돌'을 연출하기 위해 애썼다. "동성혼은 가정의 가치를 파괴하고, 동성혼은 사회의 도덕을 무너뜨리고, 동성혼은 더 많은 파트너를 두고 더 많은 질병을 옮기는 행태를 정당화할 것이고…" 등등.

이런 시도를 막아내는 데 결정적으로 기여한 인물은 딕 체니만큼이나 의외의 캐릭터다. 앤드루 설리번. 〈뉴리퍼블릭〉에서 저널리스트로 시작한 저명한 블로거다. 커밍아웃한 동성애자인 동시에 스스로를 보수주의자로 분류하는 독특한 인물이다. 부시 정부의 이라크전쟁을 열렬히 지지해 '꼴통'으로 낙인찍히기도 했다. 정체성 때문에 급진주의자가 많은 게이 커뮤니티에서 그는 철저한 소수파였다.

1989년, 설리번은 이번 판결과 나란히 역사에 기록될 칼럼을 〈뉴리퍼블릭〉에 싣는다. 이 칼럼에서 설리번은 "동성 결혼의 권리를 요구하자"는 대담한 주장을 내놓는다. 동성혼 지지율이 12%에 불과하던 시절이었기도 하지만, 그의 주적은 여론이 아니었다. 게이 커뮤니티였다. 이곳에서는 결혼이 이성애자의 생활양식이고, 부르주아 사회의 잔재이며, 각성한 동성애자라면 마땅히 거부해야 할 보수적인 제도라는 정서가 보편적이었다.

칼럼에서 설리번은 시민 결합이 아니라 동성 결혼이 목표여야 한다고 주장한다. 설리번에게 '결혼'이란 동성애자도 단기 연애에 탐닉하지 않고, 일부일처제를 받아들이고, 전통적인 가족제도에 합류할 수 있고, 사회 관습을 흔들지 않는다는 선언이었다.

결혼이 보수적인 제도라는 바로 그 지점이 열쇠였다.

동성애자의 주류 그룹이 '차이'를 강조하던 시절에, 설리번은 "우리가 그들과 같다고 설득하자"라는 주장을 내놓았다. 동성애자를 주류 사회에 밀어넣자는 것이 그의 전략이었고, 그 핵심 경로가 결혼이었다. 독자 정체성을 강조하던 게이 커뮤니티는 그에게 비난을 쏟아부었다. '결혼할 권리'라는 목표는 이성애자 문화에 동화하려는 음모로 간주되었다.

설리번식 '같음 전략'은 게이 커뮤니티에서는 고립되었지만 오히려 주류 사회에서 위력을 발휘했다. 설리번은 '사랑의 동등함' '사회적 책임' '전통의 존중' '일부일처제로의 진입'을 끊임없이 내세웠다. 이런 일련의 설득 방식은 동성혼 문제를 특수한 정체성 문제가 아니라 인간의 기본권으로 인식시키는 효과를 냈다. 동성애자만의 '다른 권리'가 아니라 인간으로서 '같은 권리'를 주장했기 때문이다.

이제 개신교 근본주의 블록이 기본권에 반대하는 처지로 내몰린다. 동성애자가 이성애자의 권리를 침해한다는 주장을 펴기가 곤란해진다. 보수적인 공화당 내에서도 리버테리언(자유 지상주의자) 그룹은 '같음 전략'의 지지자가 되었다. 국가가 시민의 권리에 차등을 두는 상황을 못 견디는 그룹이다. 민주당 지지층에 공화당 지지층 일부가 가세하면서 동성혼 지지 블록은 다수파를 형성해갔다. 공화당 지지층에서 동성혼 지지 여론은 대법원 판결이 나올 즈음에는 30%까지 올라와 있었다.

설리번식 '같음 전략'은 현실 정치의 영역에서 최고의 후원자를 만나게 된다. 버락 오바마. 제44대 미국 대통령이자 최초의 비非백인 대통령. 오바마는 2008년 대선에서 동성혼에 반대한다는 공식 입장을 내놓았다. 그때까지만 해도 동성혼 지지는, 변화의 조짐은 보였으되 다수파는 아니었다. 오바마는 이 이슈를 회피했다.

반대파의 진지를 허문 오바마식 접근법

오바마는 선명성을 내세우지 않았지만, 집권 후에는 반反동성혼의 진지를 하나씩 조용히 무너뜨렸다. 실질적인 장벽으로 작동하던 동성애자 군 복무 제한 조치(일명 "묻지도, 말하지도 말라" 조치)를 철회했다. 결혼을 '남자와 여자의 결합'으로 규정한 연방결혼법의 법정 변호를 거부했다.

그렇게 다수파가 형성되기를 기다리던 오바마는 2012년 5월에 기회를 포착한다. 11월 대통령 재선 도전을 앞두고 그는 "동성혼에 찬성한다"고 선언해 미국을 들썩거리게 만들었다. 오바마는 철저하게 '같음'의 언어를 사용한다. 동성혼 찬성을 선언한 방송 인터뷰에서 그는 기독교의 황금률, "네가 남에게 대접받고

자 하는 대로 남을 대접하라"를 인용한다.

계산은 정확했다. 이 선언은 그의 재선 가도에 아무런 영향을 끼치지 않았고, 공화당도 이 이슈를 파고들지 않았다. 여론의 흐름은 이미 돌이킬 수 없다는 것이 2012년 대선으로 확인되었고, 오바마는 동성혼 지지를 선언하고 선거에 이긴 최초의 대통령이 되었다.

연방 대법원의 판결이 나온 날, 오바마의 공식 논평은 또다시 설리번식 '같음 전략'의 모범이나 다름없었다. 오바마의 트위터 계정은 "게이와 레즈비언 커플은 이제 결혼할 권리를 갖게 되었습니다. 다른 모두가 그렇듯이오"라고 썼다. 백악관 계정이 올린 짧은 영상의 제목은 'LOVE IS LOVE'다. 정체성 차이를 연상시키는 언어는 철저히 배제하고, 동성혼이 어떻게 다수파의 지지를 받을 수 있는지에 초점을 맞춘다. 소수 인종이 권리를 쟁취해온 역사가 얼마나 험난하고 힘든지, 그렇기 때문에 소수자일수록 어떻게든 이기는 것이 얼마나 중요한지를 잘 아는 오바마다. 그가 정치적 스승으로 여기는 사울 알린스키는 '결과'를 만들어내는 것을 무엇보다 중요하게 여기는 급진적 현실주의자였다.

이 일련의 '다수파 만들기' 기획은 연방 대법원에서 마지막이자 결정적인 조력자를 만났다. 앤서니 케네디. 흔히 진보와 보수 4 대 4로 첨예하게 갈리는 사건에서 캐스팅보트를 쥐는 대법원 판사이지만, 성향상 보수에 더 가깝다는 평을 듣는다.

그런데 케네디는 동성 결혼 관련 사건에 대해서만은 일관되게 동성혼의 권리를 옹호하는 판단을 내렸다. 이번에도 그는 동성혼 인정에 필요한 마지막 한 표를 제공했고, 다수 의견 판결문도 직접 썼다. "재밌는 게요, 케네디의 판결문이 사실상 설리번의 1989년 칼럼 논리 구조와 판박이입니다. 결혼제도의 신성함과 모두에게 주어진 기본권을 강조하는 게 똑같거든요." 연방 대법원의 기류에 관심이 많은 한 한인 미국 변호사는 이런 '관전평'을 내놓았다.

여론의 반전이라는 거대한 흐름은 물론 결정적이었다. 그러나 보수를 자처하는 이론가와 기회주의라고까지 욕을 먹던 최고 권력자가 끈질기게 다수파 전략을 밀고 나가지 않았더라면, 역사적으로 보아도 유난히 이른 시점인 2015년에 결과를 낼 수 있었을지는 알 수 없다. 동성 결혼이라는 전략은 분명 보수적인 기획에서 출발했으나 그 결과물은 놀라우리만치 급진적이다.

〈2015년 7월〉

●

게이와 레즈비언 커플은 이제 결혼할 권리를 갖게 되었습니다.

다른 모두가 그렇듯이오.

'다수파가 되는 것'이야말로 가장 급진적인 전략이다.

이 원칙에는 예외가 없다.

고립을 자초하는 이들은 그 어떤 급진주의자의 수사를 쓰든 간에,

실은 반동이다.

다수파가 되는 것은 고립되는 것보다 훨씬 어렵다.

지루하고, 오래 걸리고, 환호성이 없고, 꿈이 같은 이들에게

욕을 먹고, 실패 확률이 높고, 전망이 뿌옇고, 섹시하지 않다.

이런 길을 가는 다수파-급진주의자야말로 존중받을 가치가 있다.

이것은 모든 급진적 행동주의가 엉터리라는 말과는 다르다.

다수의 자각을 일깨우는 급진적 행동주의도 있다.

1955년 12월, 미국의 흑인 인권 운동가 로자 파크스는 백인 전용

버스 좌석에 앉아 버티다 경찰에 체포됐다.

이 '급진적 행동'은 민권 운동에 불을 붙였고

결국 다수파를 만들어냈다.

이런 급진주의는 '다수파가 될 것' 원칙의 반례가 아니다.

오히려 중요한 논거다. 이들은 고립을 자초하지 않는다!

나는 세상을 바꾸려는 사람들일수록 가져야 할 중요한 원칙이

이것이라고 생각한다. 그리고 한국에서 세상을 바꾸려 하는

정치 세력이 이 원칙을 자주 잊는다고 생각한다.

남의 나라 이슈를 쓰면서 전하고 싶었던 메시지.

안철수의
정치 혐오

안철수 후보가 사실상 처음으로 진지한 시험대에 올랐다. 10월 23일 안철수 후보가 내놓은 정치 쇄신안은 각계의 거센 비판을 받았다. 보수 언론과 새누리당이 조용한 반면, 민주당과 진보정당, 진보 언론, 진보적 정치학계, 참여연대 등 시민사회가 입을 모아 비판에 나선 것도 주목할 만했다. 대선 주자로 떠오른 이후 처음으로 '잠재적 우군'의 비판이 쏟아진 것이다.

문제는 이날의 정치 쇄신안이 갑자기 튀어나온 아이디어가 아니라, 총선 이전부터 이어져온 '안철수식 정치관'의 연장선상에 있다는 것이다. 그동안 안 후보는 민주주의보다는 플라톤식 철인哲人정치에 가까운 정치관을 불쑥불쑥 드러내곤 했다. 안 후보에 우호적인 진보·개혁 진영에서도 안 후보의 정치관을 두고는 물밑에서 우려하는 목소리가 많았던 것이 사실이다. 이번 정치 쇄신안은 논란을 수면 위로 끌어올렸다.

안철수표 정치 쇄신안의 내용부터 보자. 이날 안 후보는 국회의원 정원 감축, 정당 국고보조금 축소, 중앙당 폐지를 골자로 하는 정치 쇄신안을 내놓았다. 안 그래도 행정부에 견줘 취약한 입법부와 정당을 더욱 약화시키는 방안이라는 비판이 나왔다. 특히 국회의원 정원 감축안은 뭇매를 맞다시피 했다.

안 후보 측은 "정치권이 기득권을 내려놓아야 한다"는 명분을 내걸었다. 하지만 정작 의원 수 감축안은 국회의원의 기득권 카르텔을 더욱 강화하는 데다가, 의원 1인이 대표하는 유권자가 지나치게 많아지게 만든다. 취약 계층과 소수자의 대표가 입법부에 들어갈 길은 더욱 좁아진다. 입법부는 관료·자본·언론 등 사회의 '진짜 기득권'을 대중이 견제할 수 있는 유일한 도구인데 (이른바 권력기관 중에서 어쨌든 입법부만큼 대중의 의사에 민감한 곳은 없다), 이를 약화시키는 것이야말로 한국 기득권의 안전보장 선언이라는 비판은 특히 뼈아프다. 10월 24일 논평에서 참여연대는 "국민의 통제를 받지 않는 관료들을 견제하고 대통령의 전횡을 막는 것은 의회의 역할이자 국민이 부여한 권한이다. 국회가 견제와 감시의 역할을 제대로 하게 만드는 것은 중요하지만, 그 해결책이 의회를 약화시키는 방향이어서는 곤란하다"고 썼다. 시민사회계 인사가 주축을 이룬 안철수 캠프를 향해 참여연대마저 비판 논평을 낸 것은 의미심장하다.

여러 논란이 있지만 핵심은 이것이다. 민주주의의 핵심 기구인 입법부가 기능장애를 겪을 때, 진지한 민주주의자라면 기능장애를 고쳐 쓸 생각을 한다. 하지만 정치 혐오에 편승하려면 입법부를 약화시키는 '제물 바치기'를 주장하면 쉽다. 이는 결과적으로 우리 사회의 진짜 기득권을 민주적 감시로부터 더욱 자유롭게 한다.

정치 쇄신안이 나오게 된 배경

안철수 캠프에 참여한 몇몇 정치학자들조차 고개를 내젓는 아이디어가 어떻게 쇄신안의 이름으로 나오게 되었을까. 캠프 사정을 들여다보면 흥미로운 단서들이 보인다.

공식적으로, 캠프에서 정치 쇄신안을 만드는 조직은 정치혁신포럼(대표 김호기 교수)이다. 하지만 최근 정치제도 문제만을 다루는 협치포럼(대표 최태욱 교수)이 분리 독립했다. 캠프 관계자들의 말을 들어보면, 혁신포럼 내에서 정치제도 전공자들과 다른 멤버들 사이에 의견 충돌이 있었고, 정치제도 전공자들이 제도 문제를 전담할 포럼을 따로 만들었다고 한다. 이렇게 생긴 협치포럼은 입법부 강화론자, 비례대표 강화론자 위주로 짜였다.

하지만 이번 쇄신안은 협치포럼의 작품이 아니다. 협치포럼이 제대로 진용을 갖추기도 전에 기존 혁신포럼과 정무 라인을 거쳐 정치 쇄신안이 마련됐고, 후보가 발표까지 했다. 제도 전문가들을 제쳐놓을 만큼 시급을 다툰 이유가 있었다고 한다. 첫째, 숙제만 내지 말고 안철수식 쇄신안이 무엇인지 내놓으라는 요구가 갈수록 거세지고 있었다. 둘째, 전날인 10월 22일 민주당 문재인 후보가 '지역구 의석 200석으로 축소, 비례 의석 100석으로 증가'를 골자로 하는 꽤 대담한 쇄신안을 내놓았다. 차단할 필요가 있었다. 그리고 아이템도 문 후보와는 달라야 했다. 의원 정원 축소는 대중의 정치 혐오 정서와 공명할 수 있는, 정치적으로 매력 있는 카드였다.

갈등 회피의 정치

어쨌든 최종 판단은 후보의 몫이다. '입법부의 기능장애를 입법부를 무력화해 해결하는' 이 구상이 안 후보의 입맛에도 맞았다는 얘기다. 안 후보는 민주주의의 본령인 '갈등이 필연이라는 것을 인정하고, 갈등을 제도화하는 과정'에 관심을 보인 적이 없다. 대체로 갈등 자체를 회피하려 한다. 플라톤식 철인정치의 현대적 변형이라고 할 만한 '전문가 정치'에 대한 애착도 크다.

징후는 불쑥불쑥 보였다. 총선 직전이던 4월 3일 전남대 강연에서 안 후보는 "정당보다는 개인을 보고 뽑는 것이 맞다"고 말했다. 이 발언이 논란이 되자 그는 후에 『안철수의 생각』에서 "나는 정당정치에 대한 신념이 있는 사람"이라고 진화했다.

그가 '정당정치에 대한 신념'을 어떤 의미로 쓰든 간에 그와 배치되는 장면은 이후에 되풀이되었다. '무소속 대통령론'이 논란이 되던 10월 10일에는 "여소야대에 끌려다닐 바에야 무소속 대통령이 낫다. 무소속 대통령이 국회를 존중하고 여야를 설득해나가면 된다"고 말했다. 전형적인 '선의와 진심의 정치'다.

안 후보는 정치를 일종의 '정답이 있는 게임'으로 여기는 경향이 강하다. 안 후보가 즐겨 하는 말 중에 "국민에게 사흘만 물어보면 답이 나온다"가 있다. 하지만 안 후보는 국민 사이에 의견이 반으로 갈릴 때, 자신을 지지한 국민이 소수파로 고립될 때, 소수 의견이 더 절박할 때, '어느 국민'의 의견을 듣겠다는 것인지 말하지 않는다. 마치 국민 사이에 갈등이란 존재하지 않거나 쉽게 해소할 수 있는 것이라 여기는 듯한 태도를 보여준다.

이 관점에서 보면 정당 간의 갈등은 사회의 갈등을 반영한 결과물이 아니라, 기득권 정치인들이 정파 이해 때문에 '정답'을 외면하는 태도로 이해된다. 무소속이 오히려 여야를 잘 설득할 수 있다는 주장은 그 귀결이다.

이는 다시 정답을 찾아내는 능력이 있는 사람에 대한 신뢰, 즉

'전문가 정치'로 이어진다. 10월 10일 카이스트 강연에서 안 후보는 여론의 주목은 받지 않았지만 정치학자들을 놀라게 한 의미심장한 말을 한다. 이날 안 후보는 "선진국으로 가려면 각 분야 전문가가 의사 결정권을 가져야 한다"고 말했다. 돌발 발언이 아니다. '초기 안철수 팀'으로 불릴 만한 박경철 원장과 윤여준 전 장관은 2011년 안철수 후보가 떠오를 당시 "낡은 정당 대신 전문가 100명만 모으면 세상을 바꿀 수 있다"는 말을 자주 했다.

정당정치를 믿지 않는 정치

하지만 한·미 FTA, 미국산 쇠고기 수입, 제주 해군기지는 모두 해당 분야 전문가의 결정이었다. 정작 갈등의 주체는 배제됐던 탓에 추후 더 큰 사회적 갈등을 낳았다. 서울대 김세균 교수(정치학)는 "엘리트주의다. 정책 결정은 투명하고 공개적이고 민주적이어야 하고, 전문가는 이 민주적 결정이 과학적 토대를 지니도록 보완하는 역할이어야 한다"고 지적했다.

안 후보의 정치관은 이렇게 요약할 수 있다. 어딘가에는 정답이 있다. 대략의 방향은 국민이 알고, 실제 결정은 전문가가 하면 된다. 국회는 여야 갈등 때문에 정답을 외면하는 기득권 고비용 저효율 기구이다(안 후보는 국회의원 수 축소를 말하면서 비용 절감 규모를 길게 설명해, 민주주의를 '비용' 문제로 파악하는 관점을 드러냈다). 이 관점에서 보면, 안 후보가 10월 23일 내놓은 정치 쇄신안은 그의 기존 발언들과 정확히 같은 방향을 가리키고 있다. 찬반을 떠나, 이런 정치관을 두고 "정당정치를 믿는다"고 평할 전문가는 없다.

정치 쇄신안 후폭풍으로 출마 선언 이후 가장 거센 비판에 직면한 안철수 캠프는 일단 정면 돌파를 선택했다. 유민영 대변인은 쏟아지는 비판을 '기득권의 반발'로 규정했다. "국민이 원하는 것을 들어라"와 "지금껏 언론이 국회 의석수를 줄이라고 쓰지 않았나"라는 반격 논리도 동원한다. 내부 정책 라인의 반발을 우려해 "확정된 정책이 아니라 구체적인 대안을 함께 만들어보자는 의미다"(송호창 선대본부장)라고 여지를 남기기도 하지만, 전체 기조는 여전히 강경하다.

하지만 "입법부 축소가 오히려 기득권을 강화한다"는 핵심 비판을 뒤엎을 대응 논리를 듣기는 어렵다. 안철수 캠프의 한 핵심 관계자는 기자와의 통화에서 '국민'만 되풀이해 찾았다. "국민이 어떻게 생각하는지 모르고 하는 소리다. (…) 지금까지 국회가 의석을 늘릴 때마다 언론이 얼마나 사납게 썼나. 그게 다 국민 목소리다. (…) 자신 있으면 의원 수 늘리자고 하면 되는 것 아니냐. 국민의 뜻이 아니니까 그렇게 말하지 못하는 것이다."

사흘 후인 10월 26일 경상대 강연에 나선 안 후보의 대응도 비슷했다. 이날 안 후보는 "기존 정치에 실망하고 새로운 정치를 갈망하는 국민의 요구를 대중의 어리석음으로 폄훼했다"고 말했다. 안 후보는 입법부 축소를 일종의 '위기 대응 구조 조정'으로 간주하는 CEO식 사고방식도 드러냈다. "정치 혐오를 바로잡으려면 정치권이 뼈를 깎는 구조 개혁을 해야 한다."

MB의 수사법을 떠올리는 이유

대선에서의 득표력만 생각하면, 대중의 정치 혐오와 잘 공명하는 안철수식 정치관은 오히려 장점에 가깝다. 진짜 문제는 집권 이후다. 의미가 모호한 '국민의 뜻'과 '전문가의 진심'에만 의존하는 대통령의 통치에 유권자는 어떻게 책임을 물을 수 있을까가 핵심 질문이 된다.

무소속 단임 대통령은 임기 내내 이겨야 할 선거가 남아 있지 않다. 설사 안 후보가 당선 전후 입당을 선택한다 해도 문제는 남는다. 유권자에 반응하는 정당보다 전문가 집단이 '정답'을 더 잘 안다고 믿는 대통령을 당이 통제할 방법은 거의 없다. 유권자와 정치인 사이에 책임을 강제할 고리가 끊어지는 것이다. 그러면 유권자는 오로지 정치인이 끊임없이 옳은 판단을 내리기만을 손 놓고 기대해야 한다. 정치권과 학계 인사들이 입을 모아 지적

하는 위험 요소다.

안 후보는 핵폭탄급 정치 쇄신안을 던진 10월 23일 강연 말미에 존 로크의 말 "새로운 의견은 일반적이지 않다는 이유로 언제나 의심받고 반대에 부딪힌다"를 인용했다. 10월 26일 강연에서는 "그 말을 왜 썼냐면, 강력한 반대가 있을 줄 알았기 때문이다"라고 언급했다.

이와 비슷한 수사법을 즐겨 사용한 정치인이 한 명 더 있다. MB다. MB는 한반도 대운하와 4대강 사업이 반대에 부딪힐 때마다 "경부고속도로도 반대가 많았고, 청계천 사업도 다들 반대했다"고 입버릇처럼 말했다.

MB 또한 정당정치가 고비용 저효율이라고 믿었던, '일하는 청와대'와 '정쟁에 휩쓸린 여의도'를 대조하기를 즐겼던, 여론과 전문가의 반대를 본인 생각이 옳다는 증거로 여겼던, 유권자가 책임을 강제할 고리가 취약했던 정치인이다.

〈2012년 11월〉

●

정치권이 기득권을 내려놓아야 한다.

2012년 불어닥친 안철수 현상은 기성 정치에 대한 불만의 폭발이었다. 기성 체제를 뒤흔들 귀중한 에너지가 하필 준비되지 않은 인물에 결집했다. 안철수 현상 최대의 약점은 안철수였다.

희뿌연 불안감이 결정적으로 구체화한 장면이

그가 "국회의원 200석 축소"를 던진 순간이었다.

고민이 없지는 않았다.

박근혜라는 반대편 옵션도 명백히 나빠 보였다.

안철수 카드에 흠집을 내는 것이 옳은가라는 생각도 들었다.

신경 쓰지 않기로 했다.

그런 판단은 언론이 하는 게 아니라고 배웠다.

가장 유력한 후보 박근혜가 지도자로서

결격 사유가 아주 많았기 때문에,

당시 진보 언론들은 안철수 후보에 대한 비판을 자제하는 편이었다.

이 기사는 이른바 진보 언론 계열에서,

안 후보를 가장 중요한 지면(〈시사IN〉 커버 스토리였다)에서

전면 비판한, 내가 아는 한 최초의 기사다.

모두가 민감한 대선 국면이었고,

내 기자 생활에서 손꼽히게 어려운 판단이었다.

안철수는
베버를 잘못 읽었다

"정치는 책임지는 것이다. 막스 베버가 '책임 윤리'를 강조한 것도 그 때문이다. 제가 정치를 시작한 이래 매번 책임져야 할 일에 대해서는 책임을 져왔고, 이번 일에 관한 정치적 책임은 전적으로 제가 져야 한다고 생각한다."

국민의당 안철수 공동대표는 6월 29일 대표직 사퇴 기자회견에서 정치사회학의 거두 막스 베버를 인용했다. 리베이트 의혹으로 당이 휘청거리는 상황에서, 베버가 말한 정치인의 책임 윤리를 다하기 위한 결단이 곧 사퇴라는 의미였다. 그는 '막스 베버의 책임 윤리'라고 메모한 종이를 들고 회견장에 들어왔다.

이 장면은 보기보다 의미심장하다. 2011년 서울시장 후보로 급부상한 이후, 정치인 안철수가 5년 동안 보여준 정치 궤적을 관통하는 단서가 이 장면에 풍부하게 들어 있다. 다만 당사자가 보여주려 했던 방향과는 다른 단서다. 결정적인 문제는 베버가, 그리고 안 전 대표가 사용하는 '정치인의 책임'이라는 개념을 이해하는 방식에 달려 있다.

베버는 책임 윤리라는 개념을 '정치인으로서 결과를 감당하는 자세'라는 의미에 가깝게 사용한다. 『소명으로서의 정치』에서 베버는 이렇게 썼다. "책임 윤리를 따르는 사람은 인간의 평균적 결함을 고려하고, 자기 행위의 결과를 다른 사람에게 떠넘길 수 없다고 생각한다." 같은 책에 실린 해제에서 최장집 고려대 명예교수는 책임 윤리를 이렇게 해설한다. "사건의 전체 구조와 맥락에서 행위자(정치가)가 자신의 결정이 어떤 결과를 가져올 것인가를 생각하는 판단력과 사려 깊음을 뜻한다."

안철수의 이유 있는 오독

정치가는 세상을 어떤 방향으로 바꾸겠다는 식의 대의를 품는다. 베버의 개념으로 바꾸면, '신념 윤리'다. 하지만 인간 세상은 언제나 불완전하고 결함이 있기 때문에, 좋은 대의를 추구하는 정치가의 노력이 좋은 결과로 이어진다는 보장이 없다. 그럼에도 정치가는 결과를 만들어내야만 하는 직업이다(책임 윤리). 그러므로 유능한 정치가는 자신이 품은 대의에 도달하는 길을 현실에서 찾아내는 과업을 스스로 짊어진다. 이런 보기 드문 정치가를 베버는 신념 윤리와 책임 윤리를 조화시키는 정치가라고 부른다.

베버가 인용된 6월 29일 기자회견에서 정작 베버가 말한 책임 윤리를 찾아보기는 쉽지 않다. 정치가의 책임이란 '결과를 이루어내야 하는 책임을 감당하는 것'이라는 접근법은 온데간데없다. 그 자리는 "책임지고 물러나겠다"는, '감투'를 내던지는 것으로 책임을 졌다는 통속적인 접근법이 채웠다. 『소명으로서의 정치』를 번역한 박상훈 박사는 알기 쉽게 말했다. "베버를 잘못 읽었다."

이 오독은 보기보다 더 이상한 사건인데, 안철수 전 대표 본인이 이미 정론에 가까운 베버 독법을 제시한 적이 있기 때문이다. 2012년 대선을 앞두고 내놓은 대담집 『안철수의 생각』에서 그는 이렇게 말한다. "리더는 건전한 생각을 가진 것만으로는 곤란합니다. 결과를 잘 만들어내야 할 책임이 있는 것이죠. 독일의 정치철학자인 막스 베버는 『소명으로서의 정치』에서 정치인은 신념 윤리와 책임 윤리를 함께 가져야 한다고 했습니다. 개인적인 신념을 가질 뿐만 아니라 아무리 힘들더라도 이 신념을 현실 세계에서 이루어내야 한다는 뜻이지요." 2012년의 그는 '결과를 이룰 책임을 감당하는 자세'라는 개념을 이해하는 것처럼 보였다. 하지만 2016년에는 아니다.

이는 단순한 오독을 넘어선다. 2012년의 말과 2016년의 말, 둘의 차이는 정치를 대하는 근본적인 태도 차이를 함축한다. 다음 단서는 이 대목에 있다. "제가 정치를 시작한 이래 매번 책임져야 할 일에 대해서는 책임을 져왔고…."(2016년 사퇴 기자회견) 무슨 의미일까. 그는 전에도 비슷한 표현을 한 적이 있다. 2015년 12월 6일, 당시 새정치민주연합(현 더불어민주당) 탈당을 앞두고 최후통첩 성격의 기자회견을 할 때다. 당시 그는 "저에게는 고통스럽고 힘든 선택이었지만 기꺼이 그렇게 했고, 결과에 대해서도 스스로 책임져왔습니다"라는 말을 한다. 이번 사퇴 기자회견의 발언과 판박이다. 2015년 당시에 안 전 대표 주변에서 흔히 들을 수 있는 말은 이런 것이었다. "7·30 재·보선에서 4 대 11로 패배한 바로 다음 날에 안철수 대표는 곧바로 책임지고 대표직을 던졌다. 그런데 문재인 대표는 재·보선을 연전연패하고도 왜 대표직을 붙들고 있나. 책임져야 하지 않나." 책임을 질 사건의 성격이 선거 패배에서 리베이트 의혹으로 달라졌을 뿐, '안철수는 사퇴로 책임을 지는 정치인'이다. 그때나 지금이나 핵심 주제 문장이다.

안 전 대표와 그 주변에서는 왜 '사퇴=책임' 등식이 성립하는 것일까. 베버로 돌아가면, 정치가의 책임은 신념을 현실로 만들 수 있도록 감당하는 태도에서 나온다. 사퇴는 이런 의미의 책임과는 거의 정반대에 있다. '사퇴=책임' 등식의 기원은 다른 곳에서 찾아야 한다. 한국 사회에 꽤 보편적인, 정치인의 권력과 지위를 감투로 이해하는 통념에서 이 등식은 정확히 성립한다. 사퇴는 감투를 내려놓는 것이니 큰 희생이고, 그러므로 책임을 다하는 태도가 된다.

권력을 운용하는 자리를 감투로 이해하는 한국의 정서는 워낙 뚜렷해서 이미 반세기 전에 미국인 관찰자의 눈을 잡아끌었다. 주한 미국 대사관에서 근무했던 외교관이자 한국학 연구자 그레고리 헨더슨은 1968년에 내놓아 이제는 고전 반열에 오른 『소용돌이의 한국 정치』에서 한국 정치의 독특한 특성을 묘사했다. 성곽도시, 봉건영주, 상인 사회, 길드, 계급 집단 등 '국가와 맞설 수 있는 사회적 중간 집단'을 거의 가져본 적이 없는 한국사의 특징 때문에, 한국인들은 국가와 개별적인 관계를 맺고 '국가 중심부와의 거리'를 기준으로 서로의 서열을 매긴다. 그래서 극도로 구심력 강한 소용돌이, 권력과의 거리를 좁히려는 강한 중심 지향성이 등장한다고 헨더슨은 주장했다.

베버의 세계 VS 감투의 세계

이 소용돌이형 세계관에서 공직은 책무나 소명이라기보다는 우선 감투가 되고, 더 높은 공직일수록 더 큰 감투로 간주된다. 정치란 최고의 감투, 즉 대통령이라는 중심을 향해 가는 여정이다. 오로지 한국만의 현상은 아니지만, 한국에서 유난히 뚜렷한 현상이기는 하다. 헨더슨은 이렇게 비교했다. "한국인은 관직과 권력이 곧 사회적 계급을 결정한다고 보고 있다. 한국인은 대통령을 국가 통치권자의 의미로 받아들이지만, 미국인은 대통령을 행정 기능의 의미로 받아들인다."

이제 2012년 『안철수의 생각』과 2016년 대표 사퇴 기자회견문의 본질적 차이를 확인할 수 있다. 전자가 '베버의 세계'라면 후자는 '감투의 세계'다. 베버의 세계에서 책임지는 방식은 감당하는 것이고, 감투의 세계에서 책임지는 방식은 내려놓는 것이다. 정치가의 사퇴란 베버의 세계에서는 꼴사나운 뒷걸음질이다. 하지만 감투의 세계에서는 숭고한 희생이다. 안철수 전 대표의 길지 않은 정치 이력 내내 거듭된 사퇴를 누군가는 책임지는 자세로 보고, 반대로 누군가는 무책임하다고 본다. 책임진다는 개념을 '감당할 책임'으로 보는지 '권한을 내려놓음'으로 보는지에 따라 판단은 극적으로 갈린다.

2016년 안철수의 오독은 이렇게 해서 정치를 보는 관점의 뿌리까지 내려가는 문제가 된다. 민주주의 체제는 어떤 관점을 더 선호할까. 박상훈 박사는 이렇게 말했다. "사퇴로 책임을 진다는 발상은 자리·지위·권력이 내 소유물이라고 생각할 때 가능하다. 하지만 이건 민주주의의 권력관이 아니다. 민주주의자에게 권력이란 자기 소유물이 아니라 어떤 과업을 해내겠다고 약속하여 주권자에게 위임받은 힘이다. 그렇기에 권력은 감투가 아니라 감당해야 하는 것이다. 이것이 민주적 책임성의 원리다." 민주적 책임성의 원리는 정치가가 베버의 윤리에 구속될 것을 요구한다.

감투의 세계관에서 사퇴는 분명 희생적 행동이다. 따라서 안전 대표의 거듭된 사퇴를 정략적 꼼수로까지 해석할 이유는 없다. 그는 정치적 계산을 한다기보다 진심을 담은 결단을 고통스러워하며 내리고 있을 수 있다. 그러나 그가 감투의 세계관에 머물러 있는 한, 그는 진심일수록 더욱더 민주적 책임성의 원리와 멀어지게 된다. 정치인 안철수의 5년을 내내 따라다닌 역설이다.

어쨌든 한국의 여론은 정치적 지위와 권력을 감투로 받아들이는 경향이 강하다. 직을 사퇴하는 정치를 좋게 보는 정서가 만만치 않다. 안철수 전 대표가 사퇴 카드로 상황을 일거에 뒤집지는 못했지만 대선 레이스에서 아예 탈락했다고 보는 이는 거의 없다. 검찰 수사에서 치명적인 상처를 입지 않는 한 그가 부활할 가능성은 제법 높다. 안철수표 정치는 평균적 한국인의 정치관과 큰 무리 없이 만나기 때문에 주인공이 누가 되었든 끈질기게 되돌아온다.

이 세계관에서 정치란 감투를 추구하는 것이어서 선망과 환멸을 동시에 자극한다. 감투에 접근할 가능성이 보이면 선망하고, 전망이 어두울수록 혐오하기 쉽다. 보통의 주권자는 접근 전망이 어둡기 때문에, 정치 혐오는 매력 있는 상품이 된다. 이 혐오스러운 지위를 내려놓는 초연함 또한 사랑받기 쉬운 태도가 된다. 이 와중에 민주적 책임성의 원리는 증발한다.

안철수 전 대표는 정치적 고비를 맞이할 때마다 2012년 9월의 대선 출마 선언문을 다시 꺼내 읽는다는 말을 종종 했다. 대선 출마 선언문에는 이런 문장도 있다. "저에게 주어진 시대의 숙제를 감당하려고 합니다." 그가 이 '감당한다'는 말을 민주적 책임성의 원리로 다시 해석할 때, 5년을 따라다닌 역설이 해소될 길도 열릴지 모른다.

〈2016년 7월〉

●

정치가의 사퇴란 베버의 세계에서는 꼴사나운 뒷걸음질이다.
하지만 감투의 세계에서는 숭고한 희생이다.
이 기사는 '안철수'라는 이름을 빼고 읽을 때
더 중요한 이야기가 된다.
'감투의 세계'에 머물러 있는 정치가는 그 아니라도 아주 많다.
반면 우리가 앞서 살펴본, 오바마가 동성혼 문제를
다루는 방식은 '베버의 세계'를 잘 보여준다.

삶을 갈아넣은
한국 진보 정당사

어느 무명 정당인이 갑작스레 세상을 떠났다. 원내에서 가장 작은 당에 몸담았고, 대중에게 전혀 알려지지 않았으며, 구의원 선거 한 번 나온 적 없는 사람이었다. 역사의 귀퉁이에 한 줄 기록되기도 쉽지 않은 이 죽음은, 그러나 그와 동시대를 살며 같은 꿈을 꿨던 이들의 마음을 흔들었다. 무대 위의 삶을 살지 않았던 그가 남긴 흔적도 많지 않았다. 그를 추모하는 이들은 사진 한 장 더 찍어두지 않은 자신을 책망하며 휴대전화와 컴퓨터를 뒤졌다.

오재영. 1968~2017년. 마지막 직책은 정의당 노회찬 원내대표의 정무수석. 하지만 더 많은 사람들이 기억하는 별칭은 진보 정당의 '영원한 조직실장'. 그를 빼놓고 한국 진보 정당사를 쓸 수 없는 장막 뒤의 조정자였다. 3월 22일 심근경색으로 사망했다.

"재영 씨가 노래를 저렇게 부르는군요. 〈낭만에 대하여〉가 애창곡인지도 오늘 처음 알았습니다… 동지 오재영을 건강히 지켜내지 못해서 죄송합니다." 권신윤. 오재영의 부인이자 동료 활동가. 오재영의 추도식이 있던 3월 25일, 생전의 영상을 본 권신윤이 추모객들에게 한 말이다. 강한 동질적 경험을 함께한 집단만이 이해하고 나눌 수 있는 미묘한 정서가 배어 있다. 이 독특한 세대, 독특한 집단의 독특한 궤적을, 오재영의 삶을 통해 들여다봤다.

ⓒ이정현

● 진보 세력의 '위대한 조정자' 역할을 했던 고 오재영 정의당 노회찬 원내대표 정무수석의 생전 모습.

진보 정당 최고의 무기는 촘촘한 지역 조직

1968년생 오재영은 87학번이다. 대략 이 세대부터, 1991년 대학생 강경대의 시위 중 사망 사건을 겪은 90년대 초반 학번까지, 한국 진보 정당 건설사에 청춘을 바친 이들이 몰려 있다. 오재영의 삶은 그래서 개인사와 세대사와 정당사, 세 차원의 역사가 만나는 교차점이다.

그의 추도사에 빠지지 않는 표현이 '영원한 조직실장'이다. 오재영은 민중민주(PD) 계열 학생·청년 운동 시절부터 조직 담당자를 도맡았다. 1992년 민중 후보로 대선에 출마한 백기완 후보 선거대책본부에서도 조직팀에서 일했다. 잠시 구속되었다 나온 1998년, 오재영은 국민승리21에 결합해 진보 정당 건설에 참여한다. 이때부터 2007년까지 계속 조직국장과 조직실장 등 조직 책임자로 일했다. 그런데 진보 정당의 조직 책임자란 대체 무슨 일을 하는 자리인가?

"정당에서는 당헌이 곧 헌법이고, 당규가 곧 법률이다. 민주노동당 헌법과 법률 초안을 오재영이 잡았다고 보면 된다." 김용신. 정의당 정책위 의장. 오재영과 동시대에 학생운동과 진보 정당 활동을 함께했던 동료의 회고다. 당헌과 당규는 정당의 권력을 형성하고 배분하는 규칙이다. 누가 어떤 방식으로 당권을 갖거나 공직 선거 후보자가 되는지 여기서 결정된다. 보통 조직 책임자가 여기에 개입할 이유는 없다.

그러나 창당기의 민주노동당은 노동 · 농민 · 빈민 단체와 각양각색의 운동 정파 등 이질적 조직들의 위태위태한 연합체였다. 당직과 공직 후보 선출부터 중앙당과 지구당의 재정 배분 원칙까지, 조직들 간의 동의 없이는 한 걸음도 나아갈 수 없는 구조였다. 선진국 정당의 당헌 · 당규를 그저 가져온다고 해결될 리 없다. 당내의 모든 이해관계를 일일이 조율해가며, 어떤 조직도 불만은 있을지언정 떨어져나가지는 않을 수준의 합의안이 나와야 했다. 오재영은 창당 과정에서 여러 부문과 정파와 지역을 넘나들며 이 터무니없는 숙제를 감당해냈다.

동료들이 인상적으로 기억하는 오재영의 입버릇 중 하나는 "현장의 상태를 파악하지 못하는 중앙은 존재할 자격이 없다"였다. 현장을 모르는 중앙당은 엉뚱한 지시와 해결책을 내리고, 그러면 현장은 작동하지 않으며, 결국 중앙당의 권위가 무너진다. 다시 김용신의 회고다. "정당에서 전략이나 기획이 더 중요하고 멋있는 일처럼 보이지만, 무슨 아이디어든 집행하려면 조직을 실제로 움직일 수 있어야 한다. 결국 조직이 없으면 전략도 기획도 없다. 그 출발선에 늘 서 있는 사람이 오재영이었다. 그래서 당 지도부가 어느 정파에서 나오든 오재영은 계속 쓰려고 했다."

2000년대 초반은 민주노동당의 폭발적인 성장기다. 2000년 창당한 민주노동당은 2002년 지방선거에서 정당 득표 8%를 얻으며 국고보조금을 받게 된다. 초기 당직자들은 이때 처음으로 월급이란 걸 받아봤다고 기억한다. 창당 준비 초기에는 월 20만 원 활동비로 버텼고, 2002년 지방선거 직전까지도 최저임금에 한참 못 미치는 활동비만 받고 뛰었다. 2004년 총선에서는 정당 득표 13%와 지역구 두 곳의 승리로 10석 원내 정당으로 약진한 다. 최전성기였다.

당시 민주노동당의 무기 중 하나가 촘촘한 지역 조직이었다. 지구당*보다 더 세부적인 동네 조직이 전국에 깔렸다. '분회'라 고 불렀다. 자발적으로 당비를 내고 동네 당원 모임에 제 발로 나오는 진성 당원 조직은 기존 정당들에게 공포였고, 민주노동 당에게는 자부심의 원천이었다.

"그때 남편은 집에 와서도 마치 콜센터 직원처럼 일했다. '몇 명이나 모아야 분회야?' 이런 전화가 전국에서 쏟아지더라. 사 회성이 좋다고 할 수 없는 사람인데, 우리 동네에서 분회 모델을 만들어보겠다고 동네 술자리에도 열심히 나갔다." 부인 권신윤 의 말이다. 당은 전국 분회장들을 해마다 한자리에 모았다. 2000 년 200명, 2001년 300명이 모이더니, 2003년 8월 무주에서 열 린 제3차 분회장 수련회에는 1,000명이 넘게 몰려들었다. 지역 구 한 곳당 풀뿌리 조직 책임자가 평균 4명 이상 살아 움직였다

---

* 국회의원 지역구 단위마다 설치하는 정당 지역 조직. 2004년 이후 불법이다.

는 의미다. 초창기부터 있던 당직자들은 지금도 '진보 정당 영광의 순간'을 꼽을 때 2003년 8월 무주를 빼놓지 않는다. 대중의 눈에 들어오는 성과는 2004년 총선이었지만, 2003년의 무주는 '우리가 이기는 길로 가고 있다'는 자신감을 당내에 심어줬다.

"2000년 총선이 끝나고 평가 보고서를 보는데 감탄이 나오더라. '○○정공 싼타모 A라인 분회', 뭐 이런 식인 거야. 조직국이 분회 사업을 입에 달고 살더니 공장 단위도 모자라서 아예 자동차 생산 라인마다 분회를 깔아버렸더라고. 이 분회가 나중에 동네로 산개해서 지역 분회의 마중물이 되는데, 특히 울산과 창원 선거에서는 이런 조직이 큰 힘을 발휘했다." 신장식. 진보 정당 활동가 출신 변호사. 주로 기획 파트에서 일하며 조직 책임자 오재영과 호흡을 맞췄다. 그는 "정파·부문 간 조율, 풀뿌리까지 뻗어나간 조직 확장, 이 두 가지가 오재영의 대표 업적이다. 둘 중 하나라도 실패했다면 민주노동당의 전성기는 오지 않았을 수도 있다"고 말했다.

우리는 미래를 당겨썼다

오재영이 호흡을 맞춰 일한 당 사무총장 중에는 소속 정파가 달랐던 인물도 있다. 2004년 총선 이후 사무총장으로 왔던 김창현은 민족해방(NL) 계열이다. 김창현은 사무총장으로 올 때부터 당을 움직이는 핵심인 조직실장을 '우리 사람'으로 바꾸라는 압력을 강하게 받았다. 버텼다. "그때는 정파 대립이 가장 격렬했던 시기다. 오재영은 항상 '일이 되게 하는 방법'을 고민했다. 자기 신념과 충돌할 때도 그랬다. 파국으로 갈 안건은 아예 올라가지 않도록 조율하고, 합의안을 어떻게든 장막 뒤에서 만들어냈다. 옛날 얘기지만, 2008년 분당 위기 때 나와 오재영이 사무총장과 조직실장으로 있었다면 결과가 다르지 않았을까 생각할 때가 있다."

이렇게 해서 오재영은 그의 숨은 역할을 아는 동료들로부터 '위대한 조정자'로 평가받았다. 역설이다. 조정자는 위대할수록 주목받지 못한다. 성공한 조정은 외부인의 눈에 보이지 않는다. 오직 실패한 조정만이 파국을 만들어내며 외부에 알려진다. 조직실장 오재영은 정당 인생 내내 당 밖에서는 철저한 무명이었으니, 무명이란 성공한 조정자만이 누릴 수 있는 영광이었다.

민주노동당의 전성기는 짧았다. 2004년 총선 승리 이후 다음 추진력을 확보하지 못하던 당은 정파 갈등과 실력 부족을 노출했다. 2008년, 당이 깨진다. 분당의 결정적 계기가 된 2월 3일 임시 당 대회. 이날 심상정 비상대책위원회의 당 혁신안이 대폭 수정되어 사실상 부결된다.

"이날 당 대회장으로 가는 차 안에서 이혼할 뻔했다." 부인 권신윤의 회고다. "남편이 '안 될 것 같아'라고 하더라. 나는 그게 분당에 찬성한다는 뜻인 줄 알고 화를 냈다. 남편 정파의 노선이 그랬으니까. 그런데 알고 보니 '막으려고 해봤는데 안 될 것 같아'라는 뜻이더라. 당이 깨진 날, 남편이 집에서 엉엉 울었다. 같이 살면서 그런 모습은 처음 봤다." '내 손으로 만든 당'이 쪼개져 나가는 충격은 그를 휘청거리게 만들었다. 충격은 오재영뿐만 아니라 진보 진영 전체를 때렸다. 진보 정당 주위에는 농반진반으로 이런 말이 있다. "소련 붕괴 이후와 민노당 분당 이후에 이쪽 판에 변호사가 갑자기 확 늘었다. 갈 길을 잃은 활동가들이 자격증을 따러 몰려가서 그렇다."

오재영은 당 재건이 당분간 어렵다면 인물을 앞세워 계기를 만들자고 마음먹었다. 2008년과 2012년 총선에서 노회찬 의원을 도왔다. 노 의원은 2012년 원내 입성에 성공했지만, 당선 10개월 만인 2013년 2월에 의원직 상실형을 받는다. 이른바 '삼성 X파일'에 나오는 '떡값 검사'의 실명 공개가 발목을 잡았다. 분당 충격을 털고 일어서려던 오재영에게는 무릎이 꺾이는 2연타였다.

이맘때 그는 아내에게 "내가 이 나이에 할 수 있는 게 있을까? 이거(정당 활동)밖에 안 해봤는데"라고 말했다. "그때만큼 남편이 허망함을 느꼈던 적이 없는 것 같다"고 권신윤은 회고했다. 생계가 곤란할 때 임시직처럼 하던 학원 강사로 아예 새 출발을 할 생각도 했다. 문과 출신이 이과 수학을 새로 공부해 가르치며 3년을 전업 강사로 보냈다. 2016년 총선에서 노회찬 의원이 원내로 돌아왔고, 오재영을 불렀다. 쌓였던 빚을 학원 강사 일로 전부 청산하던 날, 오재영은 부인에게 물었다. "나 다시 돌아가도 될까?" 그는 다시 돌아왔지만, 이번에는 11개월 만에 돌아오지 못할 길을 떠났다.

신장식 변호사는 자신의 페이스북에 이렇게 썼다. "2002년 대통령 선거. 권영길 선본의 실무 책임자 9명(신 변호사 본인도 포함된다) 중에 이재영 정책실장, 조승범 홍보실장, 오재영 조직실장세 명이 세상을 떴다. 우리는 미래를 당겨쓴 것이다. 몇 년 치 시간과 기력을 다 쏟아부으면서도 우리는 즐겁고 호기로웠다. 그래서 지금 아프고, 죽고, 죽고, 아프고…." 신 변호사도 2009년에 건강이 극도로 악화되어 당을 떠났다.

2002년 대선 실무 책임자 대부분이 당시 30대 초반이었다. 신변호사는 이렇게 말했다. "이미 있는 당에 가서 시작한 것과 우리 손으로 직접 만들어간 경험은 전혀 다르다. 이 당은 우리가만들었다는 강렬한 집단 체험이 그 숱한 고난에도 우리 세대를붙들었다. 그러다보니 진보 정당 20년사가 한 세대를 '갈아넣어서' 굴려온 역사라는 평가는, 아프긴 해도 거짓이라고만 할 수는없다." 남편이자 동지를 떠나보낸 권신윤은 헛헛한 심경을 이렇게 말했다. "정당 활동이 사람들에게 삶의 동력이 되지 않고 그저 정체기를 버티고 있다는 느낌, 그게 참 힘들다. 돌아가신 분들의 사인死因이야 서로 다르지만, 결국 사람들을 죽음으로 몰아붙이는 건 그게 아닐까."

"너무 책임감 갖고 일하지 마. 사람은 그러다 죽어." 김종철. 당을 준비하던 1990년대부터 오재영과 함께 활동했고, 지금은 노회찬 원내대표 비서실장으로 있는 그가 내게 한 말이다. 내가 그저 그 순간 앞에 앉아 있었을 뿐, 먼저 떠나간 오재영에게 하는 말로 들렸다. 많은 동료들이 오재영을 기억할 때 '책임감'을 떠올렸다.

제 신념을 내세우기보다 결과에 책임지려 하고, 빛나지 않는 종류의 헌신을 찾아다니는 사람이 있었다. 그는 기존 정당으로 합류해 유력 정치인이 되지도 않고, 대학 시절 기억을 품고 생활인으로 돌아가지도 않은, 대학 이후의 삶을 통째로 진보 정당에 '갈아넣은' 아주 특수한 세대, 특수한 집단에 속했다. 삶의 사반세기를 '대책 없이' 투자한 이들에 진보 정당은 큰 빚을 졌다. 만약 한국 사회가 진보 정당의 견인에 빚을 졌다고 하면, 동시에 오재영에게도 빚이 있다. 그는 진보 정당의 최전성기를 이끌어낸 숨은 주역이었으되, 아마 한국 정치사에 이름 한 줄 남지 않을 것이다. 그 철저한 무명의 기록이야말로 그가 위대한 조정자였다는 증거일지 모른다.

〈2017년 4월〉

●

어느 무명 정당인이 갑작스레 세상을 떠났다.

원내에서 가장 작은 당에 몸담았고,

대중에게 전혀 알려지지 않았으며,

구의원 선거 한 번 나온 적 없는 사람이었다.

2017년 5월 9일. 대선 당일.

정의당 사람들이 하나같이 여의도에 안 보였다.

거의 캠프 마비 수준.

어렵게 연결된 한 당직자에게

"당선권 아니라고 너무 노는 거 아니심?"이라고 투덜댔다.

"재영이 형 사십구재라서 다 거기 가 있어."

한참을 수화기만 들고 서 있었다.

보수 집권 9년 동안 몰락한 것은 보수만은 아니었다.

민주당 계열과는 결이 다른 독자 진보 정당을 건설하려던

시도도 시간이 갈수록 막다른 골목으로 몰리고 있다.

오재영이라는 '무명의 영광'을 조명하면서,

한 세대를 헌신하게 만들었던 진보 정당 도전사를 보여주고 싶었다.

4부

공정의
역습

그러나 이것은 해피엔딩이 아니다.
진짜 이야기는 지금부터다. 무엇이 공정인가?
사람들은 어떨 때 공정하다고 느끼고 무엇을 불공정하다고 느끼나?
간단해 보이는 질문이지만 답하기는 대단히 복잡하고,
거기서부터 놀랍도록 풍부한 이야기가 풀려나온다.
그러니까 이것은 우리 시대를 휩쓴 공정의 역습에 대한 이야기다.

인제는 돌아와 국가 앞에 선 일베의 청년들

장면 하나. 9월 6일 토요일, 서울 광화문광장 세월호 단식 농성장 앞에 인터넷 커뮤니티 '일간베스트 저장소(일베)' 회원들이 대거 모였다. 이곳에서 이들은 세월호 유가족의 단식을 조롱하는 '폭식 투쟁'을 하고, '일베 인증' 손동작(손가락으로 'ㅇㅂ'을 그린다)을 하며 애국가를 불렀다. 일베 회원들은 이날을 '906 광화문대첩'이라고 부르며 자축했다.

이날 그들이 보여준 것은 루저 감수성이 아니었다. 그날의 정서는 분명 자부심과 흥분이었다. 일베 사이트는 광화문대첩의 무용담으로 도배가 되다시피 했다.

장면 둘. 새누리당 하태경 의원은 일베를 두고 페이스북에 연일 곤혹스러운 마음을 토로했다. 9월 12일에는 "투쟁 방식을 상식적이고 건전한 방식으로 바꾸십시오. 그러면 저도 함께하겠습니다"라고 썼다. 일베가 보여주는 형식과 내용을 갈라치기하고, 형식의 극단성을 분리수거하면서 내용을 살려가자는 의미다.

장면 셋. 올해 8월에 서울대 사회학과에서 일베 연구로 석사 학위를 받은 김학준은 연구를 위해 일베 회원들과 심층 인터뷰를 진행했다. 그는 인터뷰를 할 때마다 깊은 인상을 받았다. "첫째로 굉장히 착하다. '키보드 워리어'라서 현실에서 주눅이 든 것도 아니고, 할 말 다 하면서도 아주 예의 바른 청년들이 줄줄이 나오더라. 둘째로, 다들 아버지 이야기를 많이 한다. 10대 때부터 아버지를 존경하고 영향을 받은 이야기가 많다. 전반적으로 삶의 태도가 참 순응적이다."

소수자 혐오, 정의, 자부심, 내용과 형식의 괴리 그리고 순응주의. 일베를 설명하는 키워드를 한데 모아놓고 보면 종잡을 수가 없다. 우리는 일베 연구자 김학준 씨와 데이터 기반 전략컨설팅 회사 트리움의 도움을 받아, 그동안 단편적으로만 알려졌던 일베의 모습을 입체 조명했다.

첫 번째 질문은 여론에 충격을 준 광화문대첩에서 시작할 수밖에 없다. 루저·찌질이로 간주되던 이들은 어떻게 해서 이토록 강력한 자부심을 보여줄 수 있었을까.

무임승차론을 앞세운 '일베식 정의 구현'

가장 먼저 깨져나가는 통념이 있다. 일베가 소수자에 대한 혐오 발언만 넘쳐나는, 맥락도 일관성도 없는 쓰레기통이라는 통념이다. 분석 결과 일베는 나름의 예측 가능한 논리 체계와 정의 관념을 갖추고 있었다. 우선은 그들이 공유하는 전제를 받아들이고 논리를 따라가보자.

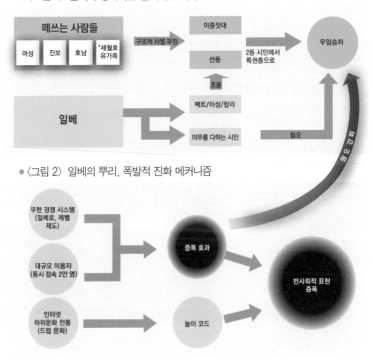

●〈그림 1〉 일베가 생각하는 일베의 논리 구조

●〈그림 2〉 일베의 뿌리, 폭발적 진화 메커니즘

〈그림 1〉은 일베 이용자들이 공유하는 논리 체계를 도식으로 나타낸 것이다. 한 축에는 일베의 '주적들'이 있다. 크게 보아 셋이다. 여성, 진보·개혁 진영, 그리고 호남이다. 한국 사회에서 소수파로 분류할 수 있는 이들이다.

일베가 보기에 여성·진보·호남이 공유하는 특징은 '권리와 의무의 불일치'다. 의무는 다하지 않고 권리는 과도하게 요구한다. 여성은 데이트 비용을 내지 않고 남자를 등쳐먹고, 진보는 제 능력으로 성공하는 대신 국가에 떼를 쓰고, 호남은 자기들끼리만 뭉쳐서 뒤통수를 친다. 이들은 모두 대한민국이라는 국가가 성공해온 역사에 기여한 바가 별로 없다는 공통점이 있다. 일베의 눈에 이들은 2등 시민이다.

국가 건설의 주역은 남성·산업화 세력·영남이고, 그렇기 때문에 이들이 대한민국의 주류가 되었다. 즉 '기여한 만큼 받았다'. 그런데 여성·진보·호남이 비주류의 권리를 내세워, 기여한 것보다 더 큰 보상을 요구한다.

이를 위해 여성·진보·호남이 동원하는 전략이 '이중잣대'와 '떼쓰기'다. 소수파를 비합리적 세력으로 낙인찍는 일베의 무기다. 일베는 "자기들이 하는 박근혜 조롱은 풍자고 우리가 하는 노무현 조롱은 패륜인가?"라고 되묻는다. "능력만 있다면 살 만한 사회인 대한민국"에서 집회·시위는 능력 없는 이들의 떼쓰기로 간주된다.

여성과 진보와 호남은 떼를 써서 과도한 보상을 받는 세력이다. 이제 2등 시민이 특권층으로 변신했다. 의무 없이 권리를 챙기는 '무임승차'다. 반면 병역과 납세 의무를 다하고 성실하게 체제의 요구를 따르는 1등 시민은 돌연 부당하게 권리를 빼앗긴 희생자가 되었다.

일베의 사고 체계에서, 자신들의 혐오와 조롱은 소수자 혐오가 아니라 무임승차 혐오다. 사회 전체에 해를 끼치는 무임승차를 징벌한다는 '강력한 당위'를 공유한다. 이는 일베 이용자들이 사회의 지탄에도 아랑곳 않고 광화문광장에 나설 수 있는 동력이 되었다.

구체적인 사례로 확인해보자. 세월호 유가족은 일베가 공격하기 쉬운 대상이 아니다. 이들이 가족을 잃는 과정을 전 국민이 생중계로 지켜봤다. 어마어마한 감정이입과 공감의 에너지가 있다. 하지만 일베는 세월호 유가족을 상대로도 전선 뒤집기를 시도한다.

그러려면 먼저 '특권', 즉 과도한 보상이라고 딱지를 붙일 거리가 필요하다. 일베는 대학 특례 입학과 보상금 문제를 집요하게 제기한다. 이제 공격할 과녁인 '특권'이 생겼다. 이 구도에서 유가족은 '교통사고를 가지고 대한민국의 발목을 잡는 무임승차자'가 된다.

비교 대상으로 일베는 천안함 유가족을 불러낸다. 이들이야말로 '자격이 있는 희생자'이면서도 세월호 유가족보다 훨씬 적은 보상을 받은 피해자다. 군인 보상 체계와 민간인 보상 체계가 다르다는 사실만 무시하면(보통은 이런 중요한 차이를 무시하면 안 된다) '세월호 유가족의 무임승차'와 '천안함 유가족의 희생'이라는 스토리가 완성된다.

일베에게 이 구도는 이미 익숙하다. 일베가 끈질기게 공격 대상으로 삼는 5·18을 다루는 방식이 정확히 이렇다. 일베는 5·18 희생자 유가족이 '국가 보상으로 호의호식한다'고 주장하면서, 반대편에 '폐지를 줍는 한국전쟁 희생자 유가족'을 배치했다. 이제 5·18 유가족에도 무임승차 딱지가 붙는다. '일베식 정의 구현'의 핵심은, 소수자가 국가로부터 받는 보호를 집요하게 파고들어 이들을 무임승차자로 낙인찍는 과정이다. 무임승차자라는 규정이 일단 한번 먹혀들면, 이는 일베의 영향력을 넘어서는 강력한 힘을 갖게 된다.

보수를 유혹하는 일베 코드

금융권에서 일하다 퇴직한 50대 남성 최 아무개 씨는 2007년 대선에서 이명박 후보를, 2012년 대선에서 문재인 후보를 찍었다. 인터넷에 많은 시간을 들이지 않는 그는 일베를 들어가본 적도 없다. 하지만 그는 세월호 유가족이 화제에 오르면 정확히 일베와 같은 반응을 보인다. "특례 입학이며 보상금이며 하는 건 좀 과한 거 아닌가? 단식하는 유민 아빠라는 그 사람은 이혼하고 양육비도 제대로 안 줬다더만."

평범한 장년층에서 흔히 들을 수 있는 말이다. 여기에 깔려 있는 핵심 코드는 자격 없는 이들이 받는 과도한 보상, 즉 무임승차 코드다.

일베에 들어가본 적도 없는 50대 중도층에까지 일베 논리가 침투했다고 해석한다면 영향력을 한참 과대평가하는 꼴이다. 그보다는 무임승차 혐오라는 코드가 일베와 상관없이 폭넓은 공감대를 얻는 힘이 있다는 해석이 더 설득력 있다. 중도층으로서는 감정 소모가 꽤 큰 세월호 감정이입에서 벗어나고 싶던 차에 마침맞은 탈출구이기도 했을 것이다.

팀별 과제에 기여는 하지 않고 학점은 똑같이 받겠다는 대학생, 유리 지갑 월급쟁이를 비웃는 고소득 전문직 탈세자, 자기 경조사는 악착같이 알리다가 남의 경조사는 외면하는 친구, 부하 직원의 기획안에 제 이름을 써서 올리는 상사…. 사람은 무임승차를 보면 자기 일이 아니더라도 화를 낸다.

한국에서만 먹히는 정서도 아니다. 1976년 미국 공화당 대선 경선에서, 4년 후에 대통령이 되는 로널드 레이건은 세계적으로 유명해질 무임승차 스토리를 들고 나온다. 가짜 신원 수십 개를 만들어 복지 혜택을 싹쓸이해 캐딜락을 타고 다닌다는 한 흑인 여성을 레이건은 '복지 여왕'이라고 야유했다.

복지 여왕의 무임승차 스토리와 자연스럽게 이어지는 감세 공약은 레이건을 재선 대통령으로 만드는 데 기여했다. 훗날 복지 여왕은 실제로 존재하지 않는 인물로 확인됐다. 레이건은 얄궂게도 이 복지 여왕을 '흑인' '여성'으로 설정해, 소수자에 무임승차 낙인을 찍는 일베 특유의 기술을 40여 년 전에 보여주었다.

무임승차 혐오 코드가 세계 어디서나 강력한 이유는 인간 본연의 도덕 감정과 정의감에 기반한 분노를 불러일으키기 때문이다. 사회심리학자 조너선 하이트는 『바른 마음』에서 "무임승차자로부터 공동체를 지키려는 강력한 소망"은 인간의 본능이라고 주장했다.

하이트가 보기에 무임승차 징계는 공동체의 생존과 직결된다. 무임승차를 방치하면 공동체를 위해 협력하는 사람이 줄어들어 사회구조가 위태로워진다. 무임승차자 한두 명이 생기면 억울한 마음에 다들 손을 놓아버리는 팀별 과제와 같은 꼴이 된다. 그래서 우리는 자신이 피해를 볼 때뿐만 아니라 별 상관이 없는 경우에도, 무임승차를 보면 분노를 느끼도록 진화했다는 것이 하이트의 주장이다. 무임승차 혐오는 공동체를 지키기 위한 '정의로운 분노'인 셈이다.

사회의 보호를 받는 약자는 손쉽게 무임승차자로 간주되곤 한다. 이때 보수는 "기여한 만큼 받아야 한다"며 무임승차 징계 의지를 드러내는 경향이 있다. 반면 진보는 약자에 감정이입하면서 무임승차가 아니라는 태도를 보인다. 둘 다 인간 본연의 도덕 감정이다.

일베에서 출발한 논의가 무임승차 혐오 코드를 거쳐서, 도덕·정의·공평이라는 도저히 어울릴 것 같지 않던 키워드에 도착했다. 일베가 진정 위력을 발휘하는 장면은, "기여한 만큼 받아야 한다" "무임승차를 징계해야 사회가 유지된다"는 보수적이지만 다수가 공감할 수 있는 보편적인 도덕 감정을 정확히 건드릴 때다.

새누리당 하태경 의원은 일베의 반사회적인 표현 형식과 나름의 일관성을 갖춘 논리 체계를 분리수거하는 것이 가능하다고 믿는다. 전자가 갖는 위험성을 두려워하면서도 후자에 매력을 느꼈다. 일베는 무임승차 혐오라는 매력적인 무기를 쉴 틈 없이 생산해내는 아까운 군수공장이다.

하지만 이런 '분리수거 기획'이 일베를 구원할 가능성은 크지 않다. 이유를 알려면 다음 수수께끼를 풀어야 한다. 왜 일베 이용자들은 그리도 요란하고 반사회적인 표현 양식을 선택해서 나름 중도층에 어필할 만한 내용조차 갉아먹을까.

일베의 뿌리가 된 폭발적 진화 메커니즘

일베를 연구한 석사 논문의 저자 김학준은 그 자신이 '인터넷 죽돌이' 출신이다. 디시인사이드가 그의 '본진'이었고, 일베 역시 일반에 주목받기 한참 전부터 들락거렸다.

김학준은 2011년 6월부터 2014년 2월까지의 '일간베스트 게시물' 33만 개와 '정치 게시판 일간베스트' 10만 개를 수집해 분석했다. 일베 이용자 10명을 상대로 A4 300장 분량의 심층 인터뷰도 병행했다. 그는 일베 회원들과의 인터뷰에서 '일베 방언'을 자유자재로 구사해 긴장감을 누그러뜨렸다.

그가 보는 일베는 첫째, 인터넷 유머 사이트다. 이것은 일베가 인터넷 하위문화의 전통적인 유머 코드를 승계하고 있다는 뜻이다. 둘째, 일베는 큰 사이트다. 동시 접속자가 2만 명을 넘나드는 초대형 커뮤니티다. 셋째, 일베의 시스템은 경쟁 압력이 아주 크다. 짧은 시간에 추천을 많이 받아야 일간베스트 게시물이 되고, 활동량과 일간베스트 게시물이 많으면 레벨이 올라가는 구조다.

이 세 가지 특징이 조합되면 그야말로 폭발적인 결과가 나온다(《그림 2》). 먼저 인터넷 하위문화의 전통적인 유머 코드인 이른바 '지역 드립'이 일베에서는 감당할 수 없을 정도로 '진화'한다. 일베는 '7시 멀티'(시계 방향에 빗대 호남을 이르는 말), '여권' '비자'(광주 여행자는 외국에 입국하는 거나 다름없다며), '홍밍아웃'

(호남 출신임을 고백하는 것), '홍들홍들'(조롱당하고 분노하는 호남 사람) 따위의 지역 드립을 끝도 없이 쏟아낸다.

'노알라'는 원래 노무현 대통령을 신처럼 신봉한다며 조롱하던 말이었다(노무현+알라). 이 말이 노 전 대통령 얼굴을 코알라에 합성한 이미지로 진화하고, 이는 다시 노 전 대통령의 생전 육성을 섞어 만든 리믹스 곡 만들기 경쟁으로 이어졌다. '노무현'이라는 놀이 코드를 누가 더 재미있게 갖고 노는가'라는 게임에 뛰어든 경쟁자들은 서로가 서로를 극단까지 밀어붙였다.

인터뷰 과정에서 김학준이 일베 이용자들에게 노알라 합성 사진을 거론하며 어떤 느낌이 드는지 물었을 때, 대다수는 "그냥 웃기다"는 반응을 보였다. 이들에게는 무엇보다 개그 코드다. "노잼(재미가 없다)"이라는 반응은 있었지만 노무현에 대한 증오를 드러낸 사람은 없었다. 그 이미지가 일베 밖의 대중에게 얼마나 혐오스럽게 비치는지에 대한 감각도 거의 없었다.

일간베스트 게시물이 되려면 더 새롭고, 자극적이고, 의표를 찔러야 한다. 그러다보면 위험한 외줄타기를 벌이는 사용자도 나온다. 아기가 쓰는 젖병 제조공장에서 "여자 젖이 그리우면 빤다"며 '일베 인증'을 한다거나, 심지어 5·18 희생자의 관 사진을 올리고 '홍어 택배'라며 낄낄댄다. 폭발적인 경쟁이 낳은 극단적 결과물이 돌연 현실 세계와 만날 때, 현실은 그 패륜과 반사회성에 아연실색한다. 반대로 일베는 현실 세계의 반응에 어리둥

절해한다. 일베의 눈으로 보면, 현실 세계는 유머 사이트 일베의 정체성인 '드립 문화'를 이해하지도 못하면서, 남의 놀이판에 끼어들어 훈수를 둔다. 일베 용어로 '씹선비'다.

유머 사이트, 유입 인구, 경쟁 압력이라는 삼박자가 갖춰지는 순간 폭발적인 진화가 일어났다. 표현의 반사회성과 극단성은 일베의 구조에 내재한 속성에 가깝다. 보수 일각의 기대처럼 그것만 따로 걷어낼 방법은 사실상 없다.

일베의 진화 메커니즘은 유머 코드만 극단으로 밀어붙인 것이 아니다. 무임승차 혐오라는 날카로운 칼도 결국은 이 폭발적 진화 메커니즘이 극한까지 벼려냈다. '진지 빨고 쓴 글'이 일간베스트 게시물이 되려면, 보수와 중도가 공유하는 무임승차 혐오를 간결하고도 정확하게 자극해야 한다. 경쟁은 무임승차 혐오의 '명중률'을 끊임없이 끌어올린다.

폭발적 진화 메커니즘이 없다면 일베가 예전만큼의 담론 생산 능력을 보여줄 가능성은 높지 않다. 극단성(반사회적 표현)과 전형성(보수 본연의 도덕 감정). 이것은 일베의 두 얼굴처럼 보이지만 사실상 한 뿌리에서 나온 쌍둥이다. 9월 13일 자 한 일간베스트 게시물에서는 일베의 표현 양식이 대중에게 혐오감을 준다는 문제로 논쟁이 붙었다. 한 댓글은 일베의 딜레마를 일베의 언어로 표현해냈다. "진짜로 일베가 클린클리닐베가 돼서 보수층들 쌓이면 막강한데 클린해지면 노잼에 발전 불가."

권위주의 산업화의 아들이 돌아왔다

지금까지 우리는 일베 사고 체계 최초의 가정, '소수자를 특권
층으로 뒤집는 가치 전도'를 일단 그렇다 치고 논의를 끌어왔다.
그 가정을 받아들였을 때 일베가 어떤 논리를 따라 현재의 모습
이 되었는지를 재구성했다. 이제는 마지막 수수께끼를 풀 차례
다. 일베의 청년들은 왜 소수자를 특권층으로 뒤집는 가치 전도
를 거리낌 없이 받아들였을까. 이들은 왜 소수자에 감정이입하
는 길 대신 혐오를 택했을까. 트리움의 도움을 받아 일베 이용자
담론 지도를 그려보았다.

● 〈그림 3〉 일베 이용자 담론 지도(추출된 핵심 의미망)

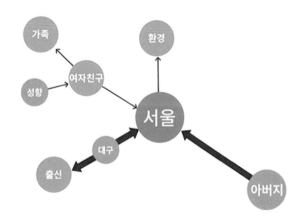

"'아버지-서울' 축이 압도적이네요." 트리움 김도훈 대표의 말이다. 담론 지도는 '아버지-서울' 축이 경부고속도로처럼 중심축을 이뤘다. "이 친구들한테 재밌는 게, 아버지의 삶을 거의 그대로 내면화합니다. 젊은 때는 아버지와 같은 권위에는 반항도 하기 마련인데, 그런 게 없어요." 그럼 서울은 뭘까? "상세 분석을 보면, 경상도에서(담론 지도에서는 '대구') 어렵게 자란 아버지가 서울에 올라와서 나름 자리를 잡습니다. 인터뷰를 한 친구들이 그 서사를 자랑스러워하고 닮고 싶어해요."

좋은('김치녀'가 아닌) '여자친구'를 만나 '서울'에 자리 잡고 '가족'을 이루는 꿈. 인터뷰를 한 일베 이용자들 대부분이 바라는 미래상이었다. 인터넷에서는 극단적 여성 혐오를 쏟아내고 세월호 유가족 앞에서는 폭식 투쟁을 하던 그 일베가 맞나 싶은 평범함. 김학준은 논문에서 "평범함이 유토피아가 되는 시대"라는 표현을 썼다. 아버지 세대의 '평범한 성공 서사'가 이제는 특별해져버린 시대다. 인터뷰에 나섰던 일베 이용자들은 '평범함'을 쟁취하려 발버둥친다. 고통스럽다고 도와달라고 외칠 수는 없다. 그건 무임승차다.

"센 놈에 붙어라." 김도훈 대표가 말했다. "권위주의 산업화 시대의 한국 사회를 버텨내고 살아온 아버지라면, 아마도 몸으로 느낀 생존 전략일 겁니다. 강자에 저항했다면 '힘들게 시작해서 서울에 자리 잡는' 성공을 거둘 확률은 꽤 떨어졌겠죠. 아버지 세대가 체득한 생존 전략을 아들이 저항 없이 받아들이고 있어요. 일베가 무엇인지 정의하라고 한다면 제 가설은 그겁니다. 권위주의 산업화 시대 생존자의 아들이 아버지를 고스란히 물려받아 돌아왔습니다."

'센 놈에 붙어라' 전략에서 소수자에 손을 내밀고 연대하는 것은 금기다. '국가-아버지'에 대한 순응은 소수자 혐오의 동력이다. 김 대표의 가설이 옳다면, 소수자 혐오가 먼저다. 무임승차 혐오는 정당화를 위해 뒤늦게 덧붙는다.

이렇게 해서 일베는 지독한 '구조맹'이 된다. 여성의 유리 천장도, 호남의 지역 차별도, 일베의 눈에는 구조적 불리함이 아니라 개인의 노력 부족이 된다. 사회구조 차원의 유불리를 인정하지 않으니, 소수자에게 주는 지원은 권리가 아니라 무임승차다. 구조맹의 항의는 국가를 향하는 법이 없다. 김학준은 논문의 결론을 "일베 이용자는 근대 한국 체제가 가장 성공적으로 산출해낸 통치 대상이다"라고 내렸다. 국가는, 오직 국가만이 지나치게 성공을 거두었다.

〈2014년 9월〉

●

이렇게 해서 일베는 지독한 '구조맹'이 된다.

2014년 9월에 나는 이 문장을 쓰면서도 이게 무슨 의미인지를 정확히 깨닫지 못했다.

4부 전체는 이 문장의 의미를 찾아나가는 과정이기도 하다.

우리는 이 책의 마지막 장에서 이 문장과 다시 만나게 된다.

그들을 세금 도둑으로 만드는
완벽한 방법

4월은 돈으로 시작했다. 4월 1일 해양수산부는 세월호 희생자 1인당 8억 원(단원고 학생)에서 11억 원(단원고 교사)의 배상·보험·위로금을 지급한다고 발표했다. 보수 언론은 지급액을 강조하는 기사를 1면에 배치했다. 4월 2일, 희생자 가족은 분노했고 삭발로 항의했다. 4월 3일, 정부는 다시 돈으로 답했다. 희생자 가족에게 생계 지원금으로 월 110만 원을 주겠다고 했다.

정부의 발표와 보수 언론의 보도는 세월호 문제를 돈으로 물타기하는 수준을 뛰어넘는다. 여론의 밑바닥 정서에 직접 호소하는 제대로 된 공세다. 세월호 여론은 사고 이후 1년 동안 엉뚱한 길로 너무 멀리 와버렸다. 참사 이후 한국 사회는 어디로 표류했던 것일까. 그리고 왜 그렇게 되었을까. 세월호의 진실만큼이나 한국 사회에 중요한 질문이다.

우리는 데이터 기반 전략컨설팅 회사 아르스프락시아(옛 트리움)와 함께 여론 지형의 변화 추이를 짚어보았다. 주요 분석 대상은 최대 포털 사이트인 네이버의 댓글이다. 참사 1년 전인 2013년 5월부터 2015년 3월까지 96주에 걸쳐서 네이버 정치·사회 섹션 주간 상위 20개 기사의 추천 상위 댓글 100개를 대상으로 했다. 기사 총수는 4,172건, 댓글 총수는 41만 7,200건이다. 이 밖에 주요 커뮤니티 사이트 분석 결과도 참고했다. 온라인 공간 여론 분석은 오프라인과 괴리를 보일 때가 있어 주의 깊게 다뤄야 하지만, 오프라인에서 표출하기 힘든 날것 그대로의 정서를 확인한다는 장점이 있다. 이 경우 온라인 여론은 실제 여론의 선행지표가 된다.

〈그림 1〉은 세월호 참사 직후인 2014년 4~5월 댓글 중에서 '유족'을 키워드로 하는 담론 지도다. 유족에 대한 여론 지형을 읽을 수 있다. 색이 같은 그룹은 하나의 의미 덩어리라고 이해하면 된다.

이 시기 여론은 희생자 가족에 대해 강하게 감정이입한다. '유족'의 '마음'을 '이해'하고 '위로'하며(파란색), '세월호'에 탄 '아이'들이 '구조'되기를 바란다(초록색). '대통령'은 '사과'하고 '정부'는 '책임'을 져야 한다(붉은색). 반발하는 흐름은 있다. 하지만 소수파다. '유족'이 참사를 '정치'에 '이용'하거나 '선동'해

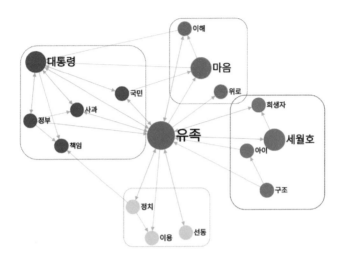

서는 안 된다고 본다(노란색). 이 반응은 지도 한구석에 고립되

어 있다.

'선동'은 보수가 적대 세력에게 즐겨 붙이는 딱지다. 참사 직

후에 정권 보위 반응을 보인 보수 블록은 거의 조건반사로 '선

동' 카드를 꺼냈다. 그런데 안 먹혔다. 상대가 이른바 '전문 시위

꾼'이 아니라 참사의 희생자 가족이었다. 어마어마한 감정이입

의 물결 속에 '선동' 공세는 대세를 돌리지 못했다.

이번에는 〈그림 2〉를 보자. 2014년 7~9월 '유족' 키워드 담론

지도다. 앞서의 지도와는 전혀 다르다. 이번 지도에서는 '유족'

이 적대적 여론에 완벽히 포위된 모습이다. 불과 두 달 사이에

● 〈그림 2〉 키워드 '유족' 여론 지도(2014년 7~9월)

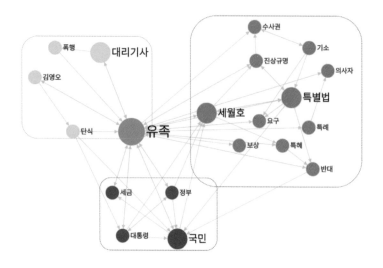

무슨 일이 일어났을까.

지도의 오른쪽 파란색 대륙이 가장 크다. 키워드의 일관성이 뚜렷하다. '특례' '특별법' '특혜' '보상' '의사자'…. 세월호 희생자 가족들이 정부에 과도한 특권을 요구하고 있다는 정서가 여론을 이끌어가기 시작했다.

'특권'은 '선동'과는 차원이 다른 공격이다. '선동'이 정치색 강한 조롱에 가깝다면, '특권'은 인간 본연의 도덕 감정을 자극한다. 특권이란 '자격 없는 이에게 돌아가는 보상', 그러니까 무임승차다. 앞서 일베 이용자들의 심리 체계를 '무임승차 혐오'

코드로 짚어낸 바 있다. 세월호 희생자를 특권층으로 포장해 대중의 무임승차 혐오를 자극하는 것은 일베가 즐겨 쓰는 무기다.

희생자 가족은 피해자인가 특권층인가

세월호 희생자에게 무임승차 딱지를 붙이는 여론 뒤집기는 어디서 출발했을까. 상세 분석 결과를 보면 이른 시기부터 날카롭게 튀어나오는 키워드가 있다. '특례'다. 생존자나 희생자 가족의 대학 특례 입학 문제가 정치권에서 떠오른 순간은 여론 반전의 결정적 장면이었다. 대입 특례 혜택을 받는 대상자는 많지 않고, 정원 외 특례로 입학하므로 피해자도 없다. 그런데도 대입 특례 문제는 여론을 폭발적으로 뒤흔들었다.

대학 입시는 실제 현실이야 어떻든 간에 한국인의 집단 심성에서 혈연과 지연, 재산의 영향으로부터 자유로운 몇 안 되는 청정 지대다. 대입은 계층 사다리 상승의 가장 결정적인 기회로 간주된다. 그래서 대입은 '공정과 능력주의의 보루'라는 특별한 가치를 상징한다. 대입 특례는 이 가치를 침범하는 중대한 반칙이 된다. 이 이슈야말로 대중의 무임승차 혐오 스위치를 더할 나위 없이 정확하게 누른다.

이제 대입 특례라는 '특권의 증거'가 확보됐다. 이후로는 세월호 관련 논의가 '체계적으로' 산으로 갔다. 의사자 지정, 유가족 보상, 특별법 논의가 모두 특권 코드로 재배치되었다. 7월 이후 세월호 후속 논의는 '세월호 이후의 대한민국을 어떻게 만들 것인가'가 아니라 '희생자 가족이 피해자인가 특권층인가'로 흘러 갔다. 이 일그러진 구도에서, 희생자에게 감정이입하는 태도는 무임승차 혐오 코드에 완패했다.

〈그림 3〉은 감정이입 키워드('동정' 등)와 무임승차 혐오 키워드('특혜' 등)의 등장 횟수를 월별 그래프로 그린 결과다. 6월까지는 감정이입 키워드가 압도하지만, 7월부터 무임승차 혐오 키워드가 폭증한다.

8월에는 프란치스코 교황이 한국을 찾아 희생자 가족의 손을 잡아주었다. 예상과는 반대로, 이 장면도 특권층 코드를 오히려

● 〈그림 3〉 세월호 여론 이렇게 요동쳤다

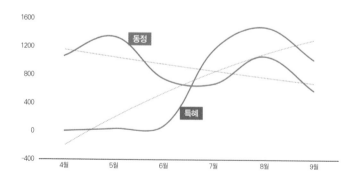

강화했다. 희생자 가족은 교황의 위로를 받는 '특별한 사람들'이 되었다. 특권 관련 키워드의 등장 횟수가 정점에 달한 때가 8월이다.

9월에는 이른바 '대리 기사 폭행 사건'이 일어났다(〈그림 2〉의 노란색 대륙). 여론전 관점에서 보면 이것은 전환점이라기보다는 결정타였다. '약자인 대리 기사 대 특권층 희생자 가족' 구도는 기존 여론 지형에 손쉽게 이어붙일 수 있었다. 당시 희생자 가족의 술자리에는 국회의원이 동석했고, 이 역시 그들이 특권층이라는 증거로 간주되었다.

네이버만의 특이 사항이 아니다. 폐쇄형 네트워크로 유언비어 유포에 부담이 덜한 카카오톡의 상황은 더했다. 전원 의사자 지정, 공무원 시험 가산점, 유가족 생활 평생 지원, TV 수신료 감면, 수도·전기 요금 감면, 아이 보기 지원, 간병 서비스…. 세월호 희생자 가족들이 요구했다는 '특례의 목록'이 카카오톡을 뒤덮었다.

정부·여당은 이런 흐름을 재빨리 감지했다. 새누리당은 세월호 특별법 논의 국면에서 특혜 코드를 십분 활용했다. 주호영 당시 새누리당 정책위 의장은 "세월호 사건은 교통사고다. 그런데 지금 기념관 만들어달라, 재단 만들어달라, 세제 혜택이라든지 특별한 지원 요청이 많은데, 천안함 피해자보다 과잉 배상이 돼서는 안 된다"고 말했다.

이 시점이 7월 24일인데, 당시만 해도 여론의 뭇매를 맞을 무모한 발언으로 들렸다. 하지만 상세 분석 결과로 보면 7월은 대입 특례 논란 이후 여론 반전의 기운이 이미 형성되던 때다. 주호영 정책위 의장의 발언은 계산했든 본능적이든 갓 떠오르던 특혜 코드를 정확히 자극한다. 보수가 보기에 '자격 있는 희생자'인 천안함을 대조시켜 '그저 교통사고'인 세월호 희생자를 특권화하는 기술도 보여주었다.

특별법 통과 이후에는 세월호 참사 특별조사위원회(세월호 특조위)가 타깃이 되었다. 이번에는 김재원 새누리당 원내 수석 부대표가 나섰다. 그는 세월호 특조위를 "세금 도둑" "탐욕의 결정체"라고 원색 비난했다. 세월호 희생자 특권화의 선봉에 섰던 주호영 · 김재원 의원은 겸직 논란까지 불사하며 올해 3월 청와대 정무특보 임명장을 받았다.

정부가 4월을 돈 이야기와 함께 시작한 것은 더 이상 놀랍지 않다. 보상금 논의는 세월호 희생자들을 특권층으로 뒤집는 효과를 낸다. 희생자를 여론에서 고립시키는 검증된 스위치다. 노골적이지만 강력하다. 참사 1주기를 맞이하는 정권 처지에서는 이만한 '위기관리 전략'이 없다.

의문은 남는다. 무임승차 혐오 코드가 아무리 인간 본연의 도덕 감정이라고 해도, 자식 잃은 부모에게 감정이입하는 태도 역시 강력한 인간 본성이다. 실제로 지난해 4, 5월의 온라인 여론을 지배한 것은 후자였다. 정부·여당의 필사적인 노력을 고려해도 반전은 지나치게 빠르고 전면적이었다.

단서가 있을까. 분석팀은 〈그림 2〉의 붉은색 대륙에서 키워드 하나를 주목했다. '세금'이다. 희생자가 받는 '특혜'는 내 주머니에서 나가는 세금을 낭비한다는 서사로 이어진다.

특혜 코드가 켠 조세 저항 스위치

월별 여론 추이를 보면, 세월호 이슈는 8월을 정점으로 점차 비중이 줄어든다. 9월에는 새로운 이슈가 세월호를 대체하는데, '담배'에서 '세금'으로 이어지는 고리다. 담뱃값 인상 검토 소식이 들려오자마자 여론은 조세 저항으로 폭발했다. 세금 문제는 세월호 이슈를 비주류로 밀어냈다. 이후 연말정산 등 세금 관련 이슈가 연일 여론을 이끌고 가면서 세월호 이슈는 2014년 11월에 분석 범위 내에서 소멸했다.

분석팀은 '세금'을 키워드로 새로운 여론 지도 두 장을 그렸다. 〈그림 4〉는 2014년 4월부터 9월까지, 〈그림 5〉는 2014년 10월부터 2015년 3월까지의 세금 담론 지도다.

〈그림 4〉는 세월호 이슈가 어떻게 세금 문제로 이어지는지를 잘 보여준다. '특별법'이 생기면 '세월호' '유족'이 받는 '보상'은

● 〈그림 4〉 키워드 '세금' 여론 지도(2014년 4~9월)

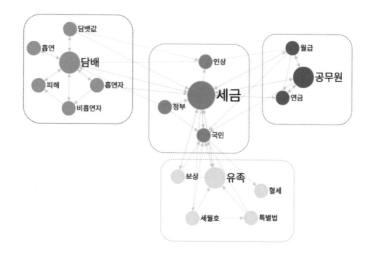

국민의 '혈세'로 충당하게 된다(노란색). 특혜 코드는 이렇게 조
세 저항 스위치를 켠다. '내가 낸 혈세'로 '저들의 특혜'를 충당한
다는 서사가 완성된다. 이미 이 시기부터 세금 문제는 담뱃값(초
록색)이나 공무원 연금(붉은색) 등 민감한 이슈와 연동되고 있다.

세금 이슈가 가장 달아오르던 때를 분석한 〈그림 5〉는 아예
조세 저항의 결정판이다. '증세' '담뱃값' '연말정산'은 '서민'을
쥐어짠다(남색). 반면에 '대기업'은 '법인세' '감세' 혜택을 받는
다(초록색). 이런 부당한 현실을 조장하는 '박근혜' '대통령'은 심
지어 '탄핵' 대상으로 거론된다(붉은색). 2014년 9월 이후 온라인
여론을 지배한 것은 단연 세금에 대한 분노였다.

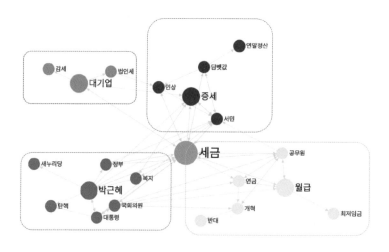

● 〈그림 5〉 키워드 '세금' 여론 지도 (2014년 10월~2015년 3월)

"심각하네요. '공적인 것'에 대한 문제의식 자체가 없어요." 분석을 총괄한 아르스프락시아의 김도훈 대표가 탄식했다. 세월호 희생자에 대한 감정이입은 가족을 잃은 아픔이라는 사적 공감대를 넘어서지 않고, 여론은 공적 고민의 징후를 드러내지 않는다.

공적 문제의식 없이 사적 공감대 하나만으로 버티던 감정이입은 국면 변화에 취약했다. '세월호 특혜―혈세 낭비' 담론이 '무임승차하는 특권층과 세금을 뜯기는 나'라는 대립항을 만들어내자 여론은 쉽게 반전되었다. '공적인 것'에 대한 의식이 사라진 자리에 남는 것은 "세월호 희생자든 국가든 내 주머니를 건드리지 마라"라는 날 선 분노다.

강한 조세 저항의 밑바탕에는 두 가지 불신이 강력하게 자리 잡고 있다. 국가가 내 돈을 걷어가서 제대로 쓸 것이라고 믿지 않고, 내 이웃이 나만큼 세금을 정직하게 내리라고도 믿지 않는다. 이중의 불신이 지배할 때 세금이 공정하다고 느낄 가능성은 거의 없다. 사회에 신뢰가 부족하면 조세 저항이 쉽게 폭발하는 이유다.

정치학자인 프랜시스 후쿠야마는 『트러스트』에서 한국을 '저신뢰 사회'로 분류했다. 이후 후속 연구들도 대체로 같은 결론을 내린다. 가족 유대가 끈끈한 한국에 신뢰가 부족하다는 말이 한 번에 와 닿지는 않는다. 하지만 역설적으로 가족의 강한 유대야말로 저신뢰 사회의 유력한 징후다. 가족 울타리 밖에 있는 보통의 사람들을 신뢰하지 않을 때, 혈연이라는 보증 체제에 더 집착한다. 한국은 낯선 사람이나 외국인을 신뢰한다는 응답이 낮은 반면에 가족을 신뢰한다는 응답은 OECD 12개국 평균보다 높다.

저신뢰 사회에서는 무임승차에 대한 분노가 폭발하기도 쉽다. 다른 이들이 당연히 무임승차를 할 것이라고 가정하기 때문이다. 지난 1년을 되짚어보면, 세월호 희생자 가족들은 대체로 공적 영역에 속하는 문제를 꾸준히 제기해왔다. 진상 규명 권한을 요구했고, 참사가 되풀이되지 않을 시스템 구축을 원했으며, 한국 사회가 희생자들을 공적으로 기억해주기를 바랐다. 이른바

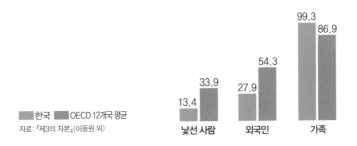

● 한국, 일반적 신뢰 취약하고 가족 신뢰만 강하다
(제시된 대상을 신뢰한다고 응답한 비율)

■ 한국 ■ OECD 12개국 평균
자료: 『제3의 자본』(이동원 외)

	낯선 사람	외국인	가족
한국	13.4	27.9	99.3
OECD 12개국 평균	33.9	54.3	86.9

선진국 사회가 보여주는 참사 이후의 모습이 대체로 이렇다.

한국과 같은 저신뢰 사회에서 타인의 공적 요구는 '말만 그럴 듯할 뿐 실은 제 사익을 챙기려는 꼼수'로 거의 자동 번역된다. 참사 국면에서 무능을 노출해 위기에 몰린 정부·여당은 사실상 '희생자 고립 작전'을 폈다. 대입 특례 추진과 같은 야당의 몇몇 실수도 기름을 부었다. 그렇게 희생자는 무임승차자로 낙인찍 혔다.

〈2015년 4월〉

●

참사 이후 한국 사회는 어디로 표류했던 것일까.

그리고 왜 그렇게 되었을까.

어떤 그래프는 문장이나 사진보다 울컥하다.

내게는 이 기사가 그랬다.

특례 입학 문제가 불거진 순간은

세월호 이후 한국 사회가 앞으로 나아가기를 포기한 변곡점이었다.

문명과 야만이라는 구분법은 분명 조심해서 써야 한다.

하지만 이 후퇴를 묘사하는 데는 '야만'이 꽤 적절한 용어다.

나는 세월호를 고의로 침몰시켰다는 주장은 어떤 종류든

믿지 않는다. 하지만 이 기사가 다룬 야만화의 메커니즘에는

누군가의 고의가 있었다고 밝혀져도 놀라지 않을 것 같다.

숙련 해체의 시대,
연대는 가능할까

비정규직 문제를 논의할 때 익숙한 질문은 "기업은 왜 비정규직을 뽑는가?"이다. 질문을 바꿔보자. 왜 기업은 정규직을 뽑을까? 노동자가 무능하거나 불성실할 가능성도 얼마든지 있는데, 기업은 왜 정규직이라는 '장기 계약'의 위험을 무릅쓸까?

경제학자들이 내놓는 여러 답변들의 핵심은 '숙련'이다. 일을 오래 해서 숙련 노동자가 될수록 생산성이 높아진다면, 기업은 고용을 보장해주더라도 장기 계약이 남는 장사다. 정규직이다. 반면 일을 오래 해도 숙련이 쌓이지 않는 업무라면 기업은 장기 계약을 해서 얻을 것은 없고 위험만 감당한다. 이 때문에 단기 계약을 하려 한다. 비정규직이다.

숙련을 요구하는 일자리의 수가 갈수록 줄어들고 있다. 한국

뿐만 아니라 현대사회가 직면한 거대한 도전이다. 기술이 발전하고 국제 분업 생산이 고도화되면서 '숙련 해체'가 세계적 현상이 되었다.

'계산'은 한때 고도의 숙련을 요구하는 업무였다. 수판은 숙련자일수록 능숙하게 다룰 수 있었고, 가치 높은 이 숙련을 전수하는 주산학원이 전국에 깔려 있었다. 하지만 전자계산기와 오피스 프로그램의 시대가 되면서 계산은 숙련이 거의 필요 없는 노동이 되었다. 기술 발전은 이렇게 숙련을 해체한다.

국제 분업도 숙련을 무력화한다. '글로벌 생산 네트워크' 또는 '모듈화'로 불리는 국제 분업 생산 방식은, 전체 과정을 조율하는 컨트롤타워 외에 다른 기능을 세계 곳곳의 생산 기지로 쪼개주는 방식으로 작동한다. 이 모델에서는 중앙 컨트롤타워를 운영할 수 있는 극소수 숙련 노동자의 몸값은 치솟는 반면 생산직 숙련공이 설 자리는 사라진다.

기술 발전에 적응해 귀한 숙련을 보유한 극소수 노동자와, 대규모 투자로 발전된 기술을 활용할 수 있는 자본에게는 커다란 기회가 열린다. 반면 숙련이 해체되는 만큼 좋은 일자리가 줄어들기 때문에, 생산직이든 사무직이든 보통의 노동자에게는 가혹한 미래가 기다리고 있다. 그 결과 소득 양극화가 심해진다.

좋은 일자리가 줄어들면 국민소득에서 노동자가 가져가는 몫도 갈수록 적어지게 된다. 이 비율을 '노동 소득 분배율'이라고 부른다. 한국은 이 비율이 낮아지고 있다. 노동계 등 진보 블록은 노동 소득 분배율의 감소 추세야말로 한국 기업이 유난히 탐욕스럽고, 정부가 규제에 실패하고 있다는 증거라고 주장한다. 그럴 수도 있다.

그런데 노동 소득 분배율 하락은 세계적 현상이다. 1947년부터 2000년까지 미국의 노동 소득 분배율은 평균 64.3%였다. 이 비율이 21세기 들어 하락 추세를 그리더니, 2010년 3분기에는 57.8%로 역대 최저치를 기록했다(브린욜프슨 & 맥아피, 『제2의 기계 시대』). 학계가 주목하는 주범은 급격한 기술 발전이다. 세계 곳곳에서 기술이라는 분쇄기가 숙련을 갈아넣고 있다는 논의가 활발하게 진행됐다.

고용노동연수원 박태주 교수는 현대자동차를 주로 연구했던, 진보 성향으로 분류되는 노사 관계 전문가다. 그가 쓴 『현대자동차에는 한국 노사 관계가 있다』에는 박 교수와 현대자동차 노조 간부의 대화가 등장한다.

"신입사원이 들어오면 교육 기간은 어느 정도입니까?"(박태주) "일주일이나 길면 이주일 정도입니다."(노조 간부) "인문계 고등학교를 나와서 바로 생산 현장에 투입해도요?"(박태주) "논에 모 심는 아지매를 바로 현장에 투입해도 차 만드는 데는 아무 이상이 없습니다."(노조 간부)

마지막 말은 과장이 섞여 있다 해도, 현대자동차 공장에서 숙련이 그리 중요하지 않다는 사실을 이 대화가 잘 보여준다. 정규직과 비정규직이 생산 라인에서 사실상 같은 업무를 하는 것부터가 숙련을 요구하지 않는 증거이기도 하다. 숙련이 요긴한 일이라면 비정규직을 쓰는 것은 기업에게 오히려 손해다.

박태주 교수는 "현대자동차 정규직에 입사했다는 우연"이 차이를 만들 뿐이라고 썼다. 옛 숙련은 자동화로 의미가 없어졌지만 노동조합이 정규직을 보호한다. 회사는 정규직의 고용을 보장하는 대신 자동화를 통한 숙련 해체를 얻어내 생산과정의 주도권을 쥔다. 생산의 유연성은 비정규직으로 확보하고, 노조는 이를 묵인한다.

박 교수는 이런 노사의 암묵적 거래를 현대자동차의 '저숙련 동맹'이라고 불렀다. 이 동맹은 취약할 수밖에 없다. "낮은 숙련과 높은 임금의 조합은 지속 가능하지 않다." 현대자동차의 글로벌 성장, 국내 시장 독과점, 하청 회사와 하청 노동자의 희생 등 외부 요인이 이 취약한 동맹을 떠받친다.

현대자동차 사례는 상징적이다. 기술이 숙련을 갈아넣고 있지만 강한 노조, 공공 부문 일자리, 대기업 일자리는 당분간 그에 저항할 힘이 있다. 이 얼마 남지 않은, 그리고 갈수록 줄어들 좋은 일자리를 차지하려는 경쟁이 끝을 모르는 취업 대란이다. 이 너서클에 진입하지 못하면, 비정규직 또는 그보다 더 가혹한 임시·일용직 일자리가 기다리고 있다.

진보와 보수의 '노동시장 분절 구조' 해법

〈그림 1〉을 보면, 임시·일용직은 정규직과 비정규직을 가릴 것 없이 소득수준, 학력, 성비, 고령화 추세가 비슷하다. 취약한 일자리일수록 저학력·여성·고령자가 몰리는 추세를 그대로 보여준다. 임금도 비례해서 떨어진다. 상용 비정규직은 임시·일용

● 〈그림 1〉 노동시장 분절 구조 얼마나 심각한가
   (임금: 상용 정규직 임금을 100%로 보았을 때, 유형별 평균임금 수준)

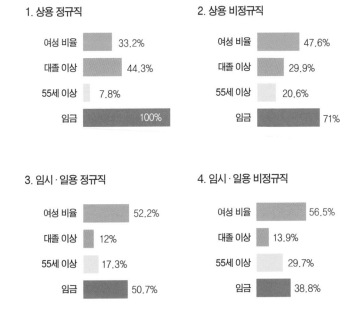

1. 상용 정규직

여성 비율	33.2%
대졸 이상	44.3%
55세 이상	7.8%
임금	100%

2. 상용 비정규직

여성 비율	47.6%
대졸 이상	29.9%
55세 이상	20.6%
임금	71%

3. 임시·일용 정규직

여성 비율	52.2%
대졸 이상	12%
55세 이상	17.3%
임금	50.7%

4. 임시·일용 비정규직

여성 비율	56.5%
대졸 이상	13.9%
55세 이상	29.7%
임금	38.8%

자료: 권혜자 「비정규직의 유형별 추이와 내부 구성의 변화」(2013년)

직보다는 조건이 낮지만, 상용 정규직과의 격차는 역시 크다. 이 너서클에서 한번 미끄러지면 낙폭이 어마어마하다. "해고는 살인이다"라는 구호가 상용 정규직에서 나오는 이유이고, "해고가 살인이면 나는 예수냐?"라는 비아냥이 취약 노동 계층에서 나오는 이유다. 분절된 노동층 사이에 적대가 높아진다. 위험 신호다.

노동시장 분절 구조를 방치하면 한국 사회의 미래가 어둡다는 공감대는 진보와 보수를 가리지 않는다. 갈라지는 건 해법에서다. 국책 연구기관인 KDI가 2009년에 내놓은 『비정규직 문제 종합 연구』는 보수 버전 비정규직론의 정본이다. 이 연구에서 KDI는 "기업이 비정규직을 선호하는 것은 정규직을 뽑는 비용이 높기 때문이다"라는 결론을 내렸다. 핵심은 해고 비용이다. 정규직은 해고해야 할 때 들어가는 금전·비금전 비용이 너무 크기 때문에, 기업 처지에서는 정규직 고용을 최대한 기피한다.

정규직 고용 보호를 일정 정도 풀어주면, 기업 처지에서는 정규직을 뽑는 비용이 낮아진다. 그러면 일자리가 늘어난다. 가격이 낮아지면 수요가 늘어난다는 기본 원리에 따라, 기업은 가격이 싸진 노동력을 더 많이 구매한다. 고용이 늘어난다(물론 고용 안정성은 낮을 것이다).

이러한 보수 버전의 해법에 의문을 품는 연구자들의 반론은 이렇다. 보수의 해법이 당장의 총 고용은 늘릴 수 있을지 모른다. 하지만 자본과 노동의 역관계라는 큰 그림에서 보면, 일방적으로 기업 쪽의 힘을 강화시키는 방향이다. 중앙대 이병훈 교수 (사회학)는 "이 균형(자본과 노동)이 무너지고 노동이 궁지에 몰리면 사회가 혁명의 소용돌이에 휘말린다는 것을 유럽은 19세기의 경험으로 배웠다"고 말했다. 시장 원리를 인간의 삶과 직결된 노동시장에 무작정 적용했다가는 사회의 지속 가능성을 뒤흔들 것이라는 경고다.

총 고용이 늘 것이라는 예측 자체에 의문을 제기하는 의견도 있다. 이를테면 현대자동차의 정규직을 해고한다고 했을 때, 회사는 그 정규직이 받던 만큼의 임금을 전부 재고용에 투자할까? 그보다는 대규모 자본 투자로 기계화·자동화 수준을 더 끌어올릴 가능성이 높다. 즉 현재 한국 현실에서 고용 보호를 완화하면 좋은 일자리 하나가 그만그만한 일자리 여럿으로 대체되는 게 아니라 기계로 대체될 수 있다. 자본 투자 여력이 있는 대기업일수록 그럴 가능성은 올라간다. 노동 소득 분배율이 떨어지는 전형적인 경로이자 '고용 없는 성장'이 등장하는 이유다.

노동계 등 진보 블록이 선호하는 해법은 규제 강화다. 비정규직 고용 기간이나 사용 사유를 제한하고 차별 금지 원칙을 제대로 적용하면, 비정규직을 뽑아서 얻는 이득이 줄어들기 때문에 기업은 자연스럽게 정규직을 더 뽑을 것이다. 한국의 기업들이 정규직을 더 뽑을 여력이 있는데도 지나친 탐욕 때문에 정규직 고용을 회피한다고 간주한다. 그러나 진보의 해법 역시 "그 모델이 지속 가능한가?"라는 질문에는 취약하다. 기업 처지에서는 정규직이 갈수록 '수지가 안 맞는 장사'가 되고 있다. 거기에 고용 보호를 강화하면 일자리 수가 줄어들어 청년 세대의 신규 진입이 어려워진다는 것이 보수가 내놓는 반격의 핵심이다. 간단치 않다.

한국 노동시장이 직면한 근본 문제는 기업의 숙련 노동 수요와 구직자의 좋은 일자리 수요, 둘 사이의 거대한 미스매치(불일치)다. 보수의 대안은 어쨌거나 이 근본 문제를 정면으로 다룬다는 미덕이 있다. 반면에 진보의 대안은 근본 문제에 대안을 내놓기보다는 국가의 규제라는 '더 이상 듣지 않는 만병통치약'으로 우회한다. 노동시장 분절 구조를 몸으로 느끼는 한계 노동자와 구직자의 눈에 어느 쪽이 더 정직한 태도로 보일까.

진보 담론이 위기라는 평가는 진보 학계에서도 나오는 실정이다. 한 진보적인 노동사회학자는 "보수가 어쨌거나 큰 그림을 그린다면 진보는 거기에 댓글을 달고 있다"고 한탄했다. 또 다른 진보 성향 노동사회학자는 "근본 문제에 대한 대안이 없다는 대목이야말로 진보가 맞이한 최대 위기다"라고 진단했다.

보수는 진보 담론이 빠진 딜레마를 '정규직 이기주의' 때문이라고 규정한다. 조직 노동이 정규직 보호에만 골몰한 나머지 전체 노동시장의 모순을 심화시키는 요구를 내놓기 때문에, 조직 노동에 포획된 진보 담론도 본질적 대안을 만들지 못한다는 관점이다.

이렇게 적대적인 딱지 붙이기를 할 이유는 없다. 산업구조가 급변하는 현실에서는 정규직 조직 노동이라 해도 체감하는 고용 불안이 간단치 않다. 이런 환경에서 정규직 조직 노동이 실리 극대화를 추구하는 것은 기업이 이윤을 추구하듯 합리적인 선택이다. 문제는 기업 노조 단위의 합리적인 선택이 사회 차원에서 보면 비효율적인 결론을 낳는다는 점이다.

불안하니 지키고, 지킬수록 고립되는 딜레마

불안하니 지키고, 지킬수록 고립된다. 조직 노동이 기업 단위의 실리를 추구하면 할수록, 이너서클 밖에 있는 한계 노동자와 구직자의 상황은 악화된다. 한편에서는 기술 발전이, 반대편에서는 여론 압박이 조여들어온다. "천천히 끓는 가마솥의 개구리"라는 격한 표현을 쓴 학자도 있다. 정규직과 한계 노동자 사이에 정치적 적대감도 축적되게 마련인데, 이는 노동 유연화를 추구하는 정치 세력이 파고들기 좋은 빈틈이 된다. 보수는 쌍용자동차 해고자 문제를 다룰 때 청년 구직자와 기존 정규직이라는 대립 구도를 설정하곤 한다.

서울과학기술대 정이환 교수(사회학)는 오랫동안 이 문제와 씨름했다. 그의 결론은 '먼저 희생하는 연대'다. "유럽에서도 북유럽 모델이나 독일 모델 등 여러 길이 있지만, 어쨌든 핵심은 전체 노동자를 포괄하는 연대 전선을 만드는 것이다. 지금처럼 정규직 노조가 '왜 노동자가 양보하느냐. 자본이 먼저 양보해야 한다'만 되풀이해서는 여론에서 고립된다. 누가 양보해야 마땅한가가 아니라, 먼저 양보하는 것이 전략적으로 좋은가를 고민해야 한다." 이를테면 한계 노동자의 사회 안전망을 위한 사회연대기금을 노사 공동으로 조성하자는 식의 연대 전략이 가능할 수 있다. 이런 식으로 연대의 고리를 건 후에는, 기업별 임금 협상을 산별노조로 넘겨서 사회 차원에서 '동일노동 동일임금 원칙'을 관철하는 식의 경로가 있다. 이게 가능하기만 하다면 노동 시장 분절 구조 문제는 해소된다.

하지만 '먼저 양보하는 사회연대 전략'이 작동하려면 실리를 추구하게 마련인 현장의 불안과 불만을 돌파할 수 있는 리더십이 필요하다. 진보적 노동사회학자들은 이 대목에서 좌절을 느낀다. 이렇다 할 리더십의 싹이 보이지 않기 때문이다. 학자들이 모델로 고려하는 유럽 각국의 사례를 보아도 사회 협약을 만들어내는 데 리더십은 필수 자원이다. 정이환 교수는 "결국 내 논리의 약점은 그거다. 현실에서 먹힐 만한 이행 경로를 내놓기가 대단히 어렵다"고 자평했다.

이 때문에 여기서부터는 정치의 영역이 된다. 박근혜 대통령

집권 3년 차인 올해는 진보와 보수가 노동 이슈로 정면충돌을 할 것으로 보인다.

보수의 처지부터 보자. 지지 기반 붕괴 위기에 몰린 박근혜 대통령(1월 16일 자 한국갤럽 조사의 국정 지지도는 35%로, 정권 출범 이후 최저치를 또다시 경신했다)으로서는 노동시장 구조 개혁 화두를 강하게 밀어붙일 이유가 있다. 자체로 중요한 국정 과제이기도 하지만, 대기업·정규직·조직 노동이라는 '여론의 적'이 강력하게 반발하도록 도발하는 이슈라는 점도 중요하다.

집권 초기부터 박 대통령은 전교조, 공무원노조, 통합진보당 등 중도층이 꺼리는 강성 진보 블록을 자극하는 통치술을 즐겨 사용했다. 정규직 조직 노동은, 특히 민주노총은 이런 적대적인 동원 전략의 좋은 '재료'가 될 수 있다. 민주노총 직선제 선거에서 총파업 투쟁을 공언한 한상균 후보가 당선한 이후, 한 여권 전략통은 내게 "민노총 총파업 언제 한대?"라고 기대한다는 듯 물었다.

박 대통령은 신년 기자회견에서 노동시장 구조 개혁을 필수적 생존 전략이라고 부르며, 진행 중인 노사정위원회 논의에 "3월까지"라고 시한을 못 박았다. 노사정위원회의 산적한 과제를 고려하면 사실상 논의 파행을 기대하는 발언이라는 분석도 있다.

노사정위원회 논의를 주도하는 핵심 인사는 김대환 노사정위원장과 이기권 고용노동부 장관인데, 보수가 보기에 두 사람이 그리는 구조 개혁의 '선명도'는 그리 높지 않다. 정규직 고용 보호를 헐어서 해고를 더 쉽게 만든다는 식의 '근본 처방'까지 나아갈 생각이 없다. 직무 배치전환이나 노동시간을 유연하게 하는 대신 고용 보호는 건드리지 않는 온건한 타협안이 현재까지 노사정위원회 논의의 중심에 있다. 직무 유연성과 고용 안정성을 맞교환하는 안은 박태주 교수도 현대자동차 노사 관계의 대안으로 제시한 바 있다. 진보와 보수 서로 논의가 가능한 제안이라는 의미다.

노동 정치의 리더십

비정규직 사용 연한 4년 연장안(이른바 '장그래법') 등으로 논란이 일기도 했지만, 노사정위원회의 논의 방향은 근본적으로 기재부와는 결이 다르다. 노동계를 자극해 적대적 동원 구도를 만들려면 이 정도로는 양에 차지 않는다. 대통령이 못 박은 3월을 넘기면, 그때부터는 '정규직 과보호 해소'를 단호히 주장해온 기재부가 전면에 나설 것이라는 예상은 그래서 나온다. 노동계와의 갈등 수위가 고조될 가능성이 크다. 이런 구도가 되면 박근혜 정권은 지지 기반을 확장하지는 못하더라도 최소한 핵심 지지층 붕괴 위기는 수습할 수 있다.

진보의 대응도 따라서 중요해진다. 현재 전당대회가 진행 중인 새정치민주연합의 리더십과도 직결되는 문제다. 2월 8일 선출되는 당 대표는 정권의 노동시장 구조 개혁 드라이브와 노동계의 반발 사이에서 샌드위치가 될 가능성이 높다. 우선은 상대적으로 온건한 노사정위원회 테이블에서 타협을 이끌어내도록 노동계를 설득하는 것이 '정부의 김을 빼는' 길이 될 수 있는데, 한국노총도 노사정위원회 과정에서 내부 진통이 적지 않고 민주노총은 아예 노사정위원회에 참여하지 않고 있다.

"그래도 노동계보다는 정치권, 그러니까 야당 쪽에서 연대를 이끌 리더십이 형성될 가능성이 높지 않을까." 정이환 교수의 기대 섞인 예측이다. 개별 노동자의 민원을 들어주는 '노동 정치'를 넘어, 때로 개별 주체의 이익을 제어하더라도 노동자 전체의 이익을 끌어올리는 의미로 '노동 정치'가 작동한다면, 그런 리더십을 발휘하는 세력은 거대한 정치적 자산을 축적할 수도 있다.

〈2015년 1월〉

●

불안하니 지키고, 지킬수록 고립된다.

좋은 일자리가 줄어든다. 얼마 안 되는 좋은 일자리 쟁탈전은 세대 전쟁의 징후를 보인다. 지키는 기성세대와 진입하려는 청년 세대의 대결.

나는 이 묘사가 전적으로 사실이라고 생각하지는 않는다.

기성세대 중에서도 대다수는 좋은 일자리에 진입하지 못했다.

하지만 이 묘사에 동의하고 분노하는 청년이 많다는 것은

분명한 사실이다.

이 분노는 중대한 정치적 위기를 불러올 수 있다.

보수가 부활에 성공한다면,

노동시장에서 축적되는 분노가 중요한 동력이 될 수 있다.

덧붙여, 이 기사에 등장하는 '연대'라는 키워드를

눈여겨봐주기를 바란다.

이 책의 에필로그에서 다시 만나게 될 키워드다.

여자를 혐오하는
남자들의 탄생

2015년은 '여자를 혐오한 남자들'이 시민권을 획득한 해로 기록될 만하다. 유명 칼럼니스트가 자기 칼럼의 파장으로 진행하던 방송에서 하차하고, 힙합 오디션 프로그램에서 래퍼가 여성 혐오 랩을 쏟아내 문제가 되고, 개그맨이 팟캐스트에서 여성 혐오 개그를 하다가 사회적인 논란까지 불거져도, 여성 혐오는 수그러들기는커녕 온라인과 현실 세계에 공고한 진지를 구축하고 있다. 남성지 〈맥심 코리아〉 9월호는 여성 납치 범죄를 연상시키는 표지 사진을 내걸었다가 여성 혐오라는 집중포화를 받고도 이렇다 할 대응을 하지 않았다. 〈맥심 코리아〉는 미국 〈맥심〉 본사가 규탄 메시지를 내는 등 외신으로 문제가 확산되자 9월 4일 뒤늦게 사과문을 냈다.

일베와 같은 극우 커뮤니티만의 문제도 아니다. 대놓고 여성 혐오를 과시하는 페이스북 페이지 '김치녀'에 자기 이름을 걸고 (페이스북은 실명 계정이 원칙이다) '좋아요'를 누른 사람이 16만 명이다. 한국의 젊은 남성에게 여성 혐오는 차라리 시대정신이다. 가부장제의 익숙한 남성 우월주의와는 결이 다른, '약자로 전락했다는 분노'가 젊은 세대 남성을 사로잡았다.

그런 걸 전략이라고 부를 수 있다면, 여성 혐오만큼 희한한 전략도 흔치 않다. 이 '전략'을 쓰는 남성은 여성과 데이트할 확률이 극히 떨어지는데, 젊은 남성이 이런 손실을 감수할 가치가 있는지는 아주 불투명하다. 그러니까 여성 혐오란 거의 '자해적인 전략'이다. 그런데도 여성 혐오의 깃발 아래 갈수록 많은 남성이 줄을 선다.

이 기묘한 현실을 이해하려면 당사자에게 묻는 것부터 시작해야 한다. 우리는 이미 여성 혐오 담론을 날것 그대로 전시하는 쇼윈도를 알고 있다. '일베'다. 일베는 폭넓게 퍼진 여성 혐오 담론 구조의 원형을 숨김없이 보여주는 훌륭한 전시장이다.

데이터가 그려낸 여성 혐오 지도

우리는 데이터 기반 전략컨설팅 회사 아르스프락시아와 함께

● 〈그림 1〉 일베의 '여성 혐오' 담론 지도

일베에서 확인되는 '여성 혐오 담론 지도'를 그려보았다. 2011~
2014년 3년 동안 일베에 올라온 게시글 43만 개를 원자료 삼아
여성 관련 논의를 추출했다. 그 결과가 〈그림 1〉이다.

우선 깨져나가는 통념이 있다. '군대'는 핵심이 아니다. 여성
혐오 담론 지도에서 군대 문제는 주변부에 고립되어 있고(그림
위쪽 회색 블록), 담론 지도의 핵심부와 유기적으로 이어져 있지
도 않다. 단어의 등장 빈도도 732회에 불과해 20위권 밖이다. 분

석을 진행한 아르스프락시아 김학준 연구원은 "데이터 분석 결과로 보면 군대는 담론 형성에서 거의 영향력을 발휘하지 못한다. 여성 혐오가 먼저다. 군대는 '더 본격적으로 미워하기 위해' 사후에 가져다 붙인 명분에 가깝다. 군 가산점이나 여성부도 핵심이 아니라 사후 명분이라는 점이 비슷하다"고 말했다.

담론 지도에서 두드러지는 키워드는 '김치녀'다. 일베에서 이 말은 사실상 '여성'의 대체 단어일 정도로 자주 나온다. '여성'('여자' 등 유사 단어 포함)이 1만 159차례 등장하는 동안 '김치녀'는 8,697차례 등장한다. '김치녀'는 한국의 여성 혐오를 상징하는 단어가 되었다.

일베의 여성 혐오 담론 지도는 '김치녀'가 탄생하는 곳을 정확히 지목한다. 데이트 경험이다. 지도에서 '남성'을 둘러싼 키워드들을 보자(그림 가운데 초록색 블록). '남성'은 여성과의 관계에서 '호구'다. 여성은 평소에는 남녀'평등'을 외치다가도 정작 남자를 고를 때는 '능력'을 따지는 이기적인 존재다. '더치페이'하는 남자는 데이트 상대로 쳐주지도 않는다. 심지어 나랑은 자주 지도 않는다('섹스'). 데이트의 좌절은 여성 혐오의 원체험이다.

데이트의 좌절은 일베가 그리는 가족 판타지와 결정적으로 충돌한다. 담론 지도 아래쪽에서 핵심 키워드는 '결혼'이다(푸른색 블록). 일베에서 이 키워드는 이중의 의미다. 상대가 '김치녀'일 때, 결혼은 재앙이 된다. 일베는 '김치녀'를 피해 좋은 여자를 '부인'으로 맞아 가정을 꾸리고 싶어하지만, 가족 판타지는 언제나 '김치녀'의 습격에 결정적으로 취약하다. 일베에서 '결혼'을 검색하면, '김치녀와 결혼하면 안 되는 이유'나 '결혼 상대가 김치녀인지 알아보는 법'을 다룬 글이 끝도 없이 쏟아진다.

일베의 여성 혐오 담론 지도는 하나의 결론으로 달려간다. 짝 짓기 시장, 그러니까 결혼까지 포함해서 '연애 시장에서의 환멸'이 여성 혐오의 뿌리다. 여성 혐오 담론에서 '김치녀'란 무엇보다도 '연애 시장에서 반칙을 하는 여자'를 뜻한다.

반칙이란 뭘까. '남녀평등을 외치면서 결정적인 순간에는 남자의 능력을 따지는 여자' '남녀평등을 외치면서 데이트 비용은 남자에게 물리는 여자' '남녀평등을 외치면서 결혼할 때 집은 남자가 마련해야 한다는 여자' '자기 외모는 성형으로 과대 포장하면서 남자의 능력은 칼같이 따지는 여자'다. 포괄적으로 정의 내리면 이렇다. '연애 시장에서 (사람 됨됨이나 사랑이 아니라) 남자가 보유한 자원을 따져서 분수 이상으로 한몫 잡으려는 여자.' 한국의 젊은 남성을 사로잡은 여성 혐오 담론이 내놓는 '김치녀'의 원형이다.

이것은 지독한 역설로 이어진다. 담론 지도의 '남성'과 '여성' 사이 붉은 블록에 낯선 키워드가 있다. '사랑'이다. 이 여성 혐오자들이 보기에 사랑이야말로 연애 시장에서 유통되어 마땅한 유일한 화폐다. '김치녀'는 연애 시장의 화폐를 사랑에서 남자의 경제력으로 바꿔놓는 시장 교란자다.

이렇게 해서 극적인 가치 전도가 일어난다. 여성 혐오는 이 시장 교란자를 단죄하는 정의로운 분노이자, 사랑에 충실한 순수한 남성만이 도달할 수 있는 어떤 숭고한 경지가 된다. 여기까지 오면 여성 혐오는 숨겨야 할 부끄러운 감정이 아니다. 차라리 자긍심의 원천이다. 여성 혐오는 연애 시장에서 최하층에 위치하는 '루저'의 정서를 뛰어넘어 '멀쩡한 젊은 남성'도 공유하는 집단 정서로 진화한다. 이제 페이스북 김치녀 페이지에 실명을 걸고 '좋아요'를 누르는 남자들이 탄생한다.

'여자를 혐오한 남자들'의 거의 병리적인 자아도취를 드러내는 것은 어렵지 않다. 오히려 중요한 질문은, 연애 시장에서 좌절을 느끼고 그 분노를 여성 일반에게 겨누는 남성 집단이 왜 이리도 대규모로 쌓여가고 있는가다. 이 질문에 답하려면 먼저 우리가 30년도 더 전부터 묻어둔 폭탄을 꺼내야 한다.

연애 시장에 들어온 남성 잉여 세대

자연 상태에서 신생아의 성비는 남아가 조금 더 많은 수준으로 나온다. 대체로 여아 100명당 남아 비율이 103~107명 사이에서 형성되면 '자연 성비'라고 부른다. 남성의 수명이 더 짧고

조기 사망 확률도 조금 더 높기 때문에, 자연 성비 범위에서는 신생아가 성장해갈수록 성비는 1 대 1에 가까워진다.

그런데 한국은 세계에서도 손꼽히는 성비 불균형 국가다. 통계를 확인할 수 있는 가장 오래된 시점인 1975년에도 이미 출생 성비는 112.4로 붕괴 수준이었다. 박정희 정권은 인구 억제 정책으로 산아제한을 강력히 추진했는데, 이것이 남아 선호 문화와 만나자 '여아만 골라 떼는' 성 감별 낙태의 대유행으로 귀결되었다.

몇 번 들쭉날쭉하던 출생 성비는 1983년 들어 107.3으로 다시 자연 성비 범위를 벗어난다. 이후 성비 왜곡이 그야말로 폭주했다(〈그림 2〉). 2006년까지 무려 24년 연속으로 남아 비율이 자연 성비를 초과한다. 가장 심했던 1990년에는 성비가 116.5까지 치솟았고, 성비가 110을 넘긴 해도 13번이나 된다. 남자 10명 중 1명은 짝이 없는 거대한 남성 잉여 세대가 탄생했다.

1983년생은 올해로 32세이다. 남성 평균 초혼 연령이 32.4세이니, 이 남성 잉여 세대의 맏형도 아직 연애 시장에 머물러 있다. 이후로도 사반세기 동안 남성 잉여 세대가 연애 시장에 진입할 것이고 잉여 남성은 시간이 갈수록 누적된다.

통계청 인구총조사는 2010년판이 최신판이다(올해 총조사가 예정되어 있다). 2010년 조사에서 각 연령대에 5년을 더해보면, 아주 정확하지는 않지만(최근 5년 동안의 사망 등이 반영되지 않는

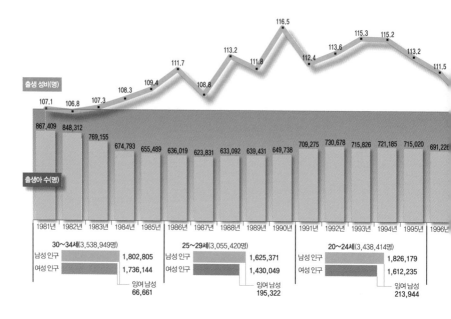

● 〈그림 2〉 성비 불균형 추이와 남성 잉여 세대

다) 대략의 연령대별 잉여 남성 숫자를 알 수 있다. 그 결과가 〈그림 2-1〉 그래프다.

남성 잉여 세대의 맏형 그룹이 포함된 30~34세(2010년 조사에서는 25~29세)에서는 남자가 약 6만 7,000명이 남는다. 이 연령대 남성 인구의 3% 정도다. 그다음 세대부터가 본격적인 잉여 축적 세대다. 25~29세에서 남자는 약 19만 5,000명이 남는다. 남성 인구의 12%다. 20~24세 그룹에서는 21만 4,000명, 11.7%가 남는다. 연애 시장의 핵심 연령대인 20~34세에서 잉여 남성

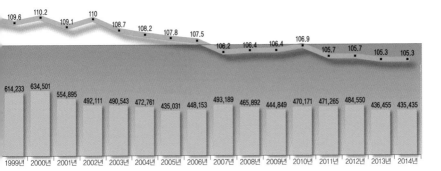

109.6	110.2	109.1	110	108.7	108.2	107.8	107.5	106.2	106.4	106.4	106.9	105.7	105.7	105.3	105.3
614,233	634,501	554,895	492,111	490,543	472,761	435,031	448,153	493,189	465,892	444,849	470,171	471,265	484,550	436,455	435,435
1999년	2000년	2001년	2002년	2003년	2004년	2005년	2006년	2007년	2008년	2009년	2010년	2011년	2012년	2013년	2014년

자료: 통계청
※ 출생 성비는 여아 100명당 남아 비율

숫자가 47만 명이다. 그나마도 이 수치는 과소평가되어 있다. 인구총조사에서는 25~29세 구간에서 남성 인구가 갑자기 줄어드는 현상이 1990년 이후로 일관되게 나타나는데, 인구학 연구자들은 대체로 이 세대 남성 인구의 이동성이 높아 총조사에 제대로 잡히지 않기 때문이라고 본다. 즉 잉여 남성 인구가 실제로는 47만 명보다 더 많을 가능성이 높다.

중국에 거주하는 미국인 기자 마라 비슨달은 세계 곳곳의 성비 붕괴를 취재한 논픽션 『남성 과잉 사회』를 썼다. 이 책에서

● 〈그림 2-1〉 세대별 잉여 남성

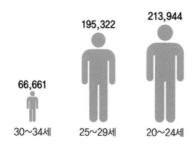

비슷달은 상상하기 힘든 곳까지 영향을 주는 성비 붕괴 효과를 소개한다. 얼핏 듣기에 황당한 얘기지만 성비가 무너지면 저축률이 높아진다. 1자녀 정책을 강제해 성비가 무너진 중국에서 실제로 일어난 일이다.

성비와 저축률은 어떻게 이어질까. 신붓감이 부족해지면, 아들을 둔 부모는 필사적으로 저축을 늘린다. 부모가 물려줄 자산이 클수록 아들이 연애 시장에서 살아남을 확률도 올라가기 때문이다. 성비가 무너지면, 남성의 연애 시장 입장권이 비싸지는 것을 사람들은 경험으로든 직관으로든 알아챈다. 입장권 가격이 오르면 남성이 좌절할 가능성도 따라서 올라간다. 비슷달은 성비가 1% 높아지면 범죄율이 5~6% 올라간다는, 미국 컬럼비아 대학과 홍콩 중문대학의 공동 연구 결과를 소개한다. "중국의 젊은 남성이 늘어난 것만으로 전체 범죄 증가의 3분의 1을 설명할 수 있다."

한국에서는 여기에 더해 '문화적 성비 붕괴' 현상도 관찰된다. 여자보다 남자가 결혼에 더 적극적이다. 한국보건사회연구원의 〈2012년 전국 결혼 및 출산 동향 조사〉에서 결혼을 '반드시 해야 한다'와 '하는 편이 좋다'를 합친 비율이 남자는 67.5%였던 반면 여자는 57%에 그쳤다. 한국의 연애 시장에서는 생물학적 성비 붕괴 위에 '문화적 성비 붕괴' 10%포인트가 추가로 붙는다.

결혼 회피의 성별 격차를 만들어낸 범인은 가부장제의 압력일 가능성이 높다. '시댁 또는 처가 중심의 결혼 생활이 부담스러워서 결혼을 회피한다'는 설명에 비혼 여성 중 72.2%가 찬성했다. 비혼 남성 중 찬성 비율은 49.4%였다. 남성은 생물학적으로 또 문화적으로 이중 공급과잉 상태다.

남성 잉여 세대의 선배 그룹인 1970년대 이전 출생 세대도 남초 성비는 마찬가지였다. 하지만 선배 세대들은 상대적으로 여성의 교육 수준이 낮았던 '덕'을 보았다. 여성의 교육 수준이 높을수록 결혼을 더 회피하는 경향이 있다. 더욱이 남성 잉여 세대는 선배들이 겪지 않았던 새로운 환경에 놓여 있다. 오늘날 연애 시장에서 좌절한 남성들은 웹과 모바일이 제공한 초연결사회에 살며 대단히 간편하게 서로를 발견하고, 여성 혐오를 배양하고 증폭해낼 공간을 온라인에서 확보했다.

결혼경제학, 연애 시장을 해부하다

시카고학파를 대표하는 경제학자 게리 베커는 화폐경제를 넘어 범죄 등 인간 행동 전반에 경제학을 적용하는 시도로 유명했다. 결혼을 경제학으로 해석한 최초의 시도도 그가 1973년에 내놓았다. 이후 경제학자들은 연애 시장에서 남녀의 전략을 예측하는 일련의 모형을 발전시켰다.

'결혼 시장 탐색 모형'은 다음과 같은 모델을 제안한다. 구혼하는 성은 남성이고, 승낙과 거절을 선택하는 성은 여성이다. 이때 여성은 남성이 가진 자원(대표적으로 소득수준)을 평가해 기준선 이상이면 받아들이고, 이하면 거절한다. 이 모델은 낭만이라고는 없는 데다 지독히 단순하지만 현실을 그럭저럭 보여준 덕에 지금까지 살아남았다.

이 모델은 흥미로운 예측을 내놓는다. 설사 소득의 평균값에 변화가 없다고 해도, 소득 불평등이 커질수록 결혼은 줄어든다. 불평등이 커지면 여성이 설정한 '기준선'을 넘지 못하는, '자원 없는' 남성이 늘어나기 때문이다. 여성의 교육 수준과 경제력이 올라가도 결혼은 줄어든다. 여성이 설정하는 '기준선'이 따라 올라가기 때문이다.

한국은행 금융경제연구원 『금융경제연구』(2010년 12월)에 실린 논문 「저출산·인구 고령화의 원인에 관한 연구: 결혼 결정의 경제적 요인을 중심으로」(이상호·이상헌)는 남성의 임금 불평등이 증가할수록 여성의 결혼율이 하락한다는 기존 연구가 한국에서도 타당하다는 결론을 낸다. "임시직 비율이 1%포인트 상승하면 결혼율은 15~39세 인구 1,000명당 0.23~0.40건 감소하는데, 이는 임시직 비율이 높아지면 소득 불평등이 확대되기 때문이다."

결혼경제학은 한국의 여성 혐오 진영에 희소식처럼 들린다. 여성이 남성의 경제력을 평가해 결혼 여부를 선택한다는 결혼경제학의 모델은 '순수한 한국 남성 대 계산적인 김치녀' 구도를 뒷받침하는 듯하다. 데이터도 있다. 〈2012년 전국 결혼 및 출산 동향 조사〉에서 배우자의 가장 중요한 조건으로 '경제력'을 꼽은 응답자가 남성은 9.8%, 여성은 30.3%였다.

희소식은 여기까지다. 여성이 남성보다 배우자의 경제력에 민감한 경향은 존재한다. 다만 한국 특유의 현상이 아니라 보편적 인간 본성에 더 가깝다. 남성은 여성의 외모에 더 민감하고, 여성은 남성의 자원에 더 민감하게 반응할 것이라고 진화심리학은 예측한다. 두 성의 속성상 번식 전략이 다르게 진화했을 것이기 때문이다. 문화권에 따라 정도의 차이는 있지만 이런 경향성만은 일관되게 관찰된다.

'정도의 차이'가 너무 심하다면 여전히 여성 혐오 담론은 비빌 언덕이 있을지 모른다. 이를테면, 한국 여성이 연애 시장에서 유

● 〈그림 3〉 2014년 연령별 남녀의 월평균 임금(단위: 원)

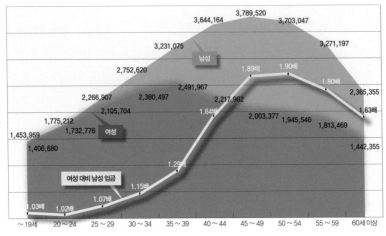

자료: 통계청

난히 경제적 실리 추구 경향이 강할까? 이런 주장의 근거는 불충분한 반면 다른 해석의 가능성은 오히려 탄탄하다.

한국의 노동시장은 성별 임금 격차가 크기로 악명 높다. 〈그림 3〉은 남성과 여성의 연령별 임금 곡선을 한데 모아 그린 것이다. 아래의 붉은색이 여성의 생애 임금 곡선, 위의 푸른색이 남성의 생애 임금 곡선이다. 남성이 40대 후반에 임금 곡선 정점에 도달하는 반면, 여성은 30대 후반에 정점을 찍고 이후로 계속 떨어진다. 출산을 전후한 경력 단절의 흔적이다. 정점의 높이도 여성이 남성보다 터무니없이 낮다. 그 결과, 남성과 여성의 임금 격차는 계속 벌어져서 50대 전반에는 남성이 여성보다 1.9배를 더 번다.

연애 시장에 뛰어든 한국 여성의 관점에서 보자. 노동시장에 진입하더라도 기대 소득은 남성의 절반 남짓밖에 안 된다. 노동시장 퇴출도 더 빠르다. 반대로 연애 시장에서는 생물학적·문화적 이중 성비 붕괴 덕에 여성이 더 많은 자원을 쥐고 있다. 서로가 쥔 패를 따져보면, 한국 여성이 더 많은 자원을 연애 시장에서 요구하는 전략도 등장할 수 있다. 이런 식의 '자원 추구형 전략'이 일부 여성의 전략이라 해도 상관없다. 남성 혐오 진영에서는 일단 사례가 수집되면 축적되고, 공유되고, 증폭되며, 결국 일반화된 혐오 서사를 만들어낸다. 그렇게 혐오는 자기 강화의 경로에 올라탄다.

이제 결정적인 질문이 남았다. 대기업 입사 경쟁은 경쟁률로 보면 연애 시장에서의 구애 경쟁보다 훨씬 치열하지만, 취업 준비생 대부분은 대기업을 혐오하기보다는 선망한다. 연애 시장에서 여성이 더 희소한 자원이 되었다면, 남성은 왜 '더 많은 호의'가 아니라 '더 많은 혐오'를 택하나. 여성 혐오에 젖은 남자를 데이트 상대로서 매력을 느끼는 여성을 찾기란 쉽지 않다. 연애 시장의 논리로 보면 거의 자해 전략인 여성 혐오가 어떻게 해서 연애 시장에서 탄생할 수 있을까.

혐오, 절망적인 흥정 전략

진화심리학의 기틀을 다진 연구자로 평가받는 데이비드 버스 교수(텍사스 대학)는 『이웃집 살인마』에서 "왜 어떤 남자들은 연인을 학대하는가"라는 독특한 질문을 던진다. 진화심리학의 관점으로 보면, 남성에게 여성 배우자는 대단히 귀중한 자원이다. 그런데도 왜 남성은 배우자를 때리고 모욕하고, 특히나 외모를 폄하할까. 더 황당하게도, 적지 않은 여성들이 자신을 학대하는 배우자의 곁을 떠나지 않고 머물러 그녀를 도우려던 지인들을 속 터지게 만든다. 이 기묘한 상황을 어떻게 해석할까.

버스의 설명은 이렇다. 외모 폄하에서 폭력까지, 남성의 학대는 여성의 자긍심을 손상시킨다. 자긍심이란 연애 시장에서 자신의 가치를 재는 도구로, 그러니까 일종의 가격 측정 센서다. 이 자긍심 센서가 망가지면 여성은 자신의 시장가치를 과소평가하게 된다.

"남성은 여성에게, 다른 남자들이 그녀를 거들떠보지 않을 테니 자신과 함께 있는 게 다행이라고 주지시키려 하는지 모른다. 강력한 배우자 감시 전략인 학대와 고립은 여성을 손상된 관계에 잡아매는 극악한 기능을 수행한다."

남성이 스스로 선택해서 이런 전략을 고른다는 의미가 결코 아니다. 이런 전략적 옵션이 진화 과정에서 유리한 점이 있었기 때문에 우리의 심리에 내장되어 있고, 특정 상황이 되었을 때 무의식중에 발동할 수 있다는 것이 진화심리학의 주장이다. 선택하는 것이 아니라 스위치가 켜지는 것이다.

그러니까 학대란, 자신보다 '시장가격'이 높은 여성 배우자에 대한 무의식적인 가격 흥정 전략이다. 마치 중고차를 고르며 이리저리 트집을 잡고 사고 기록을 따져 묻듯, 학대는 배우자 여성의 가치를 줄여 잡아 자신을 떠나지 못하게 만드는 도구다. 이 전략은 분명 자기 파괴적이고 위험하지만, 자신보다 시장가격이 높은 여성은 어차피 떠나갈 가능성이 높기 때문에, 배우자보다 뒤처진 남성에게는 이판사판으로 해볼 만한 도박이 된다.

이 논리를 여성 혐오에 적용해보자. 우리는 지금까지 한국 연애 시장에서 남성의 시장가치가 주저앉는 메커니즘을 여럿 확인했다. 바꿔 말하면, 여성 집단의 시장가치가 남성 집단보다 올랐다. '뒤처진 남성'이 대규모로 축적되는데, 이때 여성 혐오는 마치 저강도 학대와 같은 효과를 불특정 다수의 여성에게 가한다. 남성들의 머릿속에는 연애 시장에서 협상력이 딸릴 때에는 여성의 자긍심을 손상시키라는 전략이 내장되어 있는지 모른다.

그렇다 해도 이것은 절망적인 전략이다. 1 대 1 관계에서는 학대를 통한 흥정에 성공할 가능성이 어느 정도라도 있는 반면, 온라인 공간에서 불특정 다수를 향한 저강도 학대는 애초에 협상 자체가 성립하지 않아서 가격 흥정이 될 수가 없다. 1 대 1 관계에서 써먹으라고 진화가 내장해놓은 전략이 엉뚱한 장면에서 스위치가 켜진다.

더욱이 여성 혐오는 연애 시장에서 그 남성의 시장가치를 더 떨어뜨린다. '가격 격차'는 더 커질 것이고, 가격 흥정도 따라서 다시 절박해진다. 막다른 골목이다. 남성 잉여 세대의 맏형들이 이 막다른 골목에 이제 막 들어섰다. 그 뒤로도 25년 동안 동생들이 줄을 서 있다.

〈2015년 9월〉

●

막다른 골목이다.

2015년에 이미 막다른 골목이었다. 거기 길 없다는데도 계속….

기념비가 될
그 화요일의 강남역

한 남성이 있었다. 그는 정신질환을 앓았고, 여자들이 자신을 싫어한다며 분노에 차 있었다. 그는 누군지도 모르는 사람의 목숨을 빼앗는 방식으로 '복수'했다. 사건이 벌어지자 주류 미디어는 한 정신이상자의 일탈로 보도했다. 세상은 정상인과 미치광이의 세계로 칼같이 나뉘어 있어서, 정신이상자의 소행으로 확인된 순간 정상인의 세계에서는 문제가 사라진다는 듯이 썼다.

여성들은 동의하지 않았다. 그들은 여성이라는 이유로 일상적인 공포에 시달리고, 심하면 살해당한다고 느꼈다. 항의의 물결이 일어났다. 트위터에서 가장 많이 쓰인 해시태그 "여자들은 다 겪는다"를 단 게시글이 50만 건을 넘겼다. 남자들은 항변했다. "모든 남자가 그렇지는 않다. 비정상적인 일탈 사례를 일반화한다." 한 여성이 답했다. "모든 남자가 다 여성 혐오자나 강간범은 아니다. 그러나 모든 여자는 다 그런 남자를 두려워하면서 살아간다는 게 요점이다."

이것은 '강남역 살인 사건'에 대한 묘사가 아니다. 이 사건의 이름은 샌타바버라 총기 난사 사건. 2014년 미국 캘리포니아주 샌타바버라 카운티 아일라비스타에서 22세 청년 엘리엇 로저가 칼과 총으로 남자 3명과 여자 3명을 죽이고 13명에게 부상을 입힌 후 자살한 사건이다. 로저는 범행 전날 촬영해 유튜브에 올린 영상에서 이렇게 말한다. "나는 22세이고 대학을 2년 반 다녔지만 여전히 동정이다. 대학은 모두가 섹스와 쾌락을 경험하는 곳인데 나는 외로움에 썩어야 했다. 여자들은 내게 매력을 느끼지 않았다. 이건 불의이며 범죄다. 나는 완벽한 남자인데 너희는 나 같은 최고의 신사를 두고 다른 불쾌한 남자들에게 몸을 맡긴다. 나는 너희를 벌할 것이다."

미국의 역사가이자 에세이스트 리베카 솔닛은 『남자들은 자꾸 나를 가르치려 든다』에서, '정상인의 세계'와 차단하고픈 남자들의 욕망이 이 사건 이후의 논란에서 확인되었다고 꼬집었다. "일부 남자들은 '나는 안 그런데'라고 말하고 싶어서거나, 방관자 남성의 안락함을 보호하기 위해 그런 반응을 보인다."

강남역 살인 사건 이후 한국 사회는 샌타바버라 총기 난사 사건에 미국 사회가 보인 반응을 '직수입'했다. 사건 피의자 김 아

● 강남역 공중화장실에서 살해된 희생자를 추모하기 위해 수많은 시민들이 남긴 메모와 꽃다발.

● 2014년 미국 샌타바버라 총기 난사 사건이 일어났던 아일라비스타에 추모벽이 세워졌다.
  당시 사건은 이번 강남역 살인 사건과 닮은꼴이었다

무개 씨(33세)가 정신질환 이력이 있다는 경찰 발표가 나오면서 여론은 이 사건을 '정상인의 세계'와 분리해낼 기회를 포착했다. 여성 혐오에 기반한 증오 범죄로 볼 수 없다는 주장이 온라인 공간을 중심으로 기세를 올렸다. 극우 커뮤니티 일베의 한 이용자는 추모 장소가 된 강남역 10번 출구 앞으로 추모 물결을 조롱하는 조화를 보냈다. 조화에는 "남자라서 죽은 천안함 용사들을 잊지 맙시다"라고 적었다.

이 사건에 반응하는 여성들은 직장에서, 대중교통에서, 공중화장실에서, 골목길에서 겪는 일상의 공포를 증언한다. 하지만 보통의 남자들은 터져나오는 증언의 바탕에 깔린 공포의 정서에 주목하는 대신 겉으로 들리는 분노에 놀라 "남자를 혐오하지 마라"라고 반응했다. 이들은 이 사건을 '증오 범죄'로 규정하는 데도 거부감을 보였다. "나는 여성을 혐오하지 않는데 모든 남자를 범죄자로 일반화하지 마라"라는 논리가 한국에서도 판박이로 등장했다.

피의자가 정신질환 이력이 있다는 사실만으로 '정상인의 세계'와 차단되지는 않는다. 서천석 전문의(신경정신과)는 자신의 페이스북 계정에 이렇게 썼다. "정신병에도 맥락이 있다. 권위주의 독재 시절에는 많은 조현병(정신분열병) 환자들이 중앙정보부가 도청하고 있다는 이야기를 했다. 그(피의자)가 '여성들이 나를 무시해서' 범죄를 저질렀다고 한 말은 사회적 맥락을 갖고 있다.

여성 혐오다. 이것이 망상이라고 하더라도, 그 망상은 여성 혐오라는 사회적 맥락을 반영한다." 경찰의 CCTV 분석 결과를 보면, 피의자는 범행 장소인 화장실에 들어간 이후 남성 6명을 그냥 보낸다. 피해자는 피의자가 화장실에 자리 잡은 후 최초로 들어온 여성이었다.

소수자 특유의 강력한 집단 정체성을 드러낸 한국 여성들

학계는 대체로 증오 범죄를 주로 사회적 약자에 해당하는 집단을 특정해 낙인찍어 발생하는 범죄로 정의한다. 증오 범죄라는 별도의 범죄 유형이 있는 것이 아니다. 살인·폭행·성폭행 등 기존 범죄가 소수집단을 향한 증오를 바탕으로 일어나면 그게 증오 범죄다. 증오 범죄 문제를 연구해온 숙명여대 홍성수 교수(법학)는 특정 사건이 증오 범죄인지를 판단하려면 피의자의 범행 동기가 더 명확하게 나와야 한다고 보았다. 오히려 중요한 지점은 따로 있다고 홍 교수는 말했다.

"사건 이후 등장한 추모와 공감의 물결은 몇몇 목소리 큰 소수의 영향력을 훌쩍 넘어선다. 마치 흑인 대상 범죄에 흑인 사회가 보여주는 격렬한 반응을 보는 듯하다. 개별 범죄를 이만큼 깊숙이 '나의 일'로 받아들인다는 것은 해당 소수자 집단이 오랫동안 차별과 폭력에 고통받으면서 집단적 정체성이 공고해졌을 때나 나타나는 현상이다. 한국의 '여성 집단'이 이 정도로 반응한다는 것이야말로 그동안 이들이 감당해야 했던 차별과 폭력의 강도를 말해준다. 말하자면 땅 밑으로 용암이 흐르고 있었는데, 이번 사건을 통해 그게 제대로 폭발하게 된 것이다." 인종이나 종교적 소수자와 달리 여성은 인구의 절반을 이루는 거대 집단이다. 이런 대규모 집단이 '소수자 정체성'의 단초를 보인다는 것이야말로 한국 사회가 진정으로 주목해야 할 대목이다.

증오 범죄가 성립하려면 소수자 집단을 향한, 개인감정 차원을 넘어서서 이데올로기화한 증오가 사회에 깔려 있어야 한다. 이 증오가 일시적인 분출이 아니라 지속성과 확산성을 띤다면 증오 범죄가 등장할 토양이 갖춰진 셈이다. 즉 이번 사건이 증오 범죄인지 아닌지는 아직 정보가 부족하지만, 사건 이후 여성들이 소수자 특유의 강력한 집단 정체성을 보여준 것은 이들이 오랫동안 여성 혐오에 노출되어 있었다는 중요한 신호다. 이 사건이 진정으로 '사회적 현상'이 되는 대목은 사건 자체보다도 그 이후 터져나온 물결이었다.

샌타바버라 총기 난사 사건과 그 후폭풍을 보며 리베카 솔닛은 이렇게 썼다. "그 금요일의 아일라비스타에서, 우리의 평형은 깨어졌다. 수백만 명이 방대한 대화의 네트워크에 모여서 경험을 나누고, 의미와 정의를 재고하고, 새로운 이해에 도달했다. 이

변화는 앞으로 더 자랄 것이고, 더 중요해질 것이고, 그리하여 피해자들에 대한 영원한 기념비가 될 것이다." 이 문장을 '그 화요일의 강남역에서'로 시작해 다시 쓰려는 이들이 나와 해시태그를 달고, 포스트잇을 붙이고, 목소리를 모으고 있다.

〈2016년 5월〉

●

이 사건이 진정으로 '사회적 현상'이 되는 대목은 사건 자체보다도 그 이후 터져나온 물결이었다.

어떤 이들이 이 사건을 기억하는 방식.

그리고 또 어떤 이들이 그걸 오해하는 방식.

도널드 트럼프,
우리가 알던 정치의 종말

민주주의가 거대한 농담을 시작했다. 도널드 트럼프가 미국 공화당 대선 후보로 사실상 확정되면서, 패권 국가에서 벌어지는 상식 밖 현상을 해석하느라 세계가 분주해졌다. "트럼프가 공화당 후보가 되면 내 칼럼을 먹겠다"고 호언장담했던 〈워싱턴포스트〉 칼럼니스트는 신문지가 들어간 코스 요리를 먹는 동영상을 올렸다. 트럼프를 대놓고 조롱했던 데이비드 캐머런 영국 총리는 "트럼프는 우리의 존중을 받을 만하다"며 뒤늦게 수습했다. 〈뉴욕타임스〉는 "공화당의 자살"이라고 신랄하게 논평했다.

트럼프의 캠페인은 2차 대전 이후 서구 정치에서 확립된 거의 모든 상식과 맞지 않았다. 무슨 일이 벌어지고 있는 걸까. 데이터를 활용한 선거 예측으로 스타가 된 분석가 네이트 실버도 '트럼프는 경선에서 이길 수 없다'고 본 수많은(사실상 모든) 전문가 중 하나다. 실버는 자신이 왜 예측에 실패했는지를 돌아보면서, 트럼프의 지지층이 예상보다 훨씬 견고하고 특정한 신념들을 공유하는 투표 블록으로 드러났다고 썼다. 다만 그 특정한 신념의 조합이 상식과 너무나 달라서 하나의 블록으로는 도저히 보이지 않았다.

공화당 후보 트럼프를 만든 '상식 밖의 블록'은 백인, 남성, 대학 교육을 받지 않은 저학력층 비중이 상대적으로 높다. 〈그림 1〉의 6가지 항목 조사 결과는 트럼프 지지층이 주요 이슈에 대해 어떤 태도를 지녔는지를 보여준다. 트럼프 지지층과, 마지막까지 트럼프와 경쟁했던 테드 크루즈 후보의 지지층 그리고 미국인 유권자 전체 평균을 비교했다.

공화당의 기존 노선은 작은 정부, 시장에 대한 신뢰, 자유무역에 대한 단호한 지지, 미국이 세계의 경찰 노릇을 해야 한다는 국제 개입주의, 낙태와 동성애에 반대하는 문화적 보수주의 등이 꼽힌다. 하지만 트럼프 지지층은 이 모두를 비튼다. 트럼프 지지자들은 자유무역협정이 미국에는 손해라고 강하게 느낀다(67%). 민주·공화당 어느 쪽에서도 이 정도로 강력한 반反자유무역 정서는 찾을 수 없다. 미국의 경제 시스템이 힘 있는 사람에게만 유리하다고 느끼는 지지자도 61%로, 기존 공화당보다 뚜렷이 짙은 시장 불신을 보여준다.

● 〈그림 1〉 트럼프 지지자는 이렇게 생각한다 (각 항목에 '그렇다'고 답한 비율)

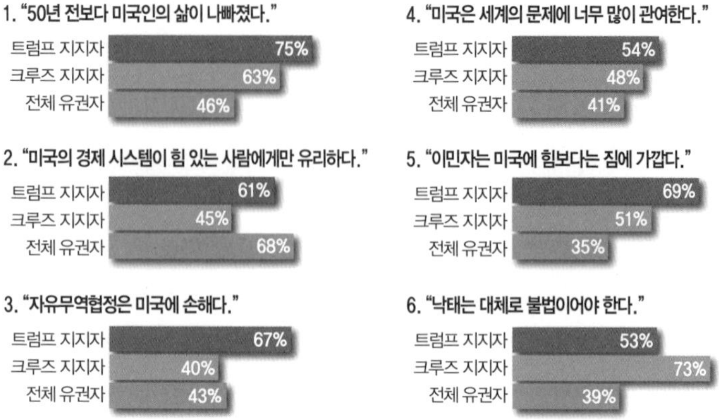

1. "50년 전보다 미국인의 삶이 나빠졌다."

- 트럼프 지지자: 75%
- 크루즈 지지자: 63%
- 전체 유권자: 46%

2. "미국의 경제 시스템이 힘 있는 사람에게만 유리하다."

- 트럼프 지지자: 61%
- 크루즈 지지자: 45%
- 전체 유권자: 68%

3. "자유무역협정은 미국에 손해다."

- 트럼프 지지자: 67%
- 크루즈 지지자: 40%
- 전체 유권자: 43%

4. "미국은 세계의 문제에 너무 많이 관여한다."

- 트럼프 지지자: 54%
- 크루즈 지지자: 48%
- 전체 유권자: 41%

5. "이민자는 미국에 힘보다는 짐에 가깝다."

- 트럼프 지지자: 69%
- 크루즈 지지자: 51%
- 전체 유권자: 35%

6. "낙태는 대체로 불법이어야 한다."

- 트럼프 지지자: 53%
- 크루즈 지지자: 73%
- 전체 유권자: 39%

자료: 퓨리서치센터 (2016년 3월/5월 조사)

반反이민 정서도 단호해서 69%에 이른다. 미국 자체가 이민자의 나라이므로 반이민은 건국이념과 맞지 않는다고 미국 엘리트들은 입버릇처럼 말하지만 트럼프 지지층은 이를 무시한다. 멕시코 국경에 장벽을 쌓자는 트럼프의 주장은 이들에게 그저 막말이 아니라 실현 가능한 정책 제안이다. 트럼프 지지층은 국경 장벽 지지율이 84%로 가장 높다.

미국이 국제사회에서 손을 떼야 한다고 생각하는 고립주의 성향도 강하다. "미국은 세계의 문제에 너무 많이 관여한다"고 생각하는 비율이 54%로, 역시 어느 유권자 블록보다 높다. 미국 안보 전략의 핵심축인 북대서양조약기구NATO마저 미국에 손해라고 보는 비율도 30%나 된다. 크루즈 지지층은 12%, 전체 유권자는 16%만이 NATO가 미국에 손해라고 본다.

반면 이들은 기존 공화당 블록보다 종교적 열정이 눈에 띄게 약하다. 아들 부시의 대선 승리에 결정적으로 기여했던 문화적 보수주의에 대체로 시큰둥하다. 낙태가 불법이어야 한다고 믿는 비율은 53%로, 크루즈 지지층의 단호함(73%)과는 거리가 멀다.

트럼프 지지층의 성향은 독특하다는 말로는 부족할 만큼 독특한데, 국제정치 전문지 〈포린폴리시〉는 난감한 느낌을 담아 트럼프 지지 블록을 "보수적이지 않은 보수파"라고 지칭했다. 이들은 공화당의 핵심 가치라는 시장 자유, 국제 개입주의, 문화적 보수주의에 별 관심이 없다. 누구보다 자유무역을 싫어하는 유권자들이 자유무역을 성배로 생각하는 정당에 밀려들어와, "중국산 제품에 관세 45%를 물리자"고 말하는 '막말꾼 광대'를 대선 후보로 밀어올린다. 트럼프 현상 초기에는 분석가들 대부분이 이런 이유로 이들의 정체를 잡아내는 데 애를 먹었다.

이제는 좀 더 뚜렷해졌다. 이 저학력 백인 남성들은 '리얼리티 쇼에 세뇌된 멍청이'가 아니라 불안하고 화가 나 있는 유권자다. 자유무역으로 들어오는 중국산 제품과 멕시코 국경을 넘는 이민자의 물결이 내 일자리를 빼앗아간다는 공포와 분노가 보수의 핵심 가치를 대체했다. 트럼프 지지층 중 75%가 "미국인의 삶이 50년 전보다 나빠졌다"고 생각하는 비관론자다.

트럼프의 동지들

이 분노한 유권자들은, 미국에서는 1차로 당내 경선의 문턱을 넘는 데 성공했을 뿐이지만 이들이 대서양 건너편을 바라본다면 앞서나가는 동지를 곳곳에서 발견할 수 있다. 트럼프 지지층과 유사하게 '반세계화·반이민'을 핵심 동력으로 삼는 분노한 유권자들이 앞세운 정치인들이 이미 정권을 잡았거나 권력에 바짝 다가서고 있다.

헝가리는 극우 포퓰리스트인 빅토르 오르반 총리가 집권 중이다. 오스트리아는 극우 정당 후보가 대선 1차 투표에서 1위를 한 상태로 결선투표를 앞두고 있다. 영국은 6월에 유럽연합 탈퇴(브렉시트) 여부를 결정하는 국민투표를 할 예정인데, 극우 성향인 영국 독립당은 물론이고 집권 보수당 내에서도 보리스 존슨 전 런던 시장이 브렉시트 지지를 선언했다. 프랑스는 극우 정당인 국민전선 대표 마린 르펜이 내년 대선에서 결선 두 자리 중 한 자리를 사실상 예약했다.

유럽의 극우 정당들은 배타적 민족주의와 복지 확대를 결합한 '복지 쇼비니즘'을 내세워 유권자를 파고들고, 한때 좌파의 핵심 지지층이었던 중하층 노동자와 공무원이 반세계화와 반이민을 약속하는 극우 정당에 표를 주기 시작했다. 서구 정치가 익숙했던 문법이 모조리 뒤죽박죽이 되어가고 있다.

2차 대전 이후 서구 세계의 정치는 좌·우파의 이념이 가운데로 수렴하는 추세를 보여주었다. 좌파는 국유화를 포기하고 시장경제를 받아들였고, 우파는 완전한 시장 자유 대신 일정한 정부 개입과 사회 안전망의 필요성을 인정했다. 그런데 21세기 들어 세계화에 직격탄을 맞았다고 느끼고, 복지 혜택을 '부당하게' 이민자와 나누는 데 화가 난 중하층 원주민(주로 백인) 집단이 정치 무대에 등장했다. 이들을 '배신당한 노동계급'이라고 부르는 논평도 있다. 이들은 새로운 과제를 해결하는 데 실패한 좌·우파 정치 엘리트를 싸잡아 불신한다. 이제 전후 합의의 밖에 있던 '새로운 도전자들'이 기세를 떨친다.

유럽과 미국에서 좌·우파 정치 엘리트들은 본질적으로 같은 위기를 맞이했다. 트럼프를 비롯한 새로운 도전자들은 대부분 막말을 일삼고 엘리트의 세련된 태도와 일부러 거리를 둔다. 엘리트 혐오(특히 미국에서는 '정치적 올바름'에 대한 혐오)를 공유하는 분노한 유권자에게 이런 모습은 흠결이 되지 않았다. 트럼프가 막말 때문에 캠페인에 타격을 받은 흔적은 찾아보기 힘들다.

경제학자 대니 로드릭(하버드 대학 케네디스쿨)은 3월에 발표한 '분노의 정치'라는 글에서 역사를 렌즈 삼아 일련의 거대한 흐름을 다뤘다. 제어되지 않는 세계화는 탈락한 기층의 반발을 부른다. 로드릭은 지금보다 먼저 분노한 유권자의 물결이 몰아닥쳤던 시대를 지목한다. 그가 '첫 번째 세계화 시대'라고 부른 20세기 초반의 '과잉 세계화'는 소외된 기층의 파멸적인 반동을 불렀으니, 그것이 1·2차 대전 사이(전간기)를 휩쓴 공산주의와 파시즘이었다. 이 '첫 번째 분노의 정치'는 인류사 최악의 전쟁인 2차 대전을 낳았다. 2차 대전 이후 서구는 이 교훈을 바탕으로 세계화의 속도를 제어하고, 복지 시스템으로 분노의 정치를 예방했다. 하지만 고삐는 다시 풀려버렸고, 이제 다시 전간기를 휩쓸었던 분노의 정치가 돌아오려는 중이다.

이런 관점으로 보면 분노의 정치는 오른쪽뿐만 아니라 왼쪽에서도 등장할 수 있다. 미국 민주당 경선에서 돌풍을 일으킨 버니 샌더스는 정치를 대하는 헌신과 신념, 미래 비전을 제시하려는 태도, 메시지의 일관성 등 거의 모든 점에서 트럼프와 크게 다른 정치인이지만, 한 가지만은 비슷하다. 트럼프만큼이나 샌더스 현상도 기존의 좌·우 합의 밖에서 불어닥친 돌풍이었다.

트럼프는 일차 허들을 넘었고 샌더스는 탈락 직전이다. 그러나 두 흐름 모두 2016년 대선 이후로도 미국 정치의 중요한 변수가 되리라는 전망이 많다. 이를테면 트럼프가 11월 본선에서 탈락한다 하더라도 '트럼프 현상'은 4년 뒤든 8년 뒤든 다른 후보를 만나 더 증폭되어 돌아올 수 있다. '샌더스 현상'도 마찬가지 잠재력이 있다.

트럼프 현상은 유럽과 비교하면 유행에 한발 처졌다. 그럼에도 '분노의 정치 미국판'은 독특하다. 유럽에서는 등장하지 않았거나 주변적이었던 쟁점이 미국에서는 중요해진다. 미국은 국제 질서를 결정하는 패권국, 학자에 따라 차라리 '제국'이라고도 부르는 국가다. 이것이 결정적인 차이를 만든다.

공화당 후보 선출이 확실시되던 4월 27일 트럼프는 자신의 국제 정책 기조를 밝히는 연설을 한다. 본선을 염두에 두고 말투가 온건해지기는 했으나 근본 기조는 변함없었다. 트럼프가 보기에 "미국은 국제 무대에서 자원을 낭비하고, 우리 동맹들은 그들의 몫을 내지 않는다(한국이 틀림없이 포함된 얘기다). 미국의 국제 정책은 미국의 이해관계를 최우선으로 해야 한다."

국제정치학자인 조지프 나이(하버드 대학)는 "트럼프가 사실상 고립주의 정책을 다시 들고 나왔다"고 논평했다. 국제 문제에 부질없이 자원을 낭비하지 않겠다는 목표만이 확실하고, 그 외의 전략("미국을 다시 위대하게 만들자" 따위)은 모호한 말잔치에 가깝다. 패권국 미국이 국제사회에 내놓는 투자를 낭비로 간주한다. 그의 지지자들이 가진 태도와 정확히 일치한다.

이것은 미국의 민주·공화 엘리트들이 공유하는 합의를 뒤흔든다. 미국 엘리트의 관점에서 보면 패권국 미국은 일종의 '국제 공공재'를 공급하는 나라다. 핵 안보 질서를 유지하고, 국제법과 국제기구의 권위를 지키고, 자유 시장을 보호하며, 자유무역 체제에서 개발도상국의 제품을 소비해주고, 글로벌 기축통화를 공급하는 것 등이 '제국의 책무'다. 이런 비용을 지출해서 국제 질서를 유지하는 편이 미국에도 좋다. 현재의 국제 질서에서 가장 큰 이익을 얻는 나라가 미국이기 때문이다.

정치 엘리트의 합의에 제동 거는 '분노한 유권자'

그런데 분노한 유권자들은 엘리트의 셈법에 이의를 제기한다. 그들의 눈에는 국제 공공재를 공급해서 자신에게 돌아오는 이익이 불확실해 보이고, 당장 삶이 추락하는데도 내 세금을 엉뚱하게 쓰는 한가한 이야기로 들린다. 여러 학자들이 서로 다른 표현으로 이 현상, 즉 '민주적 제국'에서는 유권자가 제국의 유지 비용을 용납하지 않을 수 있다는 딜레마를 지목했다. 캐나다의 역사가인 마이클 이그내티에프는 이렇게 썼다. "제국의 부담은 장기적인 것이지만, 민주주의는 시간이 없어서 언제나 서두른다." 독일의 정치학자 헤어프리트 뮌클러의 진단도 비슷하다. "비용에 대한 질문, 즉 제국적 정책의 효용과 부담 사이의 관계는 민주적 제국의 핵심 문제다."

미국이라는 '제국'은 이 문제를 대체로 정치 엘리트의 합의("국제 공공재 공급이 장기적으로 더 이익이다")에 기대어 해결해왔다. 그런데 분노한 유권자의 등장으로 엘리트의 합의가 공격받고 있다. 트럼프는 한국의 핵무장을 용인하겠다고 시사하고 중국 제품에 터무니없는 관세를 물리겠다고 내지른다. 국제 질서의 근본 원리를 뒤흔드는 접근법이 쏟아진다. 본심이든 허세든, 트럼프는 "더 이상 제국의 통치 비용을 내지 않겠다"고 주장하는 셈이다. 국제정치학자인 이근 교수(서울대 국제대학원)는 이렇게 말했다. "트럼프 현상은 미국 국내 정치의 불확실성이 높아질수록 미국의 대외정책을 세계가 예측하기 점점 힘들어진다는 것을 보여준다. 패권국 정책의 불확실성은 자체로 국제사회에 큰 비용을 발생시킨다. 결국 세계가 양극화 문제를 해결하지 못하면 국제사회의 안정성도 영향을 받는다."

이제 미국은 이 기괴한 후보를 떠받치는 분노한 유권자의 크기가 얼마나 될지를 두고 11월의 심판을 기다리고 있다. 현 구도로 간다면 힐러리 클린턴의 승리를 예상하는 관찰자가 많지만, 미국은 대선 투표율도 50% 언저리로 낮은 국가다. 만약 이 분노가 기존에 투표하지 않던 유권자까지도 투표장으로 끌어내는 괴력을 발휘한다면, 그때는 결과를 예측할 수 없다는 전망도 있다.

20세기 미국을 대표하는 역사가 아서 슐레진저는 2차 대전 직후 불어닥친 매카시즘 광풍을 기록하면서 이렇게 썼다. "미국은 잊을 만하면 민주주의를 벼랑 끝으로 밀어넣고 흔든다. 그러고는 다시 뒤로 잡아당겨 구출한다." 대가의 통찰일까, 그저 애국심에 취한 낙관일까. 우리 시대가 검증해볼 기회를 얻었다.

〈2016년 5월〉

●

민주주의가 거대한 농담을 시작했다.

공화당 경선이 끝날 때까지만 해도 이런 문장을 쓸 여유는

남아 있었다. 이제는 우리 모두가 알다시피, 농담이 아니었다.

우리에게 익숙한 좌파와 우파, 진보와 보수의 문법이

거의 모두 도전받는 시대다.

4부의 시작을 열었던 일베의 무임승차 혐오와

트럼프 캠페인의 논리는 묘하게 겹친다.

트럼프는 이민자들이 미국 노동자의 기여에 무임승차한다고,

그리고 세계의 나머지 국가들이 미국의 글로벌 안보 공급에

무임승차한다고 주장한다.

그런 무임승차를 끝장내겠다는 주장이

이 기묘한 남자를 세계에서 가장 중요한 일자리에 취직시켰다.

이 묘한 겹침은 우리가 사는 세상을 이해하는 데

중요하다고 생각한다.

좌파적 가치가
극우의 의제로 돌변하다

'나라 잃은 표정이란 게 딱 저런 건가보다'고 생각했다. 9월 21
일 독일 베를린. 독일노동조합연합DGB 본부에서 만난 프랑크
자흐 씨는 콧수염과 유머가 인상적인 DGB 국제협력 담당 부서
장이다. DGB는 독일 노동조합원의 4분의 3 이상이 속한 최대
노동단체이다. 간담회 내내 여유를 잃지 않던 그는 간단한 질문
하나를 듣자마자 극적으로 표정이 바뀌며 당장이라도 울 것 같
은 얼굴이 되었다.

간단한 질문이란 이랬다. "9월 24일 총선에서 노조 조합원들
은 AfD(독일을 위한 대안)를 얼마나 지지할까?" "적잖이 뽑는다"
고 답한 그는 한참을 말을 잇지 못하다 이렇게 말했다. "1932년
히틀러가 정권을 잡았을 때, 독일인들은 다들 그저 돌발 에피소

드일 거라고 생각했다. 하지만 실제 역사는 그렇지 않았다. AfD 가 의회에 들어가면 우리는 그들과 싸워야 한다. 나치는 불과 12 년 만에 그런 역사를 만들었다. AfD가 의회에 있는 4년도 충분 히 긴 시간이다."

9월 20일부터 27일까지 9·24 독일 총선을 현지 취재했다. 우리가 독일에 도착했을 즈음 최대 관심사는 앙겔라 메르켈 총리의 4선 여부가 아니었다. 기독민주당(기민당)·기독사회당(기사당) 연합*의 1당 수성은 사실상 결정된 상태였다. 대신 시선은 온통 AfD에 쏠려 있었다. '극우 인종주의 정당'이자 심하면 '네오나치'로 알려진 이 신생 정당이 어느 정도 결과를 낼까가 최대 이슈였다. 베를린에서는 'NO AfD'라고 쓰인 스프레이 낙서를 흔히 볼 수 있었다. AfD에 반대하는 메시지를 플래카드로 만들어 창문에 내건 집도 눈에 띄었다. 우리가 만난 독일의 정당과 노동조합 관계자와 연구자들의 화두도 AfD였다.

총선에서 AfD는 12.6%를 얻어 제3당으로 약진했다. 전통적인 양대 정당인 기민·기사 연합은 32.9%, 사회민주당(사민당)은 20.5%를 얻었다. 기민·기사 연합은 2차 대전 이후 두 번째로 나쁜 성적표였고, 사민당은 아예 2차 대전 이후 최악의 참패였다. AfD는 자유민주당(10.7%), 좌파당(9.2%), 녹색당(8.9%) 등 역사

---

* 두 당은 자매 정당으로 연방의회에서 단일 교섭단체로 활동한다.

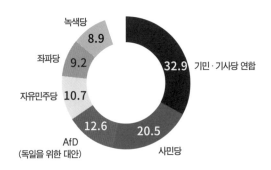

● 2017 독일 총선 정당별 지지도(단위; %)

녹색당 8.9
좌파당 9.2
자유민주당 10.7
AfD (독일을 위한 대안) 12.6
20.5 사민당
32.9 기민·기사당 연합

가 더 긴 중견 정당들을 모두 제쳤다.

　우파 포퓰리즘의 약진이 독일만의 현상은 아니다. 프랑스에서
는 올해 대선에서 우파 포퓰리즘 정당 국민전선의 마린 르펜이
결선투표까지 올라갔다. 건강한 복지국가의 모델 격인 덴마크에
서도 우파 포퓰리즘 정당인 덴마크 인민당이 2015년 총선에서
제2당으로 약진했다. 오스트리아, 핀란드, 네덜란드, 스웨덴에서
도 우파 포퓰리즘은 상승세다. 영국의 브렉시트를 주도했던 영
국 독립당도 유사한 계열이다. 독일 AfD의 12.6%는 유럽의 '동
지들'과 견주면 오히려 초라해 보일 정도다.

4중의 역설을 뚫은 AfD의 약진

그럼에도 독일 사회가 받은 충격은 컸다. 독일은 수도 한가운데에 자신들의 유대인 학살을 기억하는 추모 박물관과 추모 공원을 갖고 있는 나라다. 나치의 인종주의를 반성하는 문화가 뿌리 깊은 독일 사회는, 외국인 혐오가 뚜렷한 데다 홀로코스트 부인론자(유대인 학살이 거짓이거나 과장되었다고 믿는 이들)까지 섞여 있는 정당의 선전을 납득하지 못했다. 김상국 베를린 자유대학 교수는 "메르켈의 유세장마다 극우파의 시위장이 되고 있고, 히틀러 구호도 나온다. 독일에서는 상상도 못하던 일이 계속 일어나고 있다"고 말했다. 텔레비전 정치 평론가로도 활약하는 예나대학 올리버 림베크 교수의 감상도 비슷하다. "보통의 독일 사람들은 기사당을 극우 정당이라고 생각한다. 그런데 이번에 기사당이 AfD를 보고 극우라고 비난했다(웃음). 기사당 눈에도 그 정도로 보이는 정당이 약진하는 선거다."

메르켈 총리의 난민 무제한 수용 결단 이후 AfD가 기세를 올린 것은 사실이다. 여기에도 미묘한 역설이 있다. 김상국 교수는 "AfD의 주요 거점인 옛 동독 지역에는 난민이 별로 없고, 난민이 많은 서부의 부유한 산업 지대에서는 AfD 지지율이 낮다"고 말했다. 실제 투표 결과도 난민 거주 숫자와 AfD 득표율이 거의 반비례로 나왔다. 난민을 실제로 접할 기회가 없었던 이들이 더 두려워한다.

수수께끼는 또 있다. 포퓰리즘은 경제 위기와 함께 온다는 것이 통념이었다. 하지만 독일 경제는 완연한 호황이다. 2005년 11%를 넘던 독일의 실업률은 2017년 4%를 밑돈다. 정밀 금속 등 주력 제조업의 수출 경쟁력이 높다. 일반적으로 수출 호황은 화폐가치 절상을 부른다. 수출 산업의 가격 경쟁력은 시간이 갈수록 떨어지게 된다. 시장의 자기 조정 기능이다. 그런데 독일의 수출 제조업은 이런 자기 조정을 면제받았다. 자국 통화가 아닌 유로화를 쓰기 때문에 화폐가치가 자국 수출 실적과 거의 무관해졌다. 그 덕에 독일은 화폐 절상의 위협 없이 수출 호황을 오래 유지하고 있다.

경제지표뿐만 아니라 체감 경기도 좋다. 총선 출구 조사에서 "독일의 경제 상황이 좋다"고 답한 응답자는 무려 84%였다. 독일이 '유럽의 병자'로 불리던 2002년 총선 당시에는 같은 질문에 12%만이 '그렇다'고 답했다. 독일 경제에 대한 유권자들의 만족도는 15년 만에 6배가 넘게 뛰었다. AfD 지지자들마저도 예외는 아니다. AfD 투표자 중 경제 사정이 좋다고 응답한 비율은 73%였다. 원내 정당 중 가장 낮기는 하다. 그렇긴 해도 극우 포퓰리즘의 약진을 경제적 불만으로 설명하기에 '만족 73%'는 너무 높다.

AfD를 만든 지도자 베른트 루케는 세계은행 이코노미스트 출신이다. 반反유로, 반이민과 더불어 시장 자유주의를 내세웠다. 하지만 이후 내부 투쟁에서 루케는 밀려났다. 시장 자유주의 노선은 폐기되고 사회복지 노선이 채택됐다. 전형적인 좌파 의제인 복지가 우파의 핵심 의제인 시장 자유를 제친 셈이다. 이웃 프랑스의 국민전선처럼 AfD도 반이민과 복지 공약을 조합한 '복지 쇼비니즘' 정당으로 거듭났다.

AfD의 약진은 기존 통념만으로는 설명이 어려운 4중의 역설을 뚫은 결과다. 역사적 교훈 때문에 독일 유권자들이 인종주의에 갖는 혐오감은 대단히 높다. 경기는 좋고, 유권자는 그것을 분명히 체감한다. 이 '극우' 정당은 사회복지라는 좌파적 의제를 지지한다. 유럽통합과 유로화에는 거부반응을 보인다. 그 통합이야말로 독일의 호황을 떠받친 기둥인데도 그렇다. AfD가 보여주는 역설은 '유럽을 때린 포퓰리즘의 물결을 인종주의와 일자리로만 설명해도 되는가'라는 질문을 던지게 만든다.

독일의 석학 클라우스 오페 교수(정치사회학)는 『덫에 걸린 유럽』에서 흥미로운 지점을 짚어낸다. "반유럽 우파의 표가 늘어난 나라들은 하나같이, 부채 위기와 사회적 황폐화의 피해를 심하게 본 국가들(주로 남유럽 국가들)이 전혀 아니다. 프랑스, 영국, 덴마크, 독일, 핀란드, 오스트리아, 네덜란드와 같은 북쪽의 핵심 국가들에서 반유럽 우파가 세력을 키웠다." 반대로 좌파 포퓰리즘은 유럽의 주변부인 남유럽에서 기회를 포착했다. 그리스에서는 시리자가 집권했고, 스페인에서는 포데모스가 돌풍을 일으켰다.

미국 저술가 존 주디스는 『포퓰리즘의 세계화』에서 이런 차이가 우연이 아니라고 주장했다. 경기 침체의 영향이 강하지 않고 이민자가 몰려든 북부 유럽은 중산층의 '두려움'이 포퓰리즘의 핵심 동력이었다. 이는 외부자들에 대한 배척과 국수주의로 이어지기 쉽다. '오른쪽'의 토양이다. 반면 대량 실업이 휩쓸고 간 데다 이민자도 많지 않은 남부 유럽은 중산층과 하층이 동일한 위협 앞에 서 있다. 서로를 '동일시'한 중산층과 하층은 강력한 재분배 정책을 요구했고 '왼쪽'이 그에 반응했다.

복지국가를 이룩해낸 성과가 찬란할수록 중산층의 '두려움'은 더 깊어지기 쉽다. 복지국가는 일종의 공동 부조 시스템이다. 복지국가의 관대함을 악용하지 않고, 누구나 자신의 몫을 공동 계좌에 내놓는다는 신뢰가 있어야 작동한다. 인간은 본능적으로 피부색·언어·종교 등이 동질적인 집단을 더 신뢰한다. 불평등 연구의 권위자 브랑코 밀라노비치는 "유럽의 사회보장 시스템은 국민적·사회적 동질성이라는 전제 위에 구축되었다"고 지적한다.

이 공동 부조 시스템에 인종과 종교가 다른 외부인이 몰려들 때, 시스템을 수호하려는 이들의 머리에 '무임승차'를 경계하는 스위치가 켜진다. 복지국가와 사회적 신뢰라는 진보적 가치들이 이 맥락에서는 배타성의 논거로 돌변한다. 북유럽 복지국가의 기본 작동 원리인 보편성은 인종과 종교의 경계선 앞에 멈춰서고 있다. 잘 작동하는 복지국가의 표본으로 거론되는 덴마크가 유럽 우파 포퓰리즘의 심장부라는 사실은 그래서 의미심장하다. 프랑스 국민전선과 독일 AfD의 복지 쇼비니즘은 모순이 아니라 일종의 시대정신이 된다.

우파 포퓰리즘의 먹잇감이 된 이민자 범죄

이민자들의 범죄는 우파 포퓰리즘의 좋은 먹잇감이다. 같은 강력 사건이라도 이민자가 일으킨 사건은 내국인과 달리 온라인을 들끓게 만든다. 김상국 교수는 반이민 바람이 분 이후 독일 언론들의 강력 사건 보도 태도가 달라졌다고 말했다. "강력 사건 보도에서 인종과 출신지는 보도하지 않는 게 원칙이었다. 그런데 요즘은 무슨 사건만 터지면 사람들이 인종부터 묻는다. 하도 그런 요구가 많으니까 이제는 언론들도 '용의자는 아랍인이 아니다' 이런 식으로 보도한다."

제3당으로 약진한 다음 날인 9월 25일, AfD 지도부는 기자회견에서 이렇게 선언했다. "우리는 우리의 국가를 되찾았다." 누구로부터? AfD가 명시하지는 않았지만 답은 둘이다. 다른 인종, 그리고 브뤼셀. 유럽연합 본부가 있는 브뤼셀은 우파 포퓰리즘 정당에게 무슬림만큼이나 중요한 타깃이다. 유럽 통합은 개별 국가들의 정책 능력을 제약했다. 이제 국가들은 재정지출도 세금 인상도 사실상 선택할 수 없다. 국가의 자원 재분배 능력이 바닥까지 떨어졌다. 더욱이 브뤼셀은 난민의 물결을 만들어내는 공범이기도 하다. 클라우스 오페 교수는 『덫에 걸린 유럽』에서 이렇게 썼다. "북유럽 우파 포퓰리스트들이 유로존 정책들을 반대하는 이유는 고통과 실업을 강요하기 때문이 아니라 남유럽의 부채에 과도하게 너그럽고, 이동권에 대해서도 지나치게 자유롭기 때문이다."

이런 불만에 찬 이들에게 '국경의 부활'은 완벽한 대안처럼 보인다. 국경은 무슬림 이민자와 남유럽의 부채 국가와 브뤼셀을 동시에 막아준다. AfD 지지자들은 개방과 국경 중에 더 중요한 가치가 무엇이냐는 질문에 독일의 다른 시민들과 판이한 성향을 보여준다. 출구 조사에서 투표자 전체 평균은 개방 71%, 국경 27%인 반면, AfD 지지자들은 개방 14%, 국경 85%다.

심지어 이들에게 국경은 더 정의롭고 진보적이다. 복지국가 시스템과 사회적 신뢰를 무임승차자로부터 수호하기 때문이다. 이제 이민자를 내보내라는 외침은 나치를 떠올리게 하는 인종주의가 아니라 무임승차자를 단죄하는 정의로운 분노가 된다. 정의로운 명분을 스스로 확신하는 유권자는 인종주의자라는 비판에 무뎌진다. 존 주디스는 『포퓰리즘의 세계화』에서 덴마크 인민당을 뽑은 유권자의 마음을 이렇게 묘사했다. "덴마크 국민은 이민자에게 일자리를 빼앗길까 걱정한 게 아니라, 이민자가 아무것도 안 하면서 덴마크의 관대한 복지 체계에 무임승차할 것을 우려했다."

이 '자명한 선택'을 하지 않는 기성 정치권은 국민의 불만에 진지하게 응답하지 않는 엘리트로 간주된다. 이 귀를 막은 엘리트들에 대한 반대를 어디선가는 표현해야 했다. 집권당인 기민·기사 연합은 물론이고 사민당도 대안이 될 수 없다. 사민당은 2013년 총선 이후 대연정으로 정부의 일원이 되었으니 심판 대상이다.

반대를 표할 대안을 찾아 헤매던 유권자는 수상쩍고 위험해 보이는, 당의 목표와 노선조차 합의하지 못해 '독일을 위한 대안'이라는 어정쩡한 이름밖에 내걸지 못했던 AfD를 도구로 골랐다. 출구 조사에 따르면 독일 전체 유권자 중 63%가 신념에 따라 투표하고 30%만이 실망감을 표하려 투표한 반면, AfD 지지자는 61%가 실망감을 표하려 투표할 당을 결정했다. 올리버 림베크 교수는 이 농담을 부디 진지하게 듣지 말아달라는 듯한 표정으로 이렇게 말했다. "AfD는 투표하지 않던 사람들을 투표장으로 끌어내고 있다. 기성 정당들이 자신의 의사를 대변한다고 느끼지 않던 사람들이다. 어떤 의미로 AfD는 독일 민주주의

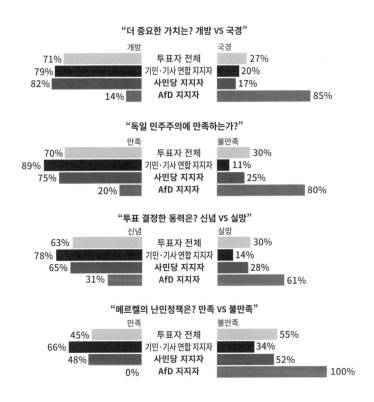

"더 중요한 가치는? 개방 VS 국경"

	개방		국경
71%		투표자 전체	27%
79%		기민·기사 연합 지지자	20%
82%		사민당 지지자	17%
14%		AfD 지지자	85%

"독일 민주주의에 만족하는가?"

	만족		불만족
70%		투표자 전체	30%
89%		기민·기사 연합 지지자	11%
75%		사민당 지지자	25%
20%		AfD 지지자	80%

"투표 결정한 동력은? 신념 VS 실망"

	신념		실망
63%		투표자 전체	30%
78%		기민·기사 연합 지지자	14%
65%		사민당 지지자	28%
31%		AfD 지지자	61%

"메르켈의 난민정책은? 만족 VS 불만족"

	만족		불만족
45%		투표자 전체	55%
66%		기민·기사 연합 지지자	34%
48%		사민당 지지자	52%
0%		AfD 지지자	100%

를 강화하고 있다(웃음)."

이렇게 해서 AfD는 거의 불가능해 보이는 과제를 풀어냈다. AfD는 역사의 교훈을 깊이 새긴 독일의 인종주의 정당, 유례없는 호황을 딛고 약진한 포퓰리즘 정당, 유럽 통합으로부터 가장 이득을 보는 국가의 반유럽 정당, 복지국가를 선호하고 시장 통합에 반대하는 우파 정당이라는 '4중의 역설'을 뚫고 연방의회에 입성했다. AfD가 얻은 12.6%는 북유럽의 동료들에 비하면 인상적이지 않지만, 독일이 만들어둔 겹겹의 방어벽을 고려하면 의미가 달라진다. 자흐 씨의 '나라 잃은 표정'은 이런 맥락에서 나왔다.

국경의 부활이 현실에서도 완벽한 대안이 될 가능성은 높지 않다. 우파 포퓰리즘이 내세우는 대차대조표에는 더 개방된 세계 덕분에 얻는 이득이 사실상 모조리 빠져 있다. AfD는 유로화가 독일의 수출 경쟁력을 떠받쳐준다는 사실을 외면한다. 유럽연합 회원국들의 국경 개방을 보장하는 셍겐조약을 폐지할 경우 조약 영역 내의 GDP 손실액이 10년간 1,100억 유로(약 143조 원)로 추산된다.

우파 포퓰리즘도 현실에서 작동할 프로그램이 없기 때문에, 이들에게 최적의 자리는 '불만에 찬 반대자' 이상이 되기 어렵다. 우파 포퓰리즘 정당이 집권에 성공하는 순간 이들의 전성기가 끝나리라는 예측은 그래서 나온다. 당사자들도 이를 잘 아는 듯하다. 덴마크 인민당은 우파 연정 내의 다수당이면서도 총리를 기성 정당인 자유당에 양보했다.

그럼에도 불구하고, 독일의 4중 방화벽마저 흠집을 낸 우파 포퓰리즘의 약진은 21세기 민주주의에 중대한 신호를 보낸다. 국경을 넘어설 수 없는 정치권력과 국경을 넘나드는 시장의 힘이 거대한 불일치를 드러내고 있다. 이에 대한 불만이 국경의 부활을 대안으로 불러냈다. 이 대안이 실제로 작동하지 않을 것이라는 예측은 타당하지만, 이 대안을 불러내도록 만든 거대한 불일치에 대답이 필요하다는 해석도 마찬가지로 타당하다.

〈2017년 10월〉

●

복지국가와 사회적 신뢰라는 진보적 가치들이
배타성의 논거로 돌변한다.

극우 정당 AfD에 투표한 유권자 중 73%가 경제 상황에 만족한다는

데이터를 보고 잠깐 머리가 마비되는 느낌이 들었다.

경제적으로 몰락한 옛 노동계급이 극우파의 지지 기반이라는

상식과 통념에 뭔가 빈틈이 있었다.

이건 기자에게 대단히 반가운 기회인데,

상식이 맞지 않는 새로운 이야기가 거기에 숨어 있기 때문이다.

독일은(그리고 북유럽은) 복지국가가 잘 작동하였기 때문에

극우파가 약진했다. 이 역설투성이 결론에 도달하고 나자

일베의 '학력 인증 대란'이 떠올랐다.

일베가 한창 사회문제로 떠오르던 시절

일베 이용자들이 경쟁에서 탈락한 루저와 찌질이들이라는

가설이 대세를 이룰 때, 일베 이용자들은 명문대와

전문직 자격증을 인증하면서 '루저 가설'을 한껏 조롱했다.

나는 4부의 시작인 일베 기사를 쓴 이후로 일베 루저 가설을
아주 폐기한 건 아니고 좀 제한적으로만 받아들인다.

그리고 독일 총선을 취재한 이후로 경제적 몰락 계층이 극우파의
토대라는 상식을 마찬가지로 좀 제한적으로만 받아들인다.

공정의
역습

'공정'은 우리 시대의 성배다. 국가가 공정의 수호자가 아니라는 현실이 폭로되면서 2016년 촛불집회가 터져나왔다. 2018년 평창 동계올림픽 여자 아이스하키 단일팀 논란은 시대정신의 시상대 꼭대기에 공정을 세웠다. 문재인 대통령은 2월 9일 올림픽 개회식 사전 리셉션에서 세계 각국의 손님들을 앞에 두고 이렇게 말한다. "우리는 지난겨울 공정하고 정의로운 나라를 위해 촛불을 들었고, 이번 동계올림픽을 준비하면서 공정함에 대해 다시 성찰하게 되었습니다."

1월 25일 방송된 JTBC 프로그램 〈썰전〉은 단일팀 논란을 다뤘다. 출연자인 유시민 작가(노무현 정부 보건복지부 장관)는 "젊은 세대의 공정성에 대한 예민한 감각은 되게 좋은 것이다"라고 말했다. 토론 파트너인 박형준 동아대 교수(이명박 정부 청와대 정무수석)도 "문재인 정부를 지지하는 2030세대가 가장 중요하게 생각하는 가치는 공정함이다. 그 기준에서 얼토당토않은 일(단일팀)이 벌어진 것이다"라고 말했다. 노무현·이명박 두 정부를 대표할 만한 좌우 지식인이 손쉽게 의견 일치를 봤다. 청년 세대는 공정에 민감하고, 그건 좋은 일이다. 끝.

그러나 이것은 해피엔딩이 아니다. 진짜 이야기는 지금부터다. 무엇이 공정인가? 사람들은 어떨 때 공정하다고 느끼고 무엇을 불공정하다고 느끼나? 간단해 보이는 질문이지만 답하기는 대단히 복잡하고, 거기서부터 놀랍도록 풍부한 이야기가 풀려나온다. 그러니까 이것은 우리 시대를 휩쓴 공정의 역습에 대한 이야기다.

최순실 국정 농단과 정유라 특혜 논란이라는 희대의 불공정 사태로 2016년 촛불집회가 폭발했고, 그 흐름에서 정권을 잡은 사람이 문재인 대통령이다. 공정 이슈가 터질 때면 청년 세대들은 2012년 대선에서 문재인 후보가 내걸었던 슬로건을 떠올린다. "기회는 평등할 것입니다. 과정은 공정할 것입니다. 결과는 정의로울 것입니다." 박형준 교수가 짚었듯 문 대통령은 공정의 아이콘이라 해도 좋은 위치에 있다.

그런데 출범 9개월 동안 문재인 정부를 가장 많이 괴롭힌 주제도 바로 이 공정이었다. 단일팀 논란은 정권 출범 이후 지지율

● 2018년 평창 동계올림픽 여자 아이스하키 단일팀 구성에 대한 공정성 논란은 2030세대가 공정에 대한 감수성이 민감하다는 것을 보여주었다. © 시사IN 조남진

을 가장 크게 떨어트린 이슈다. 지난해 연말에는 인천공항 비정규직 정규직화 문제가 뜨거운 감자였다. 시험과 같은 공정한 절차를 거치지 않고 비정규직을 정규직으로 해주는 것은 불공정하다는 주장이 힘을 얻었다. 연말연초를 강타한 비트코인 열풍은 또 다른 차원의 공정에 대한 감각을 반영했다. 개인이 자기 책임으로 투자하고 결과를 감수하는 게임의 룰은 '공정'하다. 그러므로 가상통화 시장에 대한 국가의 규제는 열린 기회에 대한 '불공

정한 개입'으로 간주됐다.

여론의 심연에는 무엇이 있을까. 데이터 분석 기업 아르스프락시아의 도움을 받아 '여자 아이스하키 단일팀' '인천공항 비정규직 정규직화' '비트코인' 세 주제에 대한 온라인 여론 지도를 그렸다. 포털사이트 네이버에서 세 이슈가 가장 뜨거웠던 시점인 2017년 11월 23일부터 2018년 2월 1일까지 해당 주제를 다룬 기사의 댓글을 수집했다. 〈연합뉴스〉〈조선일보〉〈한겨레〉세 매체 기사를 사용했다. 그 결과가 〈그림 1〉이다. 이슈 덩어리의 외곽에 있는 키워드는 담론에 끼치는 파장이 커서, 이 개념으로부터 담론이 퍼져나가는 '격발 키워드'다. 가운데 있는 키워드는 담론이 결국 말하고픈 속내가 드러나는 '깔때기 키워드'다. 별개의 두 이슈에서 공통으로 중요하게 포착된 키워드도 있다. 서로 다른 이슈 덩어리를 연결하는 가교 구실을 한다.

〈그림 1〉에서 위쪽 단일팀 이슈 덩어리를 보자. 여론은 아이스하키 단일팀 남한 선수들을 정치 논리를 '강요'당해 '무시'받고 '희생'당한 '불쌍'한 피해자로 파악했다. 불공정의 희생자다. 북한 선수들이 공정한 자격을 갖추지 않았다는 대목에 가장 민감하게 반응했다. 그래서 담론이 모여드는 깔때기 키워드는 '공정'이었다.

〈그림 1〉의 오른쪽 인천공항 비정규직 정규직화 이슈 덩어리에서는, '스펙'도 없고 '시험'도 거치지 않은 비정규직들이 정규

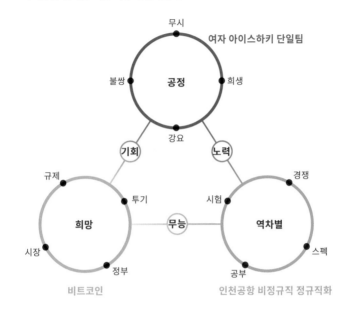

● 〈그림 1〉 온라인 여론 이렇게 움직였다

무시

여자 아이스하키 단일팀

불쌍　　　　**공정**　　　　희생

강요

기회　　　**노력**

규제　　　　　　　　　　　　경쟁

투기　　　시험

희망　　　**무능**　　　**역차별**

시장　　　　　　　　　　　　스펙

정부　　　공부

비트코인　　　　　　　　인천공항 비정규직 정규직화

직이 된다는 대목에서 여론이 격발했다. 그 결과 인천공항 기존 정규직은 역차별을 당한 피해자로 동정을 받았다. 온라인 여론 지형에서 정규직에 감정이입하는 보기 드문 예외를 만들어낼 만큼 공정의 위력은 강했다. 그래서 담론이 모여드는 깔때기 키워드는 '역차별'이었다.

〈그림 1〉의 왼쪽 비트코인 이슈 덩어리에서는, 2030세대가 희망을 가질 몇 안 되는 '시장'에 '정부'가 '규제'로 대응했다는 대목에서 여론이 격발했다. 물론 '투기'라는 여론도 만만치는 않지

만, 이 기회 박탈 서사가 비트코인 여론 지형의 중요한 축이었다. 깔때기 키워드는 '희망'이었다.

공정을 판단하는 두 개의 잣대

셋은 별개의 사건이지만 중요한 키워드들을 공유한다. 단일팀과 비트코인을 이어주는 키워드는 '기회'다. 두 이슈는 기회를 박탈하는 정부의 불공정 개입 서사로 연결된다. 단일팀과 인천공항 정규직화를 이어주는 키워드는 '노력'이다. 두 사건은 정부가 누군가의 노력을 배신하고, 노력하지 않은 이들의 무임승차를 조장한 사건으로 묶인다. 인천공항 정규직화와 비트코인을 이어주는 키워드는 '무능'이다. 정부는 무능한, 즉 자격 없는 이들의 부당한 특권을 조장했다. 동시에 공정한 기회를 보장함으로써 희망을 주어야 하는 정부의 역할에 무능했다.

별개의 세 사건을 관통하는 하나의 서사가 완성된다. 정부는 '노력'하는 이들이 보상받을 수 있도록 '공정'한 '기회'를 만들어낼 책임이 있다. 그러지 않고 '무능'한 이들의 무임승차를 방조·조장한다면 정부 역시 '무능'한 것이다. 이는 지지를 철회할 충분한 이유가 된다. 취임 이후 문재인 정부를 뒤흔든 주요 사건들은 전혀 다른 영역에서 터져나왔지만 한 꺼풀 벗겨보니 같은 말을 하고 있었다. "노력하는 이들이 보상받고 무능한 이들이 특권을 받지 않도록 하는 공정한 관리자." 정부라면 마땅히 이러해야 한다는 온라인 여론의 기대다. 나무랄 데 없어 보이는 얘기다.

하지만 세계적인 게임이론 연구자인 최정규 경북대 교수(경제학)는 기자에게 흥미로운 말을 했다. "공정이란 게 좋은 말이기는 한데, 맥락에 따라 묘하게 현상 유지를 선호하고 개혁에 반대하는 논리가 된다." 무슨 뜻일까. 비밀은 인간이 무엇을 공정하다고 생각하는가 하는 우리의 첫 질문에 숨어 있다.

국내 최대 공기업인 한국전력 본사는 전남 나주 혁신도시에 있다. 문재인 정부는 지방 혁신도시로 본사를 이전한 공공기관이 해당 지역 인재를 30% 이상 뽑도록 하는 지역 할당제를 도입했다. 공채 성적이 낮은데도 지역 할당제 덕분에 광주·전남 지역 지원자가 한국전력에 합격한다면, 이것은 공정한가 불공정한가?

백인 여성인 셰릴 홉우드는 홀어머니 밑에서 어렵게 자라 자력으로 대학을 졸업하고 텍사스 로스쿨에 지원했다. 그녀는 떨어졌지만 그녀보다 점수가 낮은 아프리카계·멕시코계 미국인이 합격했다. 소수 인종 우대 정책Affirmative Action 덕이다. 마이클 샌델 교수가 『정의란 무엇인가』에서 소개한 사례다. 공정한가 불공정한가?

답은 공정을 어떻게 정의하느냐에 달렸다. 노력해 기여한 만큼에 비례해 받는 것이 공정이라고 믿는다면, 두 사례는 모두 불공정하다. 성적이 더 좋은 지원자들이 자신의 노력과 무관한 이유로 탈락했으므로 노력과 보상이 비례하지 않는다. 이 "뿌린 대로 거둔다" 원리는 대단히 강력해서 무엇이 공정한지 판정하는 가장 직관적인 잣대가 된다. 이것을 '비례 원리'라고 부르자.

인간이라면 누구나 보편적으로 평등한 권리를 보장받는 것이 공정이라고 믿는다면, 두 사례는 공정하다. 사회구조적 차별에 노출된 집단에 우선권을 주어 보정하는 것은 보편의 원리에 맞다. 구조적 차별을 보정하지 않는다면 오히려 불공정하다는 직관도 역시 강력한 잣대다. 이것을 '보편 원리'라고 부르자.

비례 원리와 보편 원리는 공정을 판단하는 중요한 잣대이지만, 서로 충돌한다. 어느 잣대를 쓰느냐에 따라 같은 사안을 놓고도 공정에 대한 판단이 달라진다. 실업자에게 복지 혜택을 주는 것은 공정한가? 대학에서 장학금을 줄 때 봐야 할 것은 학생의 성적인가, 가정 형편인가? 이건희 회장의 손자에게 무상급식을 줄 필요가 있나 없나? 무엇이 공정한지 판단하는 질문을 받을 때마다 우리 무의식은 비례 원리와 보편 원리 중 하나를 잣대로 쓴다. 하지만 우리는 잣대가 두 개이고, 그게 상충한다는 사실을 거의 의식하지 않는다.

이것이 부끄러운 이야기는 아니다. 일류 연구자들도 빠지는 착각이다. 도덕심리학의 슈퍼스타인 조너선 하이트는 사람들이 공정에 얼마나 민감한지 측정하는 연구를 했다. 이때 하이트는 평등(우리 용어로 보편 원리)에 대한 질문만 배치하고 비례에 대한 질문을 빠트렸다. 그 결과 진보주의자들이 공평성에 훨씬 민감하다는 결론을 얻었다. 보수주의자들의 쏟아지는 항의를 받고서야 하이트는 이 연구가 무엇을 놓쳤는지 깨달았다. 그는 이 오류의 과정을 베스트셀러 『바른 마음』에 기록했다.

보수주의자들은 보편적 권리보다 "뿌린 대로 거둔다" 원리에 훨씬 충실하고, 이쪽이야말로 공정의 본질이라고 믿는다. 미국 보수주의 풀뿌리 운동을 상징하는 '티파티'는 글로벌 금융 위기와 구제금융이 한창이던 2009년 2월 19일 태어났다. CNBC 기자 릭 샌텔리는 이날 생방송에서 무리한 대출로 주택을 산 사람들을 정부가 구제해줘서는 안 된다며 이렇게 말했다. "지금 정부는 잘못된 행동을 부채질하고 있다. 당장 목이 말라도 참고 물을 소중히 지켜온 사람들에게 보상이 돌아가야 한다." 비례 원리의 교과서에 실어도 될 문장이다.

이 돈키호테 같은 연설은 이후 10년간 미국 정치 지형을 뒤흔드는 시민운동으로 폭발했다. '티파티'의 뿌리는 진보파가 공정성을 훼손하고 있고, 그것을 막아야 한다는 강력한 도덕 감정이었다. 이 생방송에서 샌텔리는 자신에 차서 덧붙인다. "미국은 바로 이런 곳이다." 이쯤 되면 비례 원리는 미국의 건국 정신이 되는데, 아주 틀린 말이라고 보기도 어렵다.

잣대가 두 개라면, 어느 쪽이 더 센가. 게임이론 연구자들이 만든 흥미진진한 게임이 이 질문에 답하는 데 유용하다. '최후통첩 게임'이라고 불리는 이 게임의 규칙은 이렇다. A와 B 두 사람이 있다. 둘에게는 얼마간의 돈이 주어진다. 이제 A는 이 돈을 어떻게 나눠 가질지를 B에게 제안한다(최후통첩). B는 A의 제안이 마음에 들면 받아들이고 돈을 나눠 갖는다. 마음에 들지 않는다면 B는 제안을 거절한다. 이 경우 둘 다 한 푼도 갖지 못한다. 우리가 A라면, 몇 퍼센트를 주겠다고 제안하는 것이 합리적일까?

B가 합리적인 사람이라면, A가 얼마를 제안하든 수락할 것이다. 거절해서 한 푼도 못 받는 것보다야 나으니까. 이 사실을 A도 알기 때문에 A는 최소한의 액수만을 제안할 것이다. 돈이 10만 원이라면, '9만 원 대 1만 원'을 제안해도 될 것이다. 하지만 현실은 논리와 다르다. 실제 실험에서 A의 제안이 불공정하다고 생각할 경우 B는 꽤 자주 거절한다. 제안 금액이 20%를 밑돌 경우 거의 항상 거절한다. B는 자기 돈(제안을 수락했다면 받았을 돈)을 들여서라도 A의 불공정을 징벌하는 것이다. A도 B가 그럴 것이라는 걸 알기 때문에 '5만 원 대 5만 원'을 제안하는 경우가 가장 많다. '9만 원 대 1만 원' 제안은 논리의 세계에서 더할 나위 없이 합리적이지만 현실에서는 멍청이의 선택이다.

B는 명백히 불공정에 분노했다. 그런데 B는 정확히 어떤 불공

● 최후통첩 게임

공정한 제안
제안자: 5만 원, 반응자: 5만 원

반응자 거절 시 둘 다 0원
반응자 수락 시 제안자:5만 원, 반응자:5만 원

불공정한 제안
제안자: 9만 원, 반응자: 1만 원

반응자 거절 시 둘 다 0원
반응자 수락 시 제안자:9만 원, 반응자:1만 원

※ 제안자의 불공정한 제안은 반응자의 거절을 초래할 수 있다.

정에 화를 냈나? A가 비례 원리를 어겨서인가, 보편 원리를 어겨
서인가? B는 인과응보주의자인가 평등주의자인가? 여기까지만
봐서는 구분할 수 없다. 노벨 경제학상 수상자이자 실험경제학
의 개척자인 버넌 스미스는 최후통첩 게임을 살짝 변형해봤다.
피험자들에게 상식 퀴즈를 풀게 한 후, 성적이 더 좋은 사람에게
제안자 A 역할을 주었다.

물론 상식 퀴즈는 최후통첩 게임과 아무런 상관도 없다. 하지
만 이 경우 A의 제안은 눈에 띄게 불평등해졌다. 또한 B도 불평
등한 제안을 더 많이 수용했다. 상식 퀴즈를 푼 것만으로, A와 B
둘 다 제안자라는 위치를 능력이나 노력에 따른 보상으로 생각
하게 된 것이다. 이 간단한 개입으로 평등주의는 사라졌다. 이제
A가 더 많은 돈을 가져가는 것이 '공정'해진다.

공정에 대한 감각의 진화적 기원은 속임수 탐지 기능으로 알려져 있다. 상대가 나를 속이는 사실을 알아채야 살아남을 수 있는데, 이를 위해 공정에 대한 감각이 예민해졌다는 얘기다. 이를테면 무임승차와 같은 속임수를 방치해서는 내 생존(때로는 내가 속한 집단의 생존)이 위태롭다. 즉 공정이란 평등 애호가 아니라 일종의 속임수 탐지-징벌 메커니즘이다. 그래서 우리는 불공정을 감지했을 때 화를 내고, 자기 손해를 감수하며 최후통첩을 거절하고, 단일팀에 악플을 단다. 실수를 알아차린 이후 조너선 하이트는 공정을 측정할 때 비례 원리만 적용하고 보편 원리는 아예 빼버렸다.

이것은 비례 원리가 논리적으로 더 타당한 공정성의 기반이라는 의미가 아니다. 우리 뇌는 공정을 평가할 때 직관적으로 비례 원리에 기댈 가능성이 높다는 의미다. 논리적으로 모순이 발생할 때조차도 그렇다. 〈한겨레〉와 여론조사 기관 글로벌리서치는 1월 23~25일에 '2018년 유권자 인식 여론조사'를 했다. 여론조사는 비정규직 정규직화 문제를 두고 두 가지 주장을 던진 후 각각 찬반을 물었다. 첫째, "하는 일이 동일하다면, 비정규직에 대한 차별을 없애고 정규직과 동일하게 대우해야 한다." 둘째, "어렵게 취업을 준비해 정규직으로 입사한 사람과 그렇지 않은 비정규직의 차등 대우는 불가피하다."

논리만 보면, 첫째 주장에 동의한 응답자가 둘째 주장에도 동의하기는 매우 어렵다. 둘째 주장은 하는 일과 무관하게 입사 경로만으로 차등 대우가 가능하다는 의미인데, 첫째 주장은 이를 인정하지 않는다. 두 주장에 대한 찬반 응답 비율은 서로 반대 방향으로 나와야 모순이 없다.

비례 원리와 보편 원리의 충돌

첫째 주장에 대해 81%가 동의했고 19%가 반대했다. 그렇다면 둘째 주장에는 반대가 더 높아야 한다. 하지만 결과는 동의 61.3%, 반대 38.7%였다. 첫째 주장만큼은 아니라 해도 동의한다는 응답이 다수파다. 논리적으로 어긋나는 첫째 주장과 둘째 주장에 모두 동의한 응답자가 상당히 많았다는 의미다.

어떻게 두 주장에 모두 동의할 수 있을까? 문항 구성을 보면, 둘은 상반된 주장을 하고는 있지만 결정적인 공통점이 있다. 둘 다 비례 원리에 호소한다. 첫째 주장은 '하는 일이 동일하므로 대우도 동일하게'라는 비례, 둘째 주장은 '들어올 때의 노력이 다르므로 대우도 다르게'라는 비례를 내세운다. 비례가 성립하는 순간, 둘 다 공정성의 기준을 만족한다. 그 위력은 논리의 어긋남을 무시할 만큼 강력하다.

우리 뇌의 마법은 하나 더 있다. 우리는 무언가를 가만히 놓아

두어서 생기는 문제(부작위)와, 무언가 건드려서 생기는 문제(행위) 중에, 행위 쪽에 훨씬 더 민감하게 반응한다. 뇌신경과학자이자 도덕철학자인 조슈아 그린은 『옳고 그름』에서 이렇게 쓴다. "행위는 감각운동 방식으로 표상하는 반면, 부작위는 더 추상적인 방식으로 표상한다. 우리 뇌는 감각운동 장치로 진화한 것이지 추상적 사고 장치로 진화한 것이 아니다. 그래서 부작위는 정서적 도덕 버튼을 누르지 않는다." 뭘 놔둬서 저지른 잘못과 뭘 해서 저지른 잘못 중 우리의 도덕 직관이 후자를 더 나쁘다고 보는 이유는, 도덕철학의 논거가 있는 게 아니라 그저 뇌의 기능 때문이라는 얘기다.

이제 341쪽의 담론 지도가 훨씬 풍부하게 읽힌다. 정부가 "노력하는 이들이 보상받고 무능한 이들이 특권을 받지 않도록 하는 공정한 관리자"가 되라는 요구는 이런 뜻이 된다. 정부는 게임의 과정에서는 비례 원칙을 수호하는 심판이 되어야 한다. 그리고 게임의 결과가 나온 후에는 사후 개입을 하지 않아야 한다.

비례 원리와 불개입 선호라는 공정성의 두 기둥은 진보적 지식인들에게도 환영받았다. 유시민 작가는 "되게 좋은 것"이라고 말했다. 박명림 연세대 교수(정치학)는 1월 31일 자 〈중앙일보〉 칼럼에서 단일팀에 대한 반발을 "국가·국익을 위해 개인의 인권·꿈·노력의 일방적 희생은 강요될 수 없다"는 맥락으로 읽었다. 50대 이상 진보 지식인들은 국가와 개인의 관계에서 국가의 무분별한 개입이 후퇴하고 개인의 권리가 강화되는 현상을 높이 평가했다. 공정이라는 시대정신은 분명 이런 면을 갖고 있다.

그러나 동시에, 최정규 교수가 "현상 유지의 논리"라고 짚어 낸 동전의 뒷면도 말해야 이야기가 완성된다. 이것은 국가와 개인의 관계와는 또 다른 차원의 이야기, 구조적 불평등에 개입할 권한에 대한 이야기다. 최 교수는 이렇게 말했다. "지금 터져나오는 공정의 정신을 끝까지 밀고 가면, 현재 상태가 정당하며 모든 재분배는 불공정하다는 논리로 이어질 수 있다. 하지만 자원의 재분배를 동반하지 않는 개혁은 없다. 정부가 무슨 정책을 내놓든 현상 변경 시도일 수밖에 없는데, 그것들이 전부 불공정 딱지가 붙을 때 정부는 아무 일도 할 수 없게 된다."

비례 원리는 재능과 운의 불균등 분포라는 구조적 조건에 대체로 눈을 감는다. 가정 형편이 어려워 학비를 벌기 어렵다는 조건도, 여성이 사회에서 겪는 유무형의 차별과 배제도, 소수 인종이 만나는 보이지 않는 장벽도, 같은 일을 하면서도 신분이 비정규직이어서 겪는 부당함도, 극단적 비례 원리의 세계에서는 고려되지 않는다. 341쪽의 담론 지도는 '게임 도중'과 '게임 이후'에 대해서는 말하지만 '게임 이전'에 대해서는 주목하지 않는다. 구조적 불평등을 국가가 교정하는 모든 시도는 불개입 원칙으로 막아선다. 섬세한 균형 감각과 표현의 온건함을 모두 내던지고 이런 태도를 극단까지 밀고 가면? '일베'가 나온다.

전성기 일베 담론 체계의 핵심은 약자·소수자에게 덮어놓고 비례 원리를 적용하는 저돌성에 있었다. 일베의 '3대 주적'인 여성·진보·호남은 모두 자격 없는 무임승차자로 간주된다. 일베의 눈으로 보면, 다들 비례 원리를 어겼다. 이들을 향한 혐오는 무임승차에 대한 분노이므로 공정하다. 일베는 마치 최후통첩 게임에서 10만 원 중 2만 원을 제안받은 B가 된 듯 '정의로운 분노'를 휘둘렀다. 반면 남성·산업화 세력·영남에는 유별나게 관대했는데, 이것은 마치 상식 퀴즈를 더 잘 푼 A가 1만 원만 제안해도 고분고분 받아들이는 B와도 비슷했다.

일베는 비례 원리와 무임승차 징벌이라는 보편적 도덕 감정에 정확히 호소했고, 그 혐오 발화에도 불구하고 보수주의자들의 은밀한 지지를 얻었다. 최전성기의 일베는 거대한 비극의 희생자인 세월호 참사 유가족을 두고도 '기여한 바 없이 과도한 보상을 받는 특권층' 담론을 만들어내는 마법을 부렸다. 반대편에는 나라를 위해 목숨을 바친 '자격 있는 희생자' 천안함 유가족을 배치했다. 비례 원리와 무임승차자 처벌이라는 인간 본연의 도덕 감정이 과잉 작동하면 어디까지 갈 수 있는지를 보여줬다. 일베는 단절된 예외라기보다는 연속선 위의 극단이었다.

조너선 하이트는 공정성 연구에서 비례 원리의 승리를 선언했지만, 보편 원리가 허위의식이라고 보지는 않았다. 평등을 중시하는 태도 역시 강력한 본성이다. 사회적 동물인 인간은 무리를 지어 살면서 압제자의 지배를 받곤 했다. 하이트는 이렇게 쓴다. "압제의 고통은 혼자 받지 않는다. 군림하려는 자가 나타나면 사람들은 압제를 받는 다른 사람들과 함께 평등한 관계로 뭉쳐 저항한다. 프랑스혁명도 이와 비슷했으니, 자유를 쟁취하기 위해서는 우애와 평등을 외쳐야 했다." 압제를 싫어하는 태도에서 평등을 선호하는 본성이 싹텄다는 주장이다.

인간에게는 위험 회피 편향도 있다. 앞면이 나오면 100만 원을 잃는 반면 뒷면이 나오면 150만 원을 얻는 동전 던지기 도박이 있다. 확률과 기댓값 계산은 이 도박에 "참여하라!"고 외친다. 하지만 실제 인간은 참여하지 않겠다는 게 보통이다. 같은 값이라도 사람은 기회보다 위험에 더 민감하게 반응한다.

위험 회피 편향은 보편 원리에 대한 지지로 이어지기 쉽다. 비례 원리를 밀고 나가다보면 심대한 불평등도 용인하는 결론이 나오는데, 불평등한 사회에서 언제라도 나락에 떨어지기 쉽다는 위험은 불평등한 사회가 제공하는 기회보다 더 크게 다가온다. 이 위험을 회피하려면 더 평등한 사회를 지지해야 한다. 이 본능적 아이디어를 고도의 정치철학 원리로 승화시킨 고전이 존 롤스의『정의론』이다.

보편 원리가 공정을 둘러싼 싸움을 압도하기는 어렵지만, 그렇다고 링에서 쫓겨날 정도는 아니다. 2015년 〈시사IN〉 신년 여론조사에서는, 내용상 동일한 질문을 '복지'와 '사회 안전망'으로 이름만 바꿔 물어본 적이 있다. 그런데 결과는 10%포인트 이상 차이가 났다. 여론은 복지보다 사회 안전망에 호의적이었다. '복지'는 시혜를 떠올리게 만들어 비례 원리를 자극한다. 반면 '사회 안전망'은 위험 회피 편향을 일깨우면서 비례 원리를 잠재우는 것 같다.

인류사 내내 비례 원리는 분명 진보적인 아이디어였다. 권력자들이 공정 따위 신경 쓰지 않고 내세우던 힘의 원리, 태어난 핏줄만으로 운명이 결정되던 혈통의 원리에 비하면, 능력과 노력에 따라 보상하는 비례 원리는 탁월한 진보였다. 능력주의는 불평등을 뛰어넘는 힘이었다. 하지만 20세기 들어 힘과 혈통에 의한 차별이 크게 개선되면서, 이제는 오히려 능력주의가 불평등을 강화하는 기반이 되고 있다. 비례 원리가 인류의 진보에 따라잡힌 셈이다. 경제학계의 거장인 케네스 애로와 새뮤얼 볼스가 함께 쓴 『능력주의와 불평등Meritocracy and Economic Inequality』(국내 미출간)이 이 주제를 다룬다.

보편 원리를 어떻게 작동시킬 것인가

비례 원리와 보편 원리의 단층선은 현대 보수 세력에게 중요한 기회를 제공한다. 비례의 원리와 불개입 선호는 현대적 보수

이념을 구성하기에 매우 적절한 소재다. 작은 정부, 감세, 시장 자유 등 보수의 핵심 가치는 비례 원리와 정부의 불간섭을 요구한다. 그러나 한국 보수의 주류는 최순실·정유라로 대표되는 희대의 불공정 사태의 공동 책임자다. 정씨가 페이스북에 남겼던 "돈도 실력이야. 너네 부모를 탓해"라는 말은 힘의 원리와 혈통의 원리를 날것으로 보여준다. 지금 자유한국당에 비례 원리의 대변자 역할을 맡길 유권자는 많지 않다. 박근혜 국정 농단 사건 이후, 한국 보수 주류는 '비례 원리 이전 시대'에 있는 것으로 간주된다. 자유한국당은 단일팀 파동 때도 반北한 정서에나 기댈 뿐 공정의 깃발을 들지 못했다.

2016년 촛불 서사의 핵심에는 공정, 그러니까 비례 원리가 무너졌다는 시민의 강한 합의가 있었다. 이 붕괴는 보수적인 시민들이 오히려 더 견디기 어려울 사건이었다. 촛불 이후 한국 정치 지형에서는 비례 원리를 배타적으로 대변할 세력이 사라져버렸고, 정치의 선택지는 실질적으로 문재인 정부 지지와 무당파 둘밖에 남지 않은 구도가 되었다. 이렇게 해서 문재인 정부는 비례 원리와 보편 원리 두 축을 모두 포괄하는 폭넓은 지지 기반을 갖게 되었다. 하지만 둘의 충돌은 본질상 피하기 어렵다. 8월로 예정된 대입제도 개편안 발표가 당장 다음 위험 지대다. 한국 사회에서 수능은 비례 원리의 성지다.

공정이 시대정신으로 우뚝 선 지금, 진보주의자들은 '공정의 역습으로부터 보편 원리를 구원하는' 과제를 받아들였는지도 모른다. 앞서 이 과제를 예민하게 느꼈던 정치인이 있다. 노무현 전 대통령이다.

『진보의 미래』는 퇴임 후 진보주의란 무엇인가를 고민하면서 책을 쓰려던 노 전 대통령의 육성 기록이다. 노 전 대통령이 임기 5년을 복기하며 거듭한 고민을 우리 용어로 바꾸면, '보편 원리를 어떻게 작동시킬 것인가'였다. 노 전 대통령은 그것이 진보주의의 본질이라고 보았다.

그는 비례 원리보다 보편 원리가 우선이라고 봤다. "불평등과 지배가 없으면 자유의 문제는 없다. 평등이 기본이다."(92쪽) "평등을 강조할수록 생존권 차원에 있는 사람들은 자유가 신장되는 것이다."(137쪽) "진보와 보수가 가장 타협 없이 싸우는 쟁점은 국가가 분배에 얼마나 깊이 개입할 것인가 하는 문제이다."(97쪽) 그가 생각한 진보주의자의 국가란 비례 원리를 큰 틀에서 존중하되(그는 시장주의와 공정 경쟁이 진보·보수의 문제가 아니라고 봤다), 개입을 통해 평등을 강화할 책무를 진다.

문재인 정부가 만난 일련의 '공정 스캔들'은 아주 의미심장한 예고편이었다. 진보 정부가 반反시장 정부는 아니다. 하지만 진보 정부란 정도야 어쨌든 결과에 개입하는 정부이고, 현재 구조의 변경을 시도하는 정부다. 비례 원리와 보편 원리의 단층선은 결국 임기 내에 중대한 균열로 떠오를 수 있다. 단일팀 파동으로 빠진 지지율은 일시적이겠으나, 이 잠재적 균열이 진정으로 중대하다는 징후는 일시적일 수 없다.

〈2018년 3월〉

●

비례 원리와 보편 원리의 단층선은 결국 임기 내에
중대한 균열로 떠오를 수 있다.

옛 보수의 몰락은 돌이킬 수 없어 보인다.

새 보수는 언제고 등장해야 한다. 그것이 진보파에게도 이익이다.

나는 유력한 후보 중 하나가 이 전선이라고 생각한다.

이 기사는 내가 오래 고민해온 주제에 대한 일종의 중간 결산이다.

4부는 내가 이 마지막 기사에 도달하게 된 궤적이기도 하다.

연대를 위하여

가로로 좌표축을 하나 그어보자. 왼쪽에는 비례 원리라고 쓰고, 오른쪽에는 보편 원리라고 쓰자. 두 용어는 마지막 장에서 썼던 정의대로 여기서도 사용할 것이다. 비례 원리와 보편 원리는 모두 우리의 도덕 직관에 내재해 있다. 하지만 사람들이 어떤 원리를 더 선호하는지는 좀 다르다.

대체로 보수주의자들은 비례 원리에 매력을 느끼는 것 같다. 진보주의자들은 보편 원리에 상대적으로 더 기운다. 이 말은 진보주의자들이 결과의 평등을 지향한다는 말과는 다르다. 그보다는 기회의 평등을 좀 더 폭넓게 해석한다는 의미다. 이를테면 진보주의자들은 재능과 운의 분포가 불균등하다는 현실에 좀 더 민감하며, 이를 바로잡기 위해 국가가 개입하는 데 더 관대하다.

선호하는 도덕 직관에 따라 사람들을 우리의 좌표축에 배치해 볼 수 있을 것이다. 보편 원리 쪽에 오는 사람들은 실업 급여나 기초생활보장제도를 지지할 가능성이 높다. 공기업 채용 지역 할당제에도 관대할 것이며, 비정규직 차별을 싫어할 것이다. 부자들이 더 많은 세금을 내고 가난한 사람들이 더 많은 혜택을 받아야 정의롭다고 생각할 것이다.

좌표축에서 비례 원리 쪽에 오는 사람들은, 진보파들이 노력하지 않는 무임승차자를 너무 많이 돕는다고 화가 나 있을 것이다. 일자리를 찾아 헤맸으나 실패한 사람과 복지 혜택을 믿고 일을 안 하는 사람을 똑같이 돕는 건 말이 안 된다고 생각할 것이다. 국방의 의무를 한 사람과 그러지 않은 사람은 공직을 맡을 자격에 차이를 둬야 한다고 주장할 것이다. 우리가 그린 좌표축은 진보주의자와 보수주의자의 세계관을 얼추 설명하는 것 같다.

이제 세로로 좌표축 하나를 더 그어보자. 위쪽에는 '높은 개방성', 아래쪽에는 '낮은 개방성'이라고 쓰자. 심리학에서는 인간의 성격을 구성하는 요인을 다섯 가지 변수로 설명한다. 정서 안정성, 외향성, 경험에 대한 개방성, 우호성, 성실성이다. 이걸 'Big 5'라고 부른다.

우리 조상들에게, 새 경험에 열린 태도와 닫힌 태도는 모두 일리가 있는 전략이었다. 우리는 잡식동물이다. 새로운 환경과 새로운 먹이에 개방적인 태도는 어디서든 더 나은 식량을 발견하

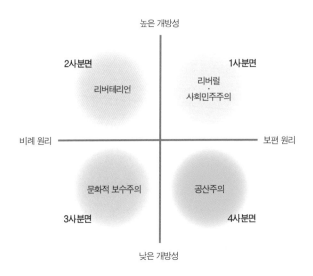

높은 개방성

2사분면   1사분면

리버테리언   리버럴 · 사회민주주의

비례 원리 ———————————— 보편 원리

문화적 보수주의   공산주의

3사분면   4사분면

낮은 개방성

게 해준다. 하지만 검증되지 않은 먹이에는 독이 있을 수도 있고, 미생물이나 기생충의 위험도 먹어본 먹이보다는 처음 보는 먹이가 더 크다. 그래서 새로운 먹이를 회피하는 전략도 말이 된다. 잡식동물은 새로움에 끌리는 태도와 새로움을 두려워하는 태도, 둘 사이를 진자운동한다. 심리학자 폴 로진은 이를 '잡식동물의 딜레마'라고 불렀다.

사람들을 세로 좌표축에 배치해보자. 좌표축 위쪽에 오는 사람들은, 자녀가 다른 인종과 결혼하겠다고 데려왔을 때 덜 놀랄 것이다. 이민자를 지원하는 법률에 더 많이 찬성할 것이다. 자신이 이성애자라도 동성애자에 더 우호적일 것이다. 오래 믿어왔던 신념이 틀렸다는 새로운 연구 결과가 나올 때, 신념을 더 쉽게 수정한다. 좌표축 아래쪽에 오는 사람들은 이 모든 사안에서 반대의 태도를 보일 가능성이 높다.

이렇게 해서 우리는 공정성 감각을 가로축으로, 개방성을 세로축으로 하는 사분면을 얻었다. 왼쪽 위, 그러니까 2사분면에는 개방성이 높고 비례 원리가 강한 사람들이 모여 있다. 리버테리언이 대표적이다. 개인의 자유를 중시하면서 국가의 개입은 최대한 억제할 것을 지지한다. 왼쪽 아래, 3사분면에는 개방성이 낮으면서 비례 원리가 강한 사람들이 있다. 문화적 보수주의자들을 여기 배치할 수 있을 것 같다. 이들은 사람마다 어울리는 자리, 어울리는 서열이 있다고 믿는다. 그래서 재분배에도 소극적이다. 다른 의견, 다른 인종, 다른 문화에 대한 관용성이 낮다. 오른쪽 아래, 4사분면에는 공산주의자들이 있을 것이다. 이들은 결과의 평등을 지지하므로 보편 원리에 더 끌린다. 사회가 하나의 목표를 위해 조직되어야 한다는 이들의 접근법은 개방성과는 거리가 좀 있다. 공산주의 국가들이 개방적이었다고는 빈말로도 말하기 어렵다.

이 사분면은 내가 사람들의 정치 성향을 이해할 때 쓰는 아주 개인적인 도구다. 학문적으로 입증된 그림이 아니다. 이론에서 나온 몇 가지 아이디어를 어떤 검증도 없이 되는대로 엮은 이야기다. 이런 걸 전문용어로 야매라고 부른다. 이 야매 사분면에서,

나는 내가 사는 세상이 오른쪽 위, 1사분면에 가까웠으면 좋겠다. 개방성은 높고 보편 원리가 (결과의 평등까지 갈 만큼 과하지는 않게) 작동하는 세계다.

1사분면의 세계는 다양성을 존중한다. 결과의 평등이 불러올 획일화는 거부한다. 그것은 다양성에도 나쁘다. 하지만 재능과 운이 불균등하게 나눠진 상태에서는 어느 정도 결과에 개입하는 것이 더 정의롭다고 믿는다. 즉 기회의 평등을 더 폭넓게 해석하는 사람들이다. 미국에서는 이들을 리버럴이라고 부르고, 유럽에서는 사회민주주의자라고 부르는 것 같다. 두 이념은 1사분면 안에서 위치가 좀 다르기는 하다. 리버럴이 사회민주주의자보다는 더 다양성을 다루는 데 익숙하면서, 결과에는 덜 개입하려 드는 것 같다. 하지만 어쨌든 둘 다 1사분면에 있다.

나는 1사분면 세계관이 더 정의로워서 선호하는 것은 아니다. 그것이 장기적으로 우리 공동체에 더 이익이라고 믿어서 선호한다. 기회의 '실질적' 평등은 중요하다. 그것은 자유방임만으로는 제대로 달성할 수 없는 목표다. 자원과 재능과 운이 불균등하게 분포하기 때문이다.

기회의 실질적 평등이 있으면 우리 사회는 더 많은 재능을 발현시킬 수 있다. 이것은 재능 있는 사람에게 이익일 뿐만 아니라 사회 전체에 이익이다. 또 기회의 실질적 평등은 사람들이 체제의 정통성을 더 기꺼이 받아들이도록 해준다. 정통성을 인정받는 체제는 더 잘 작동하고, 목표를 추구할 때 갈등 비용을 덜 들여도 된다. 이 역시 모든 사람들에게 이익이다. 기회의 실질적 평등이라는 의미로 말한다면, 평등은 자유와 상충하지 않는다. 오히려 평등이야말로 더 많은 자유를 만들어내는 열쇠다.

노무현 대통령은 이를 직관적이면서 통찰력 있는 표현으로 압축했다. "불평등과 지배가 없으면 자유의 문제는 없다. 평등이 기본이다." "평등을 강조할수록 생존권 차원에 있는 사람들은 자유가 신장되는 것이다." 이 말은 인도 출신의 경제학자이자 철학자인 아마티아 센을 떠올리게 한다.

센은 "빈곤은 단순히 낮은 소득이 아니라 기본적 역량의 박탈이다. 사람들의 역량을 확장하는 것이 자유의 확장이다"라고 주장한다. 평등을 위해 국가는 무엇을 해야 하는가. 노무현은 진보주의자의 핵심 질문이 이것이라고 믿는 지도자였다. 그는 퇴임 후에 그런 주장을 책으로 쓰는 작업을 하다가 세상을 떠났다. 그 미완성 작업물인 『진보의 미래』는, 여기서 쓴 표현으로 바꾸면, 우리가 어떻게 1사분면으로 갈 수 있는지를 묻고 답을 찾으려 하던 기록이다.

1사분면의 논리는 내게 충분히 설득력이 있다. 하지만 모든 사람들에게 그렇지는 않다. 1사분면과 2사분면 세계관이 충돌할 때, 2사분면 세계관의 강력한 매력은 부인하기 어렵다. 비례 원리는 직관적 호소력과 논리적 일관성을 모두 갖추고 있다. 공정성에 대한 감각(4부 「공정의 역습」), 그중에서도 특히 무임승차에 대한 강한 혐오(4부 「인제는 돌아와 국가 앞에 선 일베의 청년들」)는 우리를 2사분면에 잡아 묶어둔다.

사람들은 멍청하거나 사악해서 비례 원리로 기우는 것이 아니다. 사람들은 자신의 도덕 직관에 충실할 만큼 선하고, 인과응보를 실천할 만큼 정의롭기 때문에 비례 원리로 기운다. 1사분면 세계를 꿈꾸는 진보주의자라면 우선 이 사실, 당신이 극복하고픈 2사분면이 보통의 선한 사람들에게 아주 매력적이라는 사실을 인정하는 데서 출발해야 한다.

유럽 현지 취재를 간 적이 두 번 있다. 파리 테러 이후 프랑스의 고민을 들으러 2016년 파리에 한 번, 극우파의 약진을 맞이한 독일의 고민을 들으러 2017년 베를린에 한 번 갔다(4부 「좌파적 가치가 극우의 의제로 돌변하다」). 거기서 '연대'를 만났다. 연대가 그저 좋은 말로 끝나는 게 아니라 사회의 구성 원리로 뿌리내린 세계를 만났다.

4부 「공정의 역습」에서 소개한 최후통첩 게임과 비슷한 실험 중에 '공공재 게임'이라고 있다. 예를 들어 10명에게 각각 10만 원을 나누어준다고 하자. 이들에게 공공 계정에 돈을 기부하도록 권한다. 기부액은 자기가 알아서 정하고, 남들은 기부액을 알 수 없다. 공공 계정은 모은 돈을 2배로 늘려 다음 회에 10명에게 똑같이 분배한다. 10명 모두가 10만 원 전액을 기부했다면 기부액이 100만 원이므로, 돌려받는 돈은 두 배인 200만 원이다. 즉 1인당 20만 원을 갖게 된다. 하지만 나 한 사람만 기부를 하지 않는다면? 기부액은 90만 원, 돌려받는 돈은 180만 원, 1인당 18만 원이 된다. 그리고 나는 원금 10만 원을 그대로 쥐고 있으므로, 합쳐서 28만 원을 갖게 된다.

내가 이 게임을 한다면, 어떤 전략이 가장 합리적인가? 일단 다른 사람의 기부액은 신경 쓰지 말고 내 기부액만 따져보자. 내 기부액은 공공 계정이 두 배로 불려준다. 그 뒤 게임 참가자 10명에게 똑같이 분배된다. 내가 10만 원을 모두 기부했다면, 공공 계정이 20만 원으로 불려준 다음, 10명에게 나눠준다. 그러므로 내가 돌려받는 돈은 2만 원이다. 즉 이 게임에서 나는 내 기부액의 20%를 돌려받는다. 여기에 다른 사람들의 기부액에서도 역시 20%씩을 받는다. 거기에 내가 기부하지 않고 남겨둔 돈을 더한다. 이것이 이 게임에서의 최종 수익이다. 다른 사람이 얼마를 기부할지는 내가 정할 수 없다. 내가 결정할 수 있는 것은 내 기부액인데, 얼마를 내든 그 20%만 돌아온다. 기부할수록 손해다. 그러니 다른 사람들이 얼마를 기부하든 상관없이, 나는 한 푼도 기부하지 않는 게 합리적이다. 10명 모두가 합리적이라면 모두가 같은 결론에 도달한다. 공공 계정에는 한 푼도 기부가 오지 않을 것이다. 그 결과 10명 모두 10만 원을 그대로 갖게 된다. 10명 모두가 전액을 기부했을 때보다 10만 원 손해다. 모두가 합리적일 때 모두가 손해를 본다.

다행히 우리는 그렇게 합리적인 종이 아니다. 공공재 게임 실험에서 사람들은 대체로 40~60%를 기부한다. 물론 우리는 그렇게 이타적인 종만도 아니다. 공공재 게임을 여러 번 반복하면, 마지막 게임으로 갈수록 기부액은 급격하게 떨어진다. 반대로 기부액을 끌어올리는 방법도 있다. 공공재 게임에 정보와 징벌을 도입하면, 그러니까 서로의 기부액을 알 수 있고 얌체에게 보복을 할 수 있게 만들면 된다. 이러면 기부액은 눈에 띄게 올라간다. 사람들은 자기 돈을 써서라도 얌체들에게 기꺼이 보복을 한다. 그리고 얌체들도 그걸 알기 때문에 기부액을 올린다.

연대가 그저 좋은 말이 아니라 사회의 구성 원리라는 건 그러니까 이런 뜻이다. 공공 계정에 기꺼이 기부를 하는 사람들이 많을 때, 세상은 물론이고 나 개인도 더 이득을 본다. 하지만 사람들이 자동으로 그렇게 행동하리라고 기대해서는 안 된다. 사람들이 기꺼이 기부를 하게 만들려면 몇 가지 조건이 필요하다. 게임의 참가자들이 운명 공동체라고 서로가 느껴야 한다. 속임수나 무임승차를 시도하지 않을 것이라고 서로가 믿어야 한다. 무임승차를 했다가는 유·무형의 처벌(대체로 무형의 처벌)이 따를 것이니, 무임승차가 장기적으로는 오히려 손해라고 다들 느끼게 만들어야 한다. 즉 신뢰와 공동체 의식과 감시와 처벌이 뒤섞여 연대를 만들어내는 메커니즘이 필요하다. 이런 게 있을 때 연대가 사회의 작동 원리라고 말할 수 있다. 이런 장치들이 부실한 상태에서 연대란 그저 좋은 말 이상이 되기 어렵다. 기부하는 사람들은 곧 자신이 무임승차에 희생당한다고 느끼고 기부를 거둬들일 것이다.

연대가 사회의 구성 원리로 뿌리내린 곳에서는 여러 세대의 노력 끝에 이런 조건들이 갖춰졌다. 유럽 복지국가 시민들은 우리 눈에는 터무니없는 세금 부담을 별 불만 없이 받아들인다. 공공재 게임에서 10만 원 중 대부분을 기부하는 게임 참가자와 같다. 신뢰와 공동체 의식과 감시와 처벌을 축적해온 공동체의 역사가 일종의 보증을 선다. 네가 공공 계정에 낸 세금은 엉뚱한 데 쓰이지 않을 것이고, 공공 계정은 그걸 더 불려서 돌려줄 것이다. 공공 계정에 낼 돈을 빼돌린 자에게는 징벌이 있을 것이다. 10만 원을 공공 계정에 내는 불합리한 선택이 궁극적으로 더 이익인 것과 같은 원리로, 연대가 작동하는 공동체의 시민들은 더 이익을 본다. 오케이, 당신이 고소득자라면 돌아오는 돈이 낸 돈보다 적을 수 있다. 하지만 공동체가 안정되고 지속 가능해진다는 무형의 이득은 낸 돈 이상으로 크다. 당신이 고소득자일수록 사회의 안정성과 예측 가능성은 비싼 가치를 갖게 된다. 당신이 원화로 돈을 번다면, 일단 원화를 세상이 받아줘야 한다.

연대는 국경 밖으로도 확장할 수 있다. 유럽연합의 기본 정신이 바로 이 연대solidarity다. 국가들끼리도 일종의 공공재 게임을 하다보면 공공 계정에 내놓는 돈이 들쭉날쭉할 수 있다. 하지만 연대가 충분히 제대로 작동하기만 한다면, 이 게임에 참여하는 모두가 이득을 본다. 유럽 통합을 떠받치는 두 기둥은 화폐 통합(유로화)과 국경 이동의 자유(셍겐조약)다. 두 기둥은 유럽을 단일 시장으로 만드는 핵심 원리다. 프랑스 정부 싱크탱크인 '프랑스 스트라테지'는 셍겐조약이 없다면 유럽연합의 GDP 손실액이 10년간 1,100억 유로(약 143조 원)에 달할 것으로 추산한다.

연대는 공짜가 아니다. 연대가 요구하는 까다로운 조건들은 환경 변화에 얼마든지 흔들릴 수 있다. 이민과 난민의 물결이 유럽을 때리고 있다. 유럽연합 중 어느 한 국가만이라도 난민을 받는 순간, 셍겐조약 가입국 전체가 난민의 위협에 직면한다. 국경의 부활을 외치는 극우파들은 유럽 각국에서 기세를 올린다. 공공재 게임에서 기부금을 내지 말자는 주장과 비슷하다. 2016년 파리에서 만난 파리정치대학(시앙스포) 산하 국제문제연구소 카트린 비틀 드벤덴 소장은 이렇게 말했다. "이민과 난민 문제가 유럽 통합의 기본 정신인 연대의 위기를 불러오고 있다. 이것은 유럽 통합의 위기다."

우리보다 훨씬 오랫동안 연대를 사회의 작동 원리로 실험해온 유럽에서도 연대는 어려운 과제다. 섬세한 조건들이 조금만 어긋나면 아래로 굴러떨어지기 쉽다. 유럽연합의 물주 독일은 남유럽 회원국들이 자신들의 돈으로 놀고먹는다고 째려본다. 반대로 남유럽은 독일이 유럽 통합 덕에 막강한 수출 경쟁력을 유지하면서 그에 걸맞은 기여는 하지 않는다고 비난한다. 가져간 만큼 내놓지 않는다고 서로를 비난한다.

다시 나의 야매 사분면으로 돌아가자. 2사분면에서 1사분면으로 넘어간다는 것은 이 어려운 과제들을 섬세하게 조합하는 일이다. 사회를 보편 원리가 작동하도록 재조직하는 일이고, 구성원들이 잠깐의 손해를 받아들이는 사회를 만드는 일이다. 극단적 비례 원리가 말하는 공정이 지배하는 사회에서, 연대는 불가능하다. 연대는 공공 계정에 기꺼이 10만 원을 내놓는 시민, 안심하고 그럴 수 있는 조건을 만들어내는 사회, 약속대로 2배로 불려 돌려주는 유능한 공공 계정을 모두 필요로 한다. 이들 중 하나만 없어도 연대는 작동하지 않는다. 공정이 역습한다면, 무엇을 습격하는가? 연대다.

나는 이것이 앞으로 10년간 우리가 치러야 할 중요한 싸움이라고 생각한다. 이 싸움은 2016년 촛불과 다르다. 이것은 서로가 더 낫다고 믿는 아이디어에 더 많은 사람들이 동의하도록 설득하는 싸움이다. 패배한 쪽이라도 얼마든지 재도전의 기회가 있는 싸움이다. 그래서 이것은 일생일대의 단판 승부가 아니라 끝없이 되풀이되는 일상의 싸움이다. 선악이 아니라 의견 차이를 다루는 싸움이다. 우리는 이런 걸 민주주의라고 부른다.

촛불체제의 등장은 이 사분면 중의 어느 하나를 선택한 사건이 아니었다. 촛불은 이 사분면 밖에 있는 어떤 체제, 헌정 체제와 법치가 작동하지 않고 권력자의 심기가 통치하는 체제, 아예 사분면을 그릴 수 없는 체제로 미끄러질 위험에서 우리 공동체를 구원한 사건이었다.

촛불체제에서 우리가 어느 사분면에 있을지는 알 수 없다. 촛불은 우리가 더 보편 원리에 충실해야 한다거나 더 개방적이어야 한다는 식으로 결론을 내린 적이 없다. 촛불체제는 우리의 복지, 일자리, 주거, 고령화 문제를 어떤 사분면에서 풀어나갈지 정해주지 않았다. 그러나 촛불체제는 민주적이고 입헌적인 통치를 복원함으로써 그 문제들을 다뤄볼 수 있는 기구를 돌려주었다. 우리는 여기까지 와 있다. 이제 어디로 갈 것인가는 촛불의 명령이 아니라 우리 스스로 찾아내어야 할 과제, 지금부터 우리 공동체가 만들 역사다.

2018년 5월

천관율

천관율이 말하는 천관율

〈시사IN〉 기자. 대학에서 역사학을 공부했다. 2008년부터 주로 정치 기사를 썼다. 2011년부터 데이터 저널리즘을 비교적 일찍 시도해 이런저런 강연 연사로 불려다녔으나 정작 쓸 줄 아는 프로그램은 워드프로세서 하나다. 의사소통 도구 중에 그나마 멀쩡하게 다루는 도구가 글이다. 영상이 지배하는 시대에도 활자의 매력은 사라지지 않는다고 주장하고 다닌다. 할 줄 아는 게 그거 하나라 예측이라기보다는 염원에 가깝다. 기자라고 믿을 수 없을 만큼 디테일에 약하다. 턱밑까지 파고드는 인파이터도 못 된다. 사안의 구조와 맥락을 드러내는 접근법, 드론으로 항공사진을 찍듯 뒤로 쭉 빠져서 보여주는 접근법을 더 좋아한다. 그런 걸 '줌아웃'이라고 혼자 부르곤 했다. 그게 첫 책의 제목이 되었다.

천관율의 줌아웃

발행일 2018년 5월 30일 (초판 1쇄)
2020년 5월 20일 (초판 2쇄)

지은이 천관율
펴낸이 이지열
펴낸곳 미지북스

서울시 마포구 성암로 15길 46 (상암동 2-120번지) 201호
우편번호 03930
전화 070-7533-1848   팩스 02-713-1848
mizibooks@naver.com
출판 등록 2008년 2월 13일 제313-2008-000029호

책임 편집 서재왕, 오영나
출력 상지출력센터
인쇄 한영문화사

ISBN 978-89-94142-79-1 03340
값 16,000원

블로그 http://mizibooks.tistory.com
트위터 http://twitter.com/mizibooks
페이스북 http://facebook.com/pub.mizibooks